U0502981

『安邦武将』系列

ZHANWUBUSHENG
HANXI

战无不胜 韩 信

姜正成 / 编著

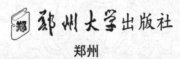

郑州大学出版社

郑州

图书在版编目（CIP）数据

战无不胜——韩信 / 姜正成编著 . —郑州：郑州
大学出版社，2018.1
（安邦武将）
ISBN 978-7-5645-4249-8

Ⅰ . ①战… Ⅱ . ①姜… Ⅲ . ①韩信（？ –前 196）–传记
Ⅳ . ① K825.2

中国版本图书馆 CIP 数据核字（2017）第 078746 号

郑州大学出版社出版发行
郑州市大学路 40 号   邮政编码：450052
出版人：张功员   发行部电话：0371-66658405
全国新华书店经销
虎彩印艺股份有限公司印制
开本：710 mm×1 000 mm 1/16
印张：16.5
字数：221 千字
版次：2018 年 1 月第 1 版   印次：2018 年 1 月第 1 次印刷

书号：ISBN 978-7-5645-4249-8 定价：43.80 元
本书如有印装质量问题，请向本社调换

前 言

韩信（约公元前231-前196），淮阴（今江苏淮安）人，他是西汉开国功臣，也是中国历史上杰出的军事家，"汉初三杰"之一。曾先后为齐王、楚王效力，后被刘邦贬为淮阴侯。

韩信幼时凄苦，父母死后，他衣食无着，常常东家蹭一顿饭，西家蹭一顿饭。后来，大家都拒绝让他蹭饭。连街上的"恶少年"也欺负他，逼迫韩信从他胯下钻过去，韩信被逼无奈，只好忍辱负重，耻辱地钻了过去，历史却永远记住了这一幕。

公元前206年，秦朝灭亡，西楚霸王项羽和汉王刘邦双方为争夺全国的统治权，展开了历史上有名的"楚汉战争"。在楚汉相争的过程当中，韩信的军事才能得到了充分的展示。

他攻无不取，战无不胜。其军事方面有明修栈道，暗度陈仓，荥阳大捷，平定关中，西取西魏，大灭代国，智取三秦，背水一战，四面楚歌、十面埋伏等战绩。其用兵之道，堪为历代兵家所推崇。他用战绩诠释了真正的"兵仙"是怎样炼成的。

公元前203年，韩信攻下齐国七十二城，强迫刘邦封自己为齐王，成为刘、项之外举足轻重的第三种力量。这对韩信是一个绝好的契机。因为当时无论刘邦还是项羽，都不敢得罪韩信。项羽找人说服韩信，他想让韩信守中立，这样刘邦、项羽、韩信就可以三分天下。这对于项羽以后夺取天下会有更大的胜算。

但是，项羽的如意算盘打错了。韩信断然拒绝，因为韩信忠于刘邦，即使自己有力量与刘邦和项羽三分天下，他也不会做自认为不忠不义的事，即使是冒着兔死狗烹的危险。蒯通是韩信身边的谋士，这个人深谋远虑，而且足智多谋，他为韩信平定齐国、称霸一方立下了汗马功劳。

蒯通知道一旦项羽被消灭，韩信将成为第二个被消灭的对象，他对其中的利害关系洞若观火。在其位、为其主，为了帮助韩信成就大业，蒯通决定伺机向韩信进献思虑已久的"奇策"。他的开场白是："我这个人会看相，我相君之面不过封侯，而且会有危险——看你的相是一个侯爵的水平，而且有风险；相君之背贵不可言——看你的背，背长得好，贵不可言。"蒯通的言外之意就是韩信如果背叛刘邦，就会拥有天下。

然而，韩信面对诱惑，依然毫不动心。因为感念刘邦的知遇之恩，因此他誓死报效恩公，即使再大的诱惑在韩信面前都微不足道。

但是，韩信的忠心换来的是刘邦的不断猜忌。他不断受到打压，先是被夺兵权，再是被贬、囚禁，最终落得个身首异处。韩信，这个功高无二的将星就这样陨落了。韩信堪称谋战派的奇葩，这个后世人奉为"兵仙""战神"的传奇人物，将永远值得后人缅怀。

《战无不胜——韩信》一书，语言通俗易懂、妙趣横生，故事生动形象，详实地讲述了"兵仙"韩信不平凡的一生。阅读本书，带你走近传奇人物，以独特的角度纵观韩信与众不同的一生。

第一章 坎坷人生，命途多舛

自古以来，英雄不问出处。但是韩信这个英雄武将不似一般人，他出生自六国贵族，秦统一天下，六国被灭，他们家族也渐渐没落了。到了韩信这一代，由于秦始皇的横征暴敛，他们家族已经沦为中下平民阶级了。幼年的韩信，命途多舛。父母早亡，饥寒交迫，又被迫忍受胯下之辱，真可谓尝尽人间苦楚。

第二章 韩信从军，人生转折

秦始皇死后，天下很快就乱了起来，抗秦的战火在整个神州大地上燃烧起来。所谓乱世出英雄，此时一位旷世英雄即将出世。但是，英雄出世之前需经受一定的磨难。而此时，正在痛苦中挣扎的韩信，决定寻找一条出路。这条出路在哪？从军，就是从军！在这个乱世之中，只有从军才能找到真正的出路。

第三章 军事奇才，初露锋芒

韩信在登坛拜将后，他开始崭露头角。明修栈道，暗度陈仓。他派樊哙、周勃率领数万军队大张声势地抢修栈道，吸引三秦王的注意力，自己则亲率军队潜出故道，翻越秦岭，袭击陈仓。这突显了他胸怀全局的战略目光。他领导众将士连续作战，攻城略地，迅速占领关中大部，平定三秦之地，取得对楚的初战胜利。

第四章 攻无不取，战无不胜

韩信攻无不取，战无不胜。因此，他被后世人称为"兵仙"。诚然，韩信并不是浪得虚名。他巧渡黄河、俘获魏王豹、活捉夏说、攻取井陉、阵斩陈余、镇抚赵国、威降燕国、制服齐国、击溃楚人二十万援兵、斩杀楚军骁将龙且……这些战争中，他都连战获胜，他用兵如神，"兵仙"可谓是实至名归。

第五章 功高震主，留下隐患

功高震主，自古以来都是帝王的大忌。韩信自然也不会例外，更何况刘邦本是市井之徒，怎么能容得下用兵如神的韩信，只是面对项羽这一强敌，他没有能力对抗，所以只能利用韩信这位军事奇才。可是，看着韩信攻无不取，战无不胜，他每天都吃不下，睡不香，他最怕的就是韩信大权在握，反叛于他。

第六章 天下大定，衣锦还乡

楚汉之争，最终以楚王自刎乌江，刘邦垂拱称帝而告终。在这场战争中，刘邦无疑是最大的受益者。面对曾经为他立下汗马功劳的大将军韩信，他封他为楚王，让其回到自己的故乡。韩信这下可算是衣锦还乡了，满载荣誉的韩信自然受到了极大的礼遇。看到熟悉的山水、乡亲，韩信心中所有的不快都烟消云散了。

第七章 兔死狗烹，将星陨落

飞鸟尽，良弓藏。狡兔死，走狗烹。敌国灭，谋臣亡。越王勾践被灭国后，被迫到齐国做奴隶，卧薪尝胆，后采用文种之计灭掉齐国，但是勾践在吴灭后，嫉文种的才能而怀疑他造反，文种最终被赐死。李牧善于用兵，帮助赵王不被强秦所灭，后被赵王杀害……自古以来，有功之臣，总避免不了兔死狗烹的结局，韩信，自然也不能幸免。

第八章 是非功过，后人评说

　　韩信被杀，究竟是谁的错呢？是韩信拥兵自重吗？可是他的兵权早已被夺。是功高震主吗？可是他一向很低调，也很忠心。是刘邦的错吗？但是刘邦密谋杀死韩信，只是为了巩固刘家的王朝。这样看来，大家都好像没有错。其实是是非非，对对错错，又有谁能分得清，辨得明。功过是非，都留给后人评说吧！

第一章

坎坷人生，命途多舛

　　自古以来，英雄不问出处。但是韩信这个英雄武将不似一般人，他出生自六国贵族，秦统一天下，六国被灭，他们家族也渐渐没落了。到了韩信这一代，由于秦始皇的横征暴敛，他们家族已经沦为中下平民阶级了。幼年的韩信，命途多舛。父母早亡，饥寒交迫，又被迫忍受胯下之辱，真可谓尝尽人间苦楚。

家族没落

美丽淮阴古城因居淮水之南而得名，公元前 221 年秦始皇统一六国，现名淮安市，秦时置县（后文均用淮阴），已经有 2200 多年的历史了，淮阴也是贯通南北的大运河上的重要都市之一。淮阴自古以来名人辈出，素有"九省通衢""入京孔道"之称。李白、杜甫、白居易、刘长卿、苏轼等历代文人墨客在古淮阴留下许多华美的辞章。淮阴县治所在地设在码头镇，因此码头是古淮阴的代名词，这里古迹甚多，历史上寺庙达 81 处之多。而西汉著名的大军事家韩信就出生在这里。

公元前 221 年，秦王嬴政统一六国，建立中国历史上第一个中央集权的封建王朝，自称始皇帝，他就是历史上的秦始皇。

为了加强对全国的统治，秦始皇听取丞相李斯的建议，采取了统一文字和度量衡等一系列措施，促进了原各诸侯国之间的文化交流。但是在实施一系列措施的过程中，他们用了极端的武力策略，激起了老百姓的愤恨。尤其是"焚书坑儒"事件以后，全国各地的老百姓对秦朝的暴力统治更加敢怒不敢言。许多老百姓为了逃避秦始皇的横征暴敛和肆意屠杀，都纷纷躲进了山里。

老百姓的日子不好过，原来六国贵族的日子就更加不好过了。他们被抄没家产，贬为平民。他们大多以读书识字、辅佐王族为己任，

坎坷人生，命途多舛

既不会种土地，也不会做生意，所以他们的日子比普通的老百姓过得更艰难。

公元前 231 年，淮阴古城一个伟大的人物降生了，这个人就是韩信。韩信的先祖是楚国的贵族，家境殷实。韩信自小就熟读兵法，期望有朝一日能当上大将军，领兵打仗，保卫楚国。但是，在他的理想还没有来得及实现的时候，秦始皇就打败了楚国，俘虏了楚王。韩信全家也被贬为平民，只能艰难度日。

高地葬母

韩信小的时候，他父亲被暴秦征召参军，去边关打仗了。那个时候年年征战，举国上下，家家苦不堪言，弄得是怨声载道。韩信父亲是一个低层军官，他是一个非常豪爽的人，爱读兵书。韩家在淮阴到也算得上不错的人家，书香门第。韩家当时有几十亩良田，自食其力，却也算得上一个殷实的家庭。可是自从几年前韩信的父亲被迫从军，年年战争，他们家的田园也逐步荒芜了。那个时候始皇帝又穷奢极欲，大兴土木，苛捐杂税如狼似虎。韩信的父亲一死，他们家从此失去顶梁柱，家道很快衰落了，韩家已和穷苦百姓一样，过着朝不保夕的生活。这一年，韩信未到弱冠，突遇春季大旱。中原大地，赤地千里，寸草不生。淮河下游，十里无炊烟，饿殍遍田野。韩信母子，每天度日如年。大旱未过，又逢瘟疫，韩信母亲不幸染上重病。韩信万般无

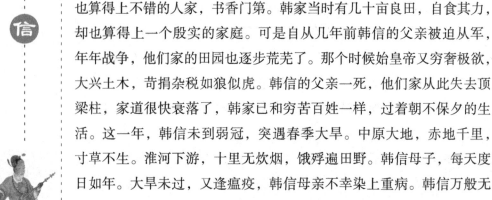

奈，只得典房卖地，为母治病。

由于贫病交加，韩信的母亲很快就去世了。韩信自幼丧父，如今唯一的亲人也离他而去，不禁异常悲恸。想到母亲生前没有享受到荣华富贵，韩信就打算将母亲厚葬，以尽孝道，弥补自己不能侍奉母亲的遗憾。然而，由于韩信没有谋生的渠道，生计都毫无着落，家里甚至连吃的东西都没有，又何谈将母亲的后事办得风风光光呢？想到这里，韩信两行热泪顺着脸颊悄悄滑落下来。俗话说，一文钱难倒英雄汉，韩信此时的境遇也莫过如此。

韩信的母亲与邻居们的关系素来不错，出于对韩信母子的关心和同情，就凑了一点钱，终于买了一口薄皮棺材，把老人装殓了。又在城边乱葬岗挖了一个坑，准备把棺材抬去埋了。韩信披麻戴孝走在进葬的人群中，看着盛着母亲的那口薄皮棺材，又望了望远处乱葬岗上交错杂乱的坟头，一种难以言表的苦楚顿时涌上心头。

此时，韩信实在抑制不住自己的悲痛，他跑到母亲的棺材前，"扑通"一声跪了下来，大声说："等等！"送葬的人们都吃惊地望着他，询问道："还有什么事？"韩信泪流满面地说："我要把母亲埋在城北的高坡上！"

此话一出，众人皆惊。人们都不敢相信韩信竟会有这样的想法。要知道，城北的高坡，长满了郁郁苍苍的松树，那里地势高、土质坚硬，按迷信说法就是"风水"好，只有村里财主们的坟地才能选在那里。"我母亲生前受罪，被压在最底层。如今我母亲死后，我一定把她埋在最高处。"韩信坚定地说。在众人质疑的眼光中，韩信果然把他的母亲埋在城北的土坡上。

韩信还在母亲的坟地周围种了一圈小松树，想着自己不能陪伴母亲，就让它们陪伴着母亲入眠吧。人们对韩信这个"穷小子"的举动，嗤之以鼻。大家都认为韩信这小子是妄想借母亲风水好的坟地赢得富贵，实在是痴人说梦。

韩信这个没落的贵族之后，因为家中没有足够的资财，所以在生

坎坷人生，命途多舛

活当中自然也很随便，不大注意小细节，也不按照规矩办事，当时被称为"无行"，乡间里对他没有什么好评。因此，尽管他很有才能，当县里推选小官吏的时候，不要说是啬夫 (掌管一乡的诉讼和赋税) 这类乡官，就是一个小小的亭长 (掌管治安警卫的低级乡官)，也总是轮不到他。

韩信不能够被推荐为吏，他又不屑于去做经营牟利的商人，因而他的经济状况自然每况愈下。加之家贫，就更为人们所看不起。身在贫困之中，他却喜读兵书，甚至到了废寝忘食的地步。春秋时吴国军事家孙武的《孙子兵法》和战国时齐国军事家孙膑的《孙膑兵法》都是他喜爱的兵书，都曾反复研读。但他不是一个死读兵书的人，韩信所掌握的，正是两部兵法的基本原则和精神。这从他以后的实战可以得到证实。

 **韩信蹭饭**

随着韩信的父母相继去世，他的生活更加艰难。韩信既不会耕种土地，也不会做生意，而且他还保持着做贵族时的习惯，每天在腰间佩戴着一把宝剑，穿戴整齐地去各处游玩。渐渐地，他的家里揭不开锅了。

一天，韩信出外游玩回到家里，他打开米缸，发现里面连一粒米都没有了，不禁发起愁来。对着米缸，韩信感叹道："我韩信自幼熟读兵法，胸有鸿鹄之志，如今连自己都养活不了。这日子该怎么过下去呢？"韩信无奈地盖上米缸，关上大门。自顾躺在床上睡觉了。他以为只要睡着了，就不会感觉到饿了。

空着肚子躺在床上，韩信越想越觉得委屈。他想到自己身为贵族后裔，不但不能报效国家，连温饱问题都解决不了，这简直就是一个天大的讽刺。如此想就更睡不着了，也感觉到更饿了。饿得实在受不了，韩信就起来到厨房中舀起一大瓢冷水喝了下去。水充实了他的胃，他暂时感觉不到饿了。

可是，他正准备躺下的时候，肚子又咕咕地叫起来。

韩信起床来到院子中，坐在台阶上，看着天上的星星，用手按着身体胃的位置，静静地忍受着饥饿。"怎么办呢？"韩信一边想着，一边用另外一只手抚摸了一下腰间的宝剑。秋季的夜空没有一丝云，星星都调皮地眨着眼睛，好像在嘲笑韩信这个不能自立的大丈夫，韩信也觉得好笑。看着星星，他自嘲地说："星星啊星星，你们是不是也饿得睡不着才出来度过漫漫长夜的？"

东方泛起了鱼肚白，天就要亮了。邻居们都渐渐起床了，韩信听到了他们洗锅做饭的声音，肚子更饿了。他抚摸着肚子踱到了邻居的门前。邻居看到韩信，忙客气地说："公子好早啊！您吃饭了吗？没有吃饭就到家里来一起吃一点吧！"

韩信是个自尊心很强的人，他不想让邻居知道自己家里已经揭不开锅了。于是他说："还没呢，一会就回家做饭去。"

邻居听韩信这样说，就又客气了一下说："何必这么麻烦呢！您家里就您一个人了。您自己做饭多麻烦啊！公子和我们是邻居，如果不嫌弃，就来家里一起吃一点吧！"

韩信听到邻居这样的邀请，心里高兴起来。前一天晚上，他都没有吃饭，现在胃里简直可以装下一头牛了。韩信马上对邻居说："那就麻烦你们了。"

谁知邻居本来只想和韩信客气一下，听他真的要到自己家里吃饭

坎坷人生，命途多舛

了，于是不高兴起来，但又无可奈何，只好又客气地说："哪里哪里，公子能到家里吃饭，这是我们家的荣幸啊！"

于是，韩信跟着邻居到了他的家里，饱餐了一顿。看着韩信狼吞虎咽的样子，邻居的心里就像针扎一样的痛。由于当时秦朝的黑暗统治，大多人都吃不饱饭，邻居家里也不殷实，所以他看到韩信一口气几乎吃了自己全家的早餐，心里就不痛快了。

吃饱了，韩信又佩戴着宝剑，到外面闲逛去了。中午，韩信回到家门口，邻居恰巧在门口洗菜。韩信想凑上去说话，邻居却假装看不见他。韩信见状，明白这是怕自己又到他的家里吃饭啊！韩信的自尊心受到了强烈的伤害，他甩了甩宽大的袖子说："哼，等我富贵了，看你来不来巴结我！"

韩信虽然这样说着，但是马上就要吃午饭了，肚子也开始咕咕叫起来，想到家里连一粒米都没有，可怎么办呢。这时，韩信看见另外一个邻居家里也开始做饭了，他凑了上去，和另一个邻居搭话道："中午了，你做饭啊！"另外一个邻居见是韩信，也客气地说道："是啊，公子还没有做饭吧！如果不嫌弃，就一起到家里吃顿饭吧！"

韩信见邻居这样说，心里高兴起来，他马上说道："那就麻烦你们了。"

邻居见韩信真的要到自己家里吃午饭，心里顿时不高兴了。本来他也只是想和韩信客套一下的，想不到韩信竟然真的要到自己家里吃午饭。以后这个邻居也不敢和韩信客套了，他害怕韩信天天到自己家里吃饭。

就这样，韩信在东家蹭一顿饭，在西家蹭一顿饭。日子也勉强过了下去。但是，渐渐地邻居们都厌恶了韩信蹭饭的坏毛病。他们再见到韩信的时候，都不和他客套了。韩信蹭饭的臭名很快便在乡里传开了。

韩信所在的乡里有一个小官员，他当时任南昌亭长。亭长是一个仁厚的长者，他听说韩信在邻居家里蹭饭的事情后，对他的妻子说：

"韩信因为没有什么善行，不可以推举为官，但是他终究出身贵族，熟读兵法，不是一个平常人。现在他没有饭吃了，我这个做亭长的实在看不下去了。不如叫他到我们家里来吃饭吧！"

他的妻子见他这样说，就回答道："你只做着个芝麻绿豆大的小官，我们的日子也不宽裕！现在又要多一个韩信来吃饭，这不是雪上加霜吗？"

亭长答道："可是我身为亭长，不能眼睁睁地看着他饿死吧！你去把他叫到我们家里来吃饭吧！"妻子见亭长坚持要叫韩信到家里吃饭，也没有办法，只好满心不悦地去叫他了。

韩信连续在亭长家"混"了一个多月的饭，每到开饭时间，他就不请自到。刚开始的时候，亭长全家人对他

淮安韩信故里

还挺客气，可是时间一长，亭长的妻子实在忍不住了。这位亭长不便公开驱逐落难之中的韩信，亭长的妻子却想出了对付韩信的"高招"。

一天，天蒙蒙亮，亭长妻子就把饭做好了，全家人清晨起来，先不梳洗，就提前吃早饭。等到该吃早饭的时候，韩信进了屋子，却发现亭长一家人早已吃完饭了，也不再为韩信重整杯盘。

韩信当然看得出主人的用意，他心想"难道我韩信还能终生贫困不成？"他恼羞成怒，拂袖而去。

坎坷人生，命途多舛

 **漂妇赠饭**

 韩

 信

　　淮阴城边有条河，河面宽阔，水流缓慢。风平浪静的时候，河面宛若明镜，蓝天白云映衬着岸边的垂柳。那欢蹦乱跳的鱼儿不时腾跃出水面，"噼里啪啦"，掀起一簇又一簇银色的浪花。韩信常常到那去钓鱼。他是想以此谋生？还是暗中以"垂钓渭滨"的姜子牙自许，希望遇到能够赏识他，让他一展身手的明君？这已是无法破译的历史之谜了。

　　当韩信钓鱼的时候，常常会有一些妇人来河边洗衣漂物、冲洗丝棉絮。其中一位年过半百的老妇人，看见这个身材高大的小伙子，成天坐在岸边钓鱼，却一直没有钓到鱼。当人们吃饭的时候，他坐在那里，人们吃完饭，他仍旧坐在那里。最初，老妇人只是感到奇怪，后来才觉察到，原来这是个穷得连饭都吃不上的人。于是，这个好心的老妇人对这位身躯伟岸而饥肠辘辘的青年人起了怜悯之心，经常从她带来的食物中分出一部分给韩信吃。韩信表面上毫不在意地吃了，心里面却涌出了温暖的感觉。韩信每天去钓鱼，这个老妇人也每天送他饭吃，就这样几十天过去了。

　　韩信见这位老妇人连自己的姓名都不知道，却如此慷慨相助，再联想起往日亲朋的薄情寡义，乡亲们的冷眼冷语，便以为这位老妇人慧眼识英雄，心里顿时有了希望，更对她敬佩有加。一次韩信高兴地对老妇人说："我将来一定要重重报答您，像儿子对母亲一样奉养您!"

然而老妇人听后竟生气地说，你枉为男子汉大丈夫，你虽然身高体壮，却无法谋生。我只是可怜你不该如此落魄，才给你吃的，难道是希望得到你的报答吗？你应该好好面对生活，寻找机会，成就一番事业，而不是成天钓鱼，祈求天上掉馅饼。

一席话说得韩信羞愧不已，他不断地点头称是。但韩信的内心深处始终相信，像自己这样有才能的人只要有机会，终会出人头地的。

胯下之辱

淮阴是个不太安定的城市，市井中不乏舞剑弄棍，横行霸道的"恶少年"。其中有个以屠狗杀猪为业的"恶少年"，多次对落魄的韩信横加凌辱。

那天，无聊寂寞的他又想惹是生非，在街市上游荡，不巧也遇上了无事闲游的韩信。他在集市中拦住韩信，戏弄说："你这个人虽然长得身躯高大，而且喜爱随身携带刀剑，看起来威风八面，不知情的人还以为你是个大将军，又或是认为你是雄赳赳的勇士，其实你只不过是个徒有虚壳的缩头乌龟罢了。"接着，他又当众辱骂道："韩信，你若是个不怕死的好汉，就拔出你的佩剑与我放手一搏，如果贪生怕死，就乖乖地从我胯下钻过去，证明你真是个胆小怕事的缩头乌龟。"说罢，一阵狂笑，将两腿叉开，众人也跟着哄笑起来。

坎坷人生，命途多舛

此语一出，集市上爱看热闹的人都围过来观看，围观的人都知道这是故意找茬羞辱韩信，但还是不断有人起哄，那些人眼中的那种轻蔑神气，已经证明他们是来看韩信出丑的。

韩信面无表情地凝视着得意扬扬的青年屠夫，还有那一大群不知人间冷暖的旁观者，内心不由得一阵怒火中烧，大丈夫可杀而不可辱，如此当众欺凌戏弄，如何让他忍受得了！他的手不由自主地滑向了佩剑的剑柄，握紧剑柄的手青筋暴露，这时只要他长啸一声利刃出鞘，倒地的必是屠夫无疑，以他潜心学习多年的剑术，他完全有这个把握。

但以后呢？入狱服刑？还是亡命天涯？自己的远大抱负，岂能因与这等无知之徒争一时意气而毁于一旦！想到此处，韩信又有了新的主意。只见韩信忍住怒火，满面冷笑，对这个屠夫看上几眼。在众目睽睽之下，俯下身去，匍匐在地，从那位站立在道路中间的恶少年胯下钻了过去。围观的人哄然大笑，世间居然还有这样怯懦的人？这天底下简直找不到第二个人了！

屠夫得意非凡，哈哈大笑，哄笑声传遍了整个市集，人们都认为韩信胆小怕死，是个孬种。在众人的议论之中，韩信心定气闲地整理好自己的衣物，昂首向前走去。他的眉宇之间，流露出一种鄙夷之情，似乎在说：世俗之人，怎能理解豪杰的气度？

终有一天会让你们知道今日受辱胯下的韩信，究竟是英雄还是懦夫。

太阳升上城墙，淮阴城的几条主要街道早已是人山人海了。整个淮阴城笼罩在飞扬的尘土和喧嚣的声浪里。围观的人群已经散去，没有人再去想韩信的将来会怎样。俗话说，燕雀焉知鸿鹄之志，韩信此时的情境也莫过于此。

很多人都没有办法理解韩信，韩信钻胯裆的事情一传十、十传百，这条"新闻"很快就传遍了淮阴城。一来二去，人们就不称呼他的名字了，都叫他"钻胯裆的"。世人的白眼，自身的不得志，还有今天的胯下之辱，使韩信再也承受不了这样的压力和屈辱。他一口气跑到母亲坟前，跪地失声痛哭起来。

几年过去了，母亲的坟头已长满没膝的荒草，散发着一股股苦涩的味道，那不知名的小花儿，散落在青草间，杂乱无章，就如同自己的遭遇一样，错综复杂，理不出头绪。那些幼松已长到碗口粗细，清风徐来，新抽出的嫩枝摇摆着，发出细微的声响，犹如窃窃私语，也仿佛在嘲笑韩信的无能。

韩信的内心激烈地挣扎着，此时的他心潮澎湃，思绪万千。哭着哭着，韩信猛地站了起来，飞快地抽出宝剑，向着一棵青松用力砍去。随着一道寒光闪过，那棵松树已被拦腰砍断，伞形的树冠倒落在他的身边。泪流满面的韩信重新跪在母亲坟前，双手把宝剑举过头顶，发誓说："母亲大人在上，我要实现不了灭秦的抱负，洗雪不了胯下之辱，成就不了一番大业，儿子就是这宝剑之下的松树！"

夜已经深了，韩信还没有睡觉，回想着他的遭遇，特别是今天在市集上受到的侮辱，满腔的怒火更加难以平息。想想今天在坟前对母亲的承诺，他感到自己的使命任重而道远，但是铿锵有力的誓言又让他信心倍增。茅屋中暗淡的灯火摇曳不定，几案上堆积的兵书和墙头上挂着的刀剑，在光影中时明时暗，就像他此时此刻的思绪一样。

韩信的思绪不断起伏，睡意全无，随即起身来分析当前的形势。陈胜和吴广发动的反秦起义，当前的燎原烈火，这些消息一直都在往他的耳朵里钻。秦始皇创立的王朝，现在已经摇摇欲坠。对此，他也深有理解，其实他早就打定主意，准备投身到反秦的队伍中去。

淮阴距离起义的地点路途遥远，本地犹如一潭死水，显得风平浪静。但是，最近这几天，大家交头接耳，争相转告，据说江南有一支反秦的起义军正向这里开来，首领名叫项梁，是楚国名将项燕的儿子，他们正在准备抢渡淮河。韩信想到此事，猛地站立起来，心想现在不正是施展抱负的大好时机吗？事不宜迟，他决定趁夜深人静之时立即动身，就此离开家乡，去实现自己的愿望。他急忙整理好一些衣物，少许干粮，从墙上摘下佩剑，挂在腰间，看着一大堆抄录在竹简上的

坎坷人生，命途多舛

兵书，摇摇头，叹了一口气，只好忍痛放下。

　　韩信推开门，在满天繁星的照耀下，他意气风发、义无反顾地踏上了自己理想的道路——投奔项梁率领的起义军，投身到反秦的斗争中。

第二章

韩信从军，人生转折

秦始皇死后，天下很快就乱了起来，抗秦的战火在整个神州大地上燃烧起来。正所谓乱世出英雄，此时一位旷世英雄即将出世。但是，英雄出世之前需经受一定的磨难。而此时，正在痛苦中挣扎的韩信，决定寻找一条出路。这条出路在哪？从军，就是从军！在这个乱世之中，只有从军才能找到真正的出路。

 投靠项梁

公元前 210 年，秦始皇病死在了南巡的路上。临死前，他拟定密诏，要他的大儿子扶苏到咸阳（今陕西省咸阳市）主持丧礼并继承帝位。赵高是秦始皇的贴身宦官，他也是一个十分贪婪的人。他偷偷打开密诏，看了一眼，心里大惊道："公子扶苏是一个非常有政治远见和才能的人。如果他继承了帝位，以后还有我赵高施展才华的机会吗？我要想个办法独揽大权。"

忽然，赵高想到了丞相李斯。李斯素来和公子扶苏政见不和。因为李斯主张对全国百姓实行十分严酷的高压统治，而扶苏则主张让老百姓得到充分的休养，以便发展经济。赵高想利用他们之间的不和，令李斯和自己站在一条战线上，共同想办法对付扶苏。

赵高对李斯说："皇上临终前拟下密诏要公子扶苏继承帝位。丞相和公子扶苏素来政见不和。如果他继位了，恐怕丞相以后就没有好日子过了。所以丞相一定要想办法除掉扶苏，另立继承人啊！不如我们改掉密诏，立胡亥为帝，以后我们就可以独揽朝中大权了。"李斯担心自己的地位受到威胁，同意了赵高的说法。

赵高是秦朝著名的书法家，他凭借着自己出色的书法，模仿了秦始皇的笔迹，写了两份假密诏。一份是要胡亥继承帝位的，一份是要扶苏自杀的。

写完了假密诏以后，赵高马上派人到了北方，找到扶苏，要他自杀。扶苏拿过密诏看了看，并没有认出是伪造的，就自刎了。

扶苏死了以后，胡亥继承了帝位，也就是秦二世。秦二世每天花天酒地，不问政事，所有的事情都交给赵高处理。赵高极其贪婪，独揽大权以后，对老百姓采取了更加残酷的统治。老百姓对秦朝的统治更加不满了。

公元前209年，官府把一支由九百名穷苦人组成的队伍发往渔阳(今北京密云西南)戍边。

七月，队伍在秦兵的监视下，往渔阳进发了。天空下起了大雨，所有人的衣服都被淋湿了，加上又冷又饿，大家开始走不动了。监管队伍的是几个秦兵校尉。校尉们不准队伍停下来休息，他们收到的命令是：一定要在八月十五之前赶到渔阳，不然就杀掉所有的人，这其中也包括监管队伍的秦兵。

雨越下越大，道路变得泥泞不堪，队伍在艰难地行进着。晚上，他们终于走到了大泽乡。在一片废旧茅屋中，这才安顿了队伍。在这些穷苦人中，有一个叫陈胜的人，他和同是穷苦人的吴广是一对好朋友。他们因为得罪了官府，被抓了起来，并一起被发配到渔阳戍边。

当天晚上，陈胜对吴广说："天降大雨，我们无论如何也不能在八月十五之前赶到渔阳了。我们即使逃跑，也会被官府抓起来处死。而不逃跑，带领大家起义的话，失败了也是一死。同样是死，不如死得轰轰烈烈，我们带领大家起义吧！"

吴广觉得陈胜说得很有道理，就同意了他的建议。陈胜见吴广同意了自己的说法，就接着说："老百姓已经被秦朝的黑暗统治折磨很久了。我听说秦二世是秦始皇的小儿子，本来不该当皇帝的。是因为和赵高合谋害死了太子扶苏，才当上了皇帝。老百姓只知道太子扶苏是个善良的人，还不知道他已经死了。项燕是楚国的大将军，他很爱自己的士兵，楚地的人们十分拥戴他。城父之战中，有人说他逃亡了，有人说他死了。我们现在如果以他们的名义来起义，肯定会有很多人响应的。"

吴广说："那还等什么呢？我们现在就起义吧！"

陈胜接着说："起义不能太着急。现在应该先想一个办法，让士兵们尊崇我。只有大家齐心协力才能取得胜利啊！"

第二天，吴广偷偷在一块布上写了"陈胜王"三个字。他把布条藏在了一条鱼的肚子里。鱼被士兵们买了回去。当杀鱼的时候，一个士兵发现了布条。他把布条一打开就发现"陈胜王"三个字，马上传给了别人。士兵们互相传阅着布条。可是谁也不知道这三个字代表什么意思。这时，吴广走过来，指着陈胜说："他就是陈胜！"于是，士兵们都以为陈胜是上天派来解救苍生的天神。

到了晚上，吴广跑到茅屋后面的草丛中躲了起来。半夜的时候，他装作狐狸的叫声，高声喊道："大楚兴，陈胜王！"士兵们听到呼声，都害怕极了。

天亮了，士兵们纷纷议论着夜里的狐鸣。他们指着陈胜说："那就是陈胜！"

陈胜见到时机已经成熟，就和吴广在喝酒的时候故意激怒校尉。校尉拔剑要杀他们，吴广跳起来夺了他的剑，把他杀了。陈胜也冲过去杀了另外两个校尉。然后，他们召集士兵宣布道："我们遇到大雨，现在已经误了行期。按照秦朝的刑律，我们都要被处死。即使不被处死，也可能会在戍边的时候死去。况且，堂堂七尺男儿，不死则已，死就要死得轰轰烈烈！我们起义吧！难道王侯将相就是天生的吗？"

士兵们听到陈胜慷慨激昂的演说，都被感动了。他们高呼着："我们愿意跟随你起义，请你领导我们！"一场轰轰烈烈的农民起义开始了。这就是历史上著名的大泽乡起义。

陈胜吴广起义以后，全国各地纷纷响应。老百姓杀了很多贪官污吏。原来的东方四国燕、赵、魏、齐又纷纷自立为王，不再受秦国的统治。

这个时候，隐居在江东的项梁和他的侄子项羽也带着八千子弟起

韩信从军，人生转折

兵反秦。项梁和项羽是原楚国的大将军项燕的后代。他们起兵以后，原楚国的老百姓纷纷表示支持他们，他们的兵力也一天天壮大起来了。

韩信在淮阴听说项梁和项羽在江东起兵的消息，内心十分激动。所谓"乱世出英雄"！现在天下大乱，群雄并起。正是男子汉大丈夫建功立业的好时机啊！他想："我韩信的机会终于来了。我熟读兵法，善于指挥军队。只要我投靠项梁，很快就会成为一名将军的。说不定推翻秦朝以后，我还会被封为诸侯呢!"

因此，韩信之后投靠了项梁。项梁，下相 (今江苏宿迁) 人，楚国名将项燕的儿子。项羽，名籍，字羽，是项梁的侄儿。项家世代将门，

韩信钓鱼台

远近闻名，在多次战争中获得胜利。项梁叔侄二人也都通晓兵法。秦统一六国之后，因项梁杀了人，为躲避仇家，带着项羽逃亡到吴中 (今江苏苏州)。在那里，他经常为地方人士主办徭役和丧事，结交了不少豪杰，为以后的起义奠定了基础。

当陈胜、吴广起义的消息传到沛县 (今江苏沛县)。刘邦也揭竿而起。与此同时，项梁、项羽杀死会稽郡守殷通，举兵响应，并接受楚的上柱国 (楚国的最高武官) 封号，率领八千精兵组成的起义军渡江北进拥立原楚怀王的孙子——熊心为楚王，项梁自己取号武信君。进军途中，大江南北的贫苦农民纷纷前来参加，队伍的声势日渐壮大。

没过多久，项梁和项羽就带着军队渡过了淮河。韩信听闻他们一路攻城拔寨而来，认为他们一定会推翻秦朝的统治。于是，他决定投

靠项梁。韩信拔出腰间的宝剑，仔细地擦拭了一遍又一遍，直到宝剑被擦拭得光芒四射的时候，韩信才把它插回剑鞘 (qiao)。晚上的时候，韩信把家中所有能吃的东西都翻出来吃掉，然后就拷着宝剑直奔项梁的军队而去。

韩信来到项梁的营地前，看到很多和自己一样想建功立业的年轻人来投靠项梁叔侄。他们一起走到项梁的营帐前，大声说："项将军，我们愿意跟随您一起反秦。"

项梁问："你叫什么名字？"

"韩信。"韩信恭恭敬敬地回答道。

项梁听后，暗自心想这个名字怎么这样耳熟？好像在哪里听说过。突然，项梁似乎回忆起了什么，他大喊了一声："啊呀！钻胯裆的就是你呀！"项梁吃惊地瞪着面前的这个人。他早就听说淮阴有个"钻胯裆的"，并曾多次把这当作茶余饭后的笑料来议论，没料到今天"钻胯裆的"亲自上门来了。想到这里，项梁不由得哈哈笑了起来，但想着自己可能有点失态，就说："好吧！留下他。"

项梁命令校尉把韩信带下去，收留他当了一个小卫士。众人见韩信被项梁挑中了，都十分羡慕他。可是韩信的心里并不高兴。他想："我韩信乃经天纬地之才，竟然要我做一名卫士！这不是对我的侮辱吗？"但是想归想，韩信现在还毫无办法向项梁证明自己的才能。于是，韩信就在项梁的帐下默默无闻地做起了一名卫士。

项梁和项羽带着军队连连攻城拔寨，打了很多胜仗。一天，项梁高兴地对部下说："秦国的军队简直不堪一击，秦国的将领也没有什么大不了的。"士兵们因为连战告捷，也都有些骄傲了！他们在训练的时候也没有以前那么用功了。

这时，一个叫宋义的人来到项梁的营帐，对他说："大将军，我们现在战胜了，将领们显得骄傲了，士兵们也没有以前勤奋了。这是失败的前兆啊！秦二世不会看着我们楚军逐渐壮大的，我想他一定会加派部队来对付我们的。我们现在的处境很危险啊！"

韩信从军，人生转折

项梁笑着说："秦兵并没有什么可怕的地方，他们是无法战胜我们的。我们楚军连战告捷就是最好的证据。"宋义见项梁不听从自己的建议，显得有些不高兴。项梁看出了宋义的不高兴，在心里想："宋义这个人敢在我战胜的时候助长敌人的志气，灭自己的威风。这样只会影响士气！不如想个办法，把他打发走吧！"

忽然，项梁想到了齐国。于是，他对宋义说："我想派一个使者出使齐国。你是个人才，我认为派你去比较合适。"

宋义听到项梁这样说，知道自己的话得罪了他，他想："现在楚军从将军到士兵都很骄傲，以为自己百战百胜，无所不能，我留在这里也只会受到连累。既然项梁要我出使齐国，我何不趁此脱身呢？"于是他对项梁说："多谢大将军的厚爱，我马上准备。"

宋义在去齐国的路上遇到齐国派来见项梁的使者。宋义问使者说："你是去见项梁的吗？"

使者回答说："正是。"

宋义接着说："我认为项梁这次一定会失败的。秦二世很快就会加派军队围攻定陶 (今山东省定陶县)。如果你走得慢一点，就不会受到连累，还能保住一命；如果你走得快了，就要大祸临头了！"说完，宋义和齐国的使者就各自继续赶路了。

秦二世得知项梁已经攻破定陶，就调动了一切可以调动的军队，交给章邯指挥。章邯指挥军队将定陶围了起来。项梁闻听，心里大吃一惊，这时，他才想起宋义的话。他马上召集部下，商议对策。

可是，章邯已经率领军队开始攻城了。由于项梁准备不足，定陶很快被章邯攻下。项梁也在混战中被秦兵杀害了。

项梁兵败身死以后，韩信就投到了项羽的帐下。项羽见韩信身材魁梧，相貌堂堂，而且言语不俗，就让他在帐下做了一个郎中。项羽是一个推崇武力，而且极其骄傲的人。虽然韩信多次谏言献策，但是项羽都没有听从他的建议。项羽认为韩信不过是个随从，不可能懂得什么军机大事！

 **慧眼识珠**

韩信升为郎中后，虽然职位不是很高，但这已经让他喜不自禁了。事情有了转机，韩信就尽力找机会接近项羽，不断向项羽献计献策。可是，项羽并不采纳他的意见，接二连三的碰壁，让韩信开始感到自己英雄无用武之地。

和项羽相处的时间长久了，韩信逐渐了解了项羽的性格特征："匹夫之勇"和"妇人之仁"，这正是项羽的两个致命弱点。

章邯是秦朝末年的著名将领，他官拜上将军。在秦二世当皇帝时任少府，是秦朝的军事支柱。秦二世元年（公元前209）九月，章邯临时受命率骊山刑徒及奴产子迎击陈胜起义军周文部，屡战屡胜，使大秦朝廷能够苟延残喘一段时间。章邯在秦走向灭亡之际，他陆续攻灭义军田臧等部从荥阳直逼陈胜，迫使陈胜不得已逃走。后来他又攻杀反秦武装首领魏咎、田儋、项梁，后移师渡河攻赵。

章邯击杀项梁之后，自己也骄傲起来，认为项羽、刘邦等人无足轻重，不能成什么大气候，就移军渡过黄河，攻打赵国。秦军如泰山压顶，势如破竹，立即占领了邯郸（今属河北）。赵王赵歇率领残兵败将退入巨鹿（今河北平乡西南）城里，又被秦军围得水泄不通。巨鹿一旦被攻破，形势将急转直下，反秦战争就有全部失败的危险。一步错全盘皆输，眼看事关大局，楚怀王急忙召开军事会议，决定兵分两路：

一路救援赵军，由宋义、项羽、范增率领；一路向关中进军，直捣秦都咸阳，由刘邦率领。两支大军立即分别出动。

这支救援赵军的大军，主帅是将军宋义，项羽不过是次将。项羽没有什么实权，一切由主帅宋义决定。范增更是末将，什么事情也轮不到他来决定。行经安阳时，宋义和项羽在作战问题上发生了争执，而且双方都毫不妥协，争得不可开交。项羽主张迅速引兵渡过漳水，宋义却主张采用坐山观虎斗的办法，任由秦、赵相拼，趁秦军战斗力大为削弱的时候伺机出击。

宋义批评项羽说："作战迅猛，我不如你，但运筹策划，你就不如我了。"并下令道："猛如虎，软如羊，贪如狼，强攻不听命令者，皆斩。"项羽也不敢怠慢宋义，只好暂时听从他的命令，对于是否真的施行，项羽心中自有他自己的如意算盘。

韩信在项羽身边，很快就了解到这场争论。他知道项羽在兵法上讲求"形势"，主张正面力攻，战斗雷动风聚。韩信却与项羽相反，他讲求兵法上的"权谋"。宋义是当时的军事家，从他与项羽的争论来看，也是讲求"权谋"的，这一点和韩信是一致的。

韩信本来想给项羽献策，可每次话到嘴边又吞回肚子里了。因为此时的他已经了解项羽的"匹夫之勇"，项羽是不会听从任何人的意见的，尤其是在战场上。万一自己有些话说得不对，搞不好是会被项羽杀头的，所以他只能忍着不说，静观其变。

宋义和项羽的这场争论不可避免地激化起来。一天早晨，韩信看见项羽去宋义帐中，神色有异，与往日大不相同。大约半个时辰之后，军帐中传来消息，宋义被项羽杀死，罪名是与齐国合谋反楚。不仅如此，项羽还当众宣布，杀死宋义是奉楚怀王的密令。诸将又惊喜，又是恐惧，惊喜的是没有成为"反楚之人"宋义的利用工具，恐惧的是这所谓的"反楚事件"背后隐藏的重重杀机。宋义死后，项羽就自立为主将军，把军事大权控制在手。

范增也从此成为项羽的主要谋士，为项羽出谋划策，立下汗马功劳。

公元前 206 年，刘邦率先带领军队进入了秦国的国都咸阳。公元前 207 年，项羽出兵攻打秦军。这场战役完全按照项羽的作战方式展开。他先派一支军队渡过漳水进击秦军，获得小胜后，他就亲自率领全军迅速渡过漳水作战。在渡河时，他命令破釜沉舟，烧毁军营，只带三天干粮，下定必胜的决心。战斗非常激烈，战士们英勇善战，意气风发。在整个战斗过程中，韩信跟随在项羽身边。只见他一马当先，冲向秦军，凶猛得像老虎一样。士卒们也无不以一当十，喊声如雷，惊天动地。

战争是残酷的，楚军激战九次，大破敌军，秦军死伤无数。楚军杀死秦军大将苏角，生擒大将王离，另一大将涉间被迫自杀。不久，章邯就率军向项羽投降了。这就是历史上有名的巨鹿之战。

楚军在这次战役中获得全胜，扭转了反秦斗争的危局，这其中项羽自然功不可没。此时，各路起义军中以项羽的实力最为强大，刘邦次之。当年楚怀王和项羽、刘邦等有过约定，谁第一个进入函谷关，就封谁为关中王。不过，项羽担心刘邦为关中王以后，实力会逐渐壮大并威胁到自己的霸主地位。

而韩信在巨鹿之战中表现出来的勇往直前和无所畏惧同时也得到项羽的赏识，项羽开始注意到这个作战英勇的小人物，并对他赞赏有加。但是，对项羽这种正面力攻的战术，韩信并不完全赞同。

正当项羽志满意得的时候，消息传来，刘邦率领的大军，已在这时乘虚进入武关 (今陕西南)，秦王子婴 (秦二世已被赵高谋杀，子婴是秦二世的侄儿) 投降。项羽得知刘邦要在关中称王，独自占有秦王朝的府库珍宝，大为震怒。他随即整兵出发，准备讨伐刘邦，不久即攻破刘邦军队把守的函谷关，率军入关，到达鸿门 (陕西省临潼东)，准备与刘邦大战一场，将刘邦赶出关中，欲夺得最终的胜利。

韩信从军，人生转折

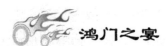 鸿门之宴

 韩

 信

　　秦王朝灭亡以后，项羽在诸侯中的势力最大。曾经随项羽一起打拼的各路诸侯和将士跟随项羽进关，在灭了秦国后，都希望项羽为他们封官加爵，赏赐土地。项羽跟谋士范增商议，决定按灭秦的功劳大小分封诸侯，重新划分封地，这种公平的做法不仅能够消除诸侯的不满情绪，而且还遏止了各诸侯的野心，彼此之间相安无事。

　　项羽自立为西楚霸王，都城在彭城 (今江苏省徐州市)。谋士范增向来对刘邦怀有戒心。他认为现在秦灭亡了，紧接着跟项羽争夺天下的必定是刘邦而非别人。经过反复思考，他找到项羽建议说："巴蜀地形险要，交通阻塞。经济并不发达，物产也不丰富，实属蛮夷之地。秦朝时曾将一些六国后代和罪犯发配到那里，现在不如把这些地方封给刘邦，防止他占据有利地盘进而独霸天下。"

　　项羽听从了范增的建议，就封刘邦为汉王，统辖巴蜀一带。不过，刘邦却是个聪明人，他知道该如何增强实力。刘邦用重礼买通了项羽的叔叔项伯，经项伯讲情，项羽又把汉中给了刘邦。刘邦有了封地，建都在南郑 (今陕西省南郑县)，并开始积极筹备力量，招兵买马，蓄势待发，准备跟项羽决战，以争夺天下。从公元前 206 年开始，两人为争夺最高统治权的战争持续了五年，这就是中国历史上有名的"楚汉战争"。

战争初期，刘邦的消耗很大。渐渐地，刘邦就难以抵挡项羽凌厉的攻势了。这时，刘邦再次花重金买通项羽叔父项伯，经过调解，刘邦亲自前来谢罪，项羽与刘邦暂时和解。那时，韩信在宴会上站岗，宴会中的情形他看得一清二楚，刘邦忍气吞声地向项羽谢罪、叩拜，那低声下气劲儿，和自己当年受胯下之辱是多么相仿啊！但是，这恰恰表明刘邦确有大志。

其实，在宴会期间，范增多次以目示意，要项羽动手将刘邦杀死，项羽都装作没有看见。项羽心想：自己毕竟和刘邦有过几年的兄弟交情，一时难以下手，再说他都来谢罪了，肯定是已经心悦诚服了。范增知道，这是项羽"妇人之仁"的性格特点，后来，刘邦就乘机从宴会上逃回霸上军中。韩信看在眼里，不禁叹息道："项羽这样纵容刘邦，无异于放虎归山，这又是妇人之仁啊。"的确，项羽确实是缺乏战略头脑，白白失去了除掉刘邦的好机会。

鸿门宴

刘邦逃走后，派张良送给项羽一对白玉璧，送范增一对玉斗。范增又气又恨，将玉斗扔在地上，拔出宝剑，狠狠地把它劈为两半，叹道："与你争天下者，必定是刘邦！我们都将成为他的俘虏！"

然而，项羽却一笑了之。他根本不相信刘邦是自己的劲敌，他的轻敌思想，正是他日后走向失败的最主要的原因。

鸿门宴之后刘邦见项羽把自己封到了汉中，称王巴、蜀极为愤怒。他是诸侯中第一个进入关中的人，按照当年楚怀王和诸侯们的约定，他应该被加封为关中王。但是项羽却把他分到了汉中。刘邦越想越生气，于是，他下令军队立刻集合，准备向项羽发动进攻。

刘邦身边的人都劝他不要意气用事，萧何对他说："大王，现在您分到了汉中，虽然不是很如意，但总比没有分到一寸土地要强得多。如果您执意要攻打项羽，说不定还会送命呢！"

刘邦大怒道："我怎么会送命呢？我为什么会送命呢？"

萧何和刘邦不但是君臣关系，还是老乡。他见刘邦发怒了，就耐心地向他解释道："现在正是项羽得意的时候，他兵多将广，实力十分强大。而大王现在兵力不如他，将领也不如他的将领英勇善战。现在轻举妄动，简直就是自寻死路。"

刘邦听萧何这样一说，怒气渐渐消了一些。萧何接着说："大王虽然被分到了汉中，但是您还有巴、蜀等广大的地区可以作为后防啊！巴、蜀之地虽然交通不便，但是土地肥沃、物产丰富。只要大王用心经营，基础很快就会稳固，兵力也会很快充实起来的。到时候，大王再挥师北上，夺取关中，就可以逐步实现一统天下的霸业了。"

听到这里，刘邦怒气全消，采纳了萧何的建议。不久，刘邦就带着军队从咸阳往南郑去了。在经过秦岭的时候，张良建议刘邦说："大王，项羽认为您有称霸天下的野心，所以才把您分封到了巴、蜀这块交通不便的地方。为了打消项羽对大王的疑忌，我建议大王烧毁秦岭上连接巴、蜀和关中的唯一栈道。这样不但可以打消项羽对大王的疑忌。还可以阻止其他诸侯对大王的骚扰。大王就可以在巴、蜀专心发展生产，积蓄力量，等到时机成熟再挥师北上，夺取关中，称霸天下了。"

刘邦认为张良说得很有道理，就采纳了他的建议，烧毁了栈道。张良原是韩国的丞相。韩王派他来帮助刘邦带兵反秦，现在刘邦已经被封为汉王，他的任务也就完成了。所以张良在刘邦烧毁栈道之前就和他告别，回到韩国去了。

 ## 弃暗投明

自"鸿门宴"之后，韩信开始思考，想想这几年项羽率军所过之处，总是大肆屠杀，掳掠焚烧，百姓对项羽恨之入骨；刘邦率军入关后，一路秋毫无犯，废除秦王朝多如牛毛的苛捐杂税，在关中大得人心。而且，项梁战死，韩信就成了项羽的部属，项羽让他充任郎中。也不过是一位执戟守护军营大帐的卫士罢了。他也曾主动向项羽献计献策，希望由此引起项羽对他的注意。项羽却对他的建议不置可否，更没有提拔重用他的意思。韩信觉得自己在项羽军中将永无出头之日。

自己不被重用，最大的原因是项羽不够贤明，不能慧眼识英才。韩信明白，此时不管他投向谁，一定要有贤明的君主带领自己。要实现远大的抱负，必须寻求贤明的君主，得到贤明君主的重用。韩信觉得自己眼前的希望就是投奔刘邦，想到这里，他心中长久以来的愁云顿时烟消云散。

韩信虽然舍弃项羽投奔刘邦，但这并不能说明他没有从项羽的领导下学到东西。从投奔项梁的军队反秦开始，在楚军帐下，韩信就开始跟随项羽战斗。"曾数以策于羽，羽不用"，说明他积极思索，寻求胜敌方案。他随着楚军进行过胜利的行军，经历了项梁为章邯所败的定陶之役，目睹了项羽从宋义手中夺权的斗争，亲历了破釜沉舟九战破敌、巨鹿大战壮举，也目睹了活埋秦军降卒二十万的暴行，又看到了屠咸阳、杀子婴、掘始皇坟墓进行大掠夺的经过。这样的经历是一

般人难以拥有的，但是韩信却亲身经历了。

然而韩信却依然是项羽帐下的一名郎中。他听说刘邦是一个肯听从部下建议的诸侯，就想去投靠他。晚上的时候，韩信趁守卫不注意，悄悄地从军营里溜了出来，直奔南郑而去。韩信日夜兼程，很快就赶到了秦岭。可是这个时候，刘邦已经把栈道烧毁了，韩信根本没有办法过去。他看着眼前被烧毁的栈道，仰天长叹道："想我韩信，熟读兵法，想投靠明主，上天竟然不给我机会。"韩信的话恰巧被山中的一个樵夫听到了，樵夫认为韩信不是一个平凡人，就对他说："当兵的，你是想去投靠汉王吗？"

韩信听到有人说话，四处看了看，发现了樵夫，就回答道："无奈我有心无力啊，眼前这栈道已经被烧毁，我如何去投靠汉王？"

樵夫说："这有什么难的呢？我在山中打柴，知道有一条从陈仓(今陕西省宝鸡市东) 到南郑的古道，我带你去吧。你就可以从那里过去投靠汉王了。"

韩信将信将疑地说："你为什么要帮助我去投靠汉王啊？"

樵夫回答道："汉王仁义宽厚，他在关中的时候曾经和老百姓约法三章，对我们都很好。所以我也希望有更多的贤能之士投靠汉王。如果汉王能够统一天下，我们也就不用再受战火之苦了。"韩信见老百姓如此拥戴刘邦，更加坚定自己应该去投靠他了。于是，韩信跟着樵夫从陈仓的古道到了南郑。

韩信经历了千难万险，费了很大的力气，终于到达了刘邦的兵营。韩信脱离了项羽而投入了刘邦的军队中，正值刘邦接受项羽分封，率军离开霸上准备远赴汉中之际，军务繁忙而琐碎，自然也就没有空闲去注意自己麾下的一个小兵。到了刘邦的兵营，一名治粟都尉接见了他。治粟都尉是汉军中掌管粮食的一个军官，他对韩信说："你原来在项羽的军中担任什么职务啊？"

韩信羞愧地说："项羽不知用人，我在他的帐下当一名郎中。"

治粟都尉听了韩信的回答，哈哈大笑说："原来是个侍从啊！我本来以为是个经天纬地之才呢！你不用去见汉王和丞相萧何了，就留在我的营中做一个连敖吧。你若做得好，将来定会升职的。汉王不是一个小气的人，如果你确实有才能，他说不定封给你一个大将军当呢！

韩信本来以为自己到了汉军中，不做个将军，至少也要做个都尉呢，想不到这个治粟都尉居然安排自己做一个小小的连敖。但是，韩信也没有办法，只好先做个连敖，等待时机了。

韩信没有立即得到施展才华的机会，只能暂时做了一个无足轻重的小官。

韩信想到自己虽然背楚归汉，但仍然默默无闻，总也碰不到赏识自己才能的人，整日郁郁寡欢，没有什么精神，感觉很是窝囊，一点也不能施展自己的抱负。加上他生性不注意小节，随随便便，一不小心便会触犯当时的法律，在一次事件中还差点儿丧了命。

一天晚上，韩信的几名部下在粮仓边上喝起了酒。他们一边谈论着自己的连敖，一边大碗地喝酒。一个士兵说："我们这个韩信整天闷闷不乐，一副怀才不遇的样子，看上去真是好笑啊！"其他人听到他这样说，也都跟着笑了起来。

一个士兵摇摇晃晃地站起来说："我要去方便一下，你们继续喝啊！"其他几个士兵说："你带上火石吧，天太黑了，别掉到厕所里了。"

那个士兵于是拿起桌上的火石，摇摇晃晃地走开了。谁曾想到他喝醉了，以为粮仓是厕所，冲过去猛打手中的火石。

忽然，火石点燃了粮仓里的一个布袋，整个粮仓马上笼罩在了一片大火当中。士兵们见粮仓着火了，酒已被吓醒了大半。他们急忙喊人来扑火。

韩信在帐中听到失火了，心里大惊道："这下完了。汉王一定会杀了我的。"因为当时的巴、蜀还没有充分开发，所以人口稀少，土地贫瘠，出产的粮食也很少。韩信和他的部下看守的军粮就显得尤为重要。为了提高治粟部队的积极性。刘邦曾下令，在看守军粮的部队里施行"连坐法"。只要一个士兵犯了错，整个连敖的人都要被处死。

韩信的士兵烧了军粮，他这个连敖责无旁贷，看来是一定会被处死的。想到这里，韩信仰天长叹道："我该怎么办啊'"粮仓失火的消息很快传到了治粟都尉那里，他为了推卸责任，立刻把韩信和其他十三个士兵都抓了起来。

第二天，治粟都尉就带着士兵，押着韩信等十四个人来到南郑城外的一片荒野中，准备把他们处死。当时正是初秋，天空晴朗得没有一片云彩，阳光直射在士兵们的身上反射出一片凄凉的光芒。

韩信和其他十三个士兵被五花大绑，一字排开跪在地上。刽子手一手把刀抵在地上，一手拿起陶罐，把里面的水缓缓地浇在刀上。他一边冲洗着屠刀，一边等待治粟都尉行刑的命令。治粟都尉走到韩信等人的面前，大声说道："汉中缺粮，你们这些人却玩忽职守，烧掉了粮仓。我奉汉王的命令，一定要将你们斩首示众，给其他看守粮仓的士兵一个警告！"韩信跪在地上，低着头，一句话也不说。另外十三个士兵听到要斩首示众，慌忙求饶道："大人饶命啊，我们以后再也不敢了。请大人向汉王求情，就饶了我们这一次吧！"

而在这个时候，只有韩信毫无畏惧之色。军法无情，行刑人依次将站在前面的十三人杀死，站在最后的韩信，眼看也将大难临头。出于一种求生的本能，韩信在临刑前希望看看周围是否有能救自己性命的人。他本来低垂着的头突然抬起，目光正与夏侯婴相遇。夏侯婴是刘邦的亲信。

韩信见夏侯婴疾驰而来，忙对着他大喊道："滕公，汉王不是要称霸天下吗？为什么要斩杀壮士啊？"夏侯婴听到喊声，急忙停住。他循着声音看去，只见一个刽子手正要斩杀一个年轻人。"称霸天下"这几个字让夏侯婴心里一震，他来不及多想，便对着刽子手喊道："且慢，刀下留人！"

治粟都尉听到夏侯婴大喊，急忙制止了刽子手。夏侯婴骑着马来到韩信的面前，问道："你是什么人？犯了什么罪？你怎么知道汉王要称霸天下?"

韩信急忙抬起头,回答道: "我是淮阴人韩信,原本追随项羽,听说汉王重用天下贤士,所以从咸阳一路逃到南郑来投靠汉王。我在汉王的营里担任连敖,因为属下士兵犯罪,要被连坐处死。我因为从小就熟读兵法,所以看出了汉王有称霸天下的雄心。"

夏侯婴见韩信身材魁梧,相貌堂堂,言语不俗,心下暗暗惊奇起来。他想: "想不到一个连敖竟然有这等气魄和见识。"夏侯婴又问道: "你是怎么看出来汉王要称霸天下的?"

韩信回答道: "汉王起兵以来,对百姓仁爱有加,进入关中以后,又和百姓约法三章,这都是笼络民心的好措施啊!汉王被项羽嫉妒,封为汉王,他不但没有和项羽反目。而且在从咸阳到南郑的路上烧毁了秦岭上的栈道。这是一个多么完美的计谋啊!烧毁栈道不但断绝了其他诸侯进入巴、蜀来干扰汉王发展生产的计划,而且还可以向项羽表示自己没有称霸天下的雄心,让项羽放松了对自己的警惕。其实,汉王是要在巴、蜀发展生产,积蓄力量,等到时机成熟的时候,就挥师北上,夺取关中,最后称霸天下。"

夏侯婴见韩信一个小连敖竟然能够把刘邦和张良的计策一眼识穿,十分震惊。他对韩信说: "想不到我这次出城竟然遇到了一个真正的壮士啊!"说完,他又转过身对治粟都尉说: "现在正是汉王用人之际,这个韩信言语不俗,见识不凡,暂时先不要杀他了。我把他带走去见汉王。"

治粟都尉见夏侯婴这样说,哪里敢说"不"字,他急忙答道: "一切谨听滕公吩咐!"

夏侯婴带着韩信,回到南郑城里,直奔刘邦的住所。夏侯婴对韩信说: "你先在这里等我,我去见汉王。我一定向汉王极力保荐你,希望汉王能够重用你。"韩信见夏侯婴这样说,连忙道谢。

夏侯婴让士兵将韩信带入帐中。在帐中,韩信感觉一展宏图的时机到了,就滔滔不绝地诉说自己的抱负,畅论了一通当时的形势,并

韩信从军,人生转折

提出刘邦应该如何夺取天下的谋略。分析既详明又深入，听得夏侯婴喜笑颜开，觉得韩信真是一个不可多得的人才，最重要的是，他还精通兵法。想到这里，夏侯婴大为高兴，当面应允把他推荐给汉王。

夏侯婴是沛县人，刘邦的同乡，刘邦初举义时，夏侯婴就跟随左右，一直为刘邦驾车，随同转战各地，刘邦对他十分信任。他们之间交谊十分深厚，所以对于一些人才的推荐，或者一些战事的部署准备，刘邦一般会听取他的意见。

在刘邦面前，夏侯婴竭力推荐韩信。但刘邦并没有重视，只是看在夏侯婴面上，让韩信做了一名治粟都尉，这是一个负责筹措、分配军粮的中级军官，自然无法施展韩信的满腹韬略。韩信到任以后，每每想到自己怀才不遇，他就长吁短叹，只感觉自己英雄无用武之地，前途渺茫，不知不觉又陷入了以前的思绪中，难道我投奔的真是一个圣贤的明主吗？

韩信心里虽然对治粟都尉这一官职并不满意，但是他刚刚死里逃生，也不敢有太大的奢求。韩信谢过了夏侯婴，就径直回营去了。

第二天，刘邦就派人到治粟的部队中宣布了对韩信的任命。士兵们都非常诧异，这个韩信有什么本事呢？汉王不但没有处死他，还给他官升一级！

刘邦一直把筹集军粮，制定法令等工作交由萧何负责。韩信升任治粟都尉后也就直接隶属萧何管理了。正因为这种机缘，韩信才有机会得到刘邦的重用。

韩信拜将

俗话说："好事不出门，坏事传千里。"其实，有些时候，好事也能传得很远。夏侯婴在法场上释放韩信的事，很快就在汉营中传开。不久，风声吹到丞相萧何的耳朵里，引起了他的注意。萧何不是一般人，他是一个既有政治头脑，又有高度才智的人。他认为韩信这个人不简单，决定亲自会会他，看他到底有没有真本领。天渐渐凉了，树叶都落得差不多了。放眼望去，田野里覆盖着蒙蒙的雾气，气氛异常肃杀。在这个万物凋零的时候，韩信的心情也似乎跌入谷底，他整个人都没有了生气。

这天夜里，墨一般的天幕上缀着数不尽的宛若宝石般的星星。刮了一天的西北风停了下来，终于有了片刻的安宁。万籁俱静，只有军营更夫报时的梆子声隐约传来，显得那样单调、缓慢、无精打采。无所事事的时候，韩信常用看书打发时间。这天也不例外，他刚看了开始几行，就感觉心烦意乱，想起自己的境遇，韩信一筹莫展。正在这个时候，丞相萧何出现在韩信的面前。萧何的来意已不用明说，他是来了解韩信的，想看看他的才能到底怎样。

韩信看到丞相来了，毕恭毕敬地站在丞相面前。萧何紧闭着嘴什么话也没说，只是用探究的目光打量着面前这位下级军官。看到韩信健壮的体格，看到韩信炯炯有神的目光，萧何心中很是惊喜。韩信虽然没有与萧丞相接触过，但从同伴那里已经对丞相有些了解，知道他豁达、宽容、公正、敏锐，非常爱惜人才，军营中一直流传着不少关于丞相的佳话。如今萧何站在自己的面前，精明强干和平易近人的印象更是一目了然。

这次机会很难得，为了能展示自己的才华，在两人的交谈中，韩信首先畅论一通当时的天下大势，对项羽、对刘邦，他都有所评论，既指出两人的优点，也指出两人的弱点。韩信的分析很有见地，而且入情入理，这让萧何对他刮目相看。接着，韩信又谈到自己的抱负，抒发了自己长期怀才不遇的愤懑。

如此这番，萧何和韩信畅谈了好几次，谈话越来越深入，渐渐地，两人成了无话不说的知己。萧何也愈加认为韩信精通兵书战策，当代很难有能与他匹敌的将领，真是举世无双的一代英才。经过一番观察，萧何开始考虑如何向刘邦推荐韩信的问题。

韩信在与萧何进行过几次谈话以后，心中的愁绪渐渐散开了。但是，韩信几次主动求见刘邦，向其建议，却都得不到重视，他的心情转喜为忧，甚至有点心灰意冷了。他估计萧何必定已向汉王推荐过自己，但是，刘邦仍然没有对自己另眼相看，自己受到的只是冷落。想来想去，韩信实在是忍不住了。于是，一天深夜，他一人一骑，逃离了汉军营帐，踏上了归途。

韩信刚逃走不久，消息就传了出来。丞相萧何接到韩信逃跑的消息，顿觉事态严重，这位可遇而不可求的统帅之才，岂能在自己的眼前流失。于是，萧何来不及向汉王做出说明，立即骑马追赶。

山风呼啸，月影摇曳，萧何一路上无心观月赏景，只顾策马急追，萧何终于在几百里路之外，追上了韩信。

萧何对韩信苦苦相劝，韩信却一直苦笑，他觉得自己再怎么施展才华似乎也是于事无补，因为刘邦看来也不是很好的伯乐。而苦于失去将才的萧何，无可奈何之下，一把捉住韩信坐骑的缰绳，说道：

"韩将军再听我一句话，请你暂且随我回去，我一定会倾全力向汉王举荐。如果此番汉王仍不重用将军，我萧何保证让你平安出走，他若不采用我的意见，我也许会和你一道东归。"韩信被萧何推心置腹的言论所打动，更被他如此器重自己的一片真情所感动，并感到他以丞相之尊，亲自追赶了自己一个晚上，的确将自己看作英才，是不易得到的知己，就应允了。两人并肩骑马慢慢回到营帐。

拜将台

但是，这件原本简单的事情却变得复杂了。一些不明真相的人，看到萧何骑马走了，以为他也逃跑了，就立即报告了刘邦，说："不好啦，萧丞相也逃跑了!"

刘邦一听，又急又怒。急的是，萧何是他的主要谋臣，他这一去，简直像失去了左右臂膀，怒的是，像萧何这样多年的知交，在最困难的时刻竟会背叛出走，逃奔他处。然而，使刘邦感到非常意外的是，过了两天，萧何自己又回来了，还主动来拜见了他。

此时，刘邦喜出望外，不过还是大声地埋怨萧何。

萧何一听，知道汉王误解了，便"呵呵"地笑了。笑罢，才不慌不忙地回答："臣不是逃跑，而是去追一个逃跑的人!"

"谁?"刘邦急切地问。

"韩信。"萧何心平气和地回答。

如此一来更惹起刘邦的怒火，又大骂道："诸将逃亡的已经有几十人，你不去追，却去追韩信，这分明是在说谎，他有什么才能值得你去追？你分明是想弃我而去。"

萧何毫不生气，继续慢吞吞地说："那些逃亡的诸将是容易得到的，至于韩信，可就大不相同了，他的才能真是举世无双啊。如果大王决定夺取天下，那就一定要大加重用。至于我是否会弃你而去，大王心里明白。请大王以大业为重，不要轻信谣言。"刘邦答道："我也打算东归，谁愿意郁郁不得志，长期居住在这里呢？"萧何又说："大王决定东归，能大用韩信，他一定留下不走。如果不加重用，韩信终究是要逃亡的。"刘邦仍旧没有把韩信放在眼里，看在萧何面上，只得说："好吧，因为你的关系，叫他做一名将官。"

看到汉王做了妥协，萧丞相不禁心中暗喜。不过，他又微微摇了摇头，轻轻叹了一口气，拉着长声说："不行啊！"说到这里，他站起身来，在大厅中来回踱步，然后固执地说："虽然任命韩信做将官，他还是不会留下的。"

刘邦看见萧何态度这样固执，无可奈何地说："任命他做大将好了。"

萧丞相听到这话，畅快地大笑起来，连连称赞道："好，这就很好，这就很好！"他边说边击掌，高兴得简直要手舞足蹈了。

不过萧何突然又想到了什么，神定气闲的提出建议说："如果您真是诚心实意的拜韩信为大将，必须挑选一个良辰吉日，同时，您必须斋戒三日以表示虔诚。光这样还不行，还要搭建起拜将的祭坛，依照礼仪行事。"

刘邦听着，眉头紧锁，心里有点不满，觉得萧何太得寸进尺了，一边心里嘀咕：这个"钻胯裆的"有什么了不起，值得我采取这么隆重盛大的举动吗？当他犹豫的目光与丞相坚定的目光相对视时，他还是答应了，觉得丞相的面子实在难驳。谁叫萧何他那么坚定呢？所以，总算勉勉强强地答应照丞相说的办了。萧何这才满意地离开了。

等到拜将那天，刘邦沐浴更衣，十分庄重。拜将坛上上下下，彩旗飞扬。坛顶中央是一只大香炉，香炉内香烟缭绕，飘逸四方。坛上四角有金甲卫士守坛，两边鼓乐铿锵，雄壮肃穆。拜将坛下，文武官员分列两边，衣着整齐，庄严肃立。后边是戎装整齐的士兵，一眼望不到边际。士兵们个个精神抖擞，手持兵器，威然站立。

这天晴空万里，艳阳高照。中午时分，汉王乘坐宝舆。从城中出来。汉王刘邦到坛前下车，他头戴王冠，身穿王袍，稳步登坛。刘邦登上坛顶，在仙乐声中点燃一束香，先拜天，再拜地，然后插进香炉，香火更加旺盛起来。刘邦拜过天地以后，站在坛中央。

丞相萧何登坛。他身后四个礼兵，双手端着方盘，盘中是印、绶和尚方宝剑。登坛后礼兵站在两侧。

萧何坛前大声喊道："请新拜大将军，登坛受将。"

韩信从汉王的宝舆中走出来，头戴银盔，身披银甲，腰挎宝剑、装束严整，十分英武。这时人们才知道，新拜大将竟是治粟都尉韩信。

对于韩信，汉军将领大多不认识，名气不高，年纪又轻，将领们无不交头接耳，流露出疑惑的目光。

韩信健步登上拜将坛，先对刘邦行跪拜大礼，然后站在汉王的右边。坛上坛下鸦雀无声，萧何稳步上前，高声叫道："拜将仪式现在开始……"

汉王一授绶带，再授将印，然后授尚方剑。每个环节都庄重严肃，令人倾慕。

拜完大将以后，刘邦站在坛前，对坛下将士高声说道："从今天起，军中之事，完全由大将军韩信负责。但凡任免去留，生杀予夺，都由韩大将军一人决断。韩大将军可以先斩后奏，可以调动三军，可以决定攻伐。全军将士，都要听从大将军的命令，违者军法从事。各军之间要同心协力，东归故土。希望韩大将军以国家大业为重，尽心尽力，尽职尽责，尽忠尽孝，率领全军将士，还定三秦，出关东征，一统天下。"

　　将士们听了，群情激昂，热烈欢呼。汉王说完之后，大将军韩信向前说道："本将军一定牢记汉王重托，尽效犬马之劳。竭尽平生之智，忠于大王。全军将士，团结一心，共创汉王大业。全军将士要勇往直前，奋勇杀敌，为开创一统江山建功立业。"

　　汉王拜将之后，和韩信一同走下拜将坛，与文武官员见面，然后汉王把宝舆的布篷去掉，让韩信上车，两人同乘一车，检阅全军。全军将士一片欢腾，欢呼声此起彼伏，经久不息……

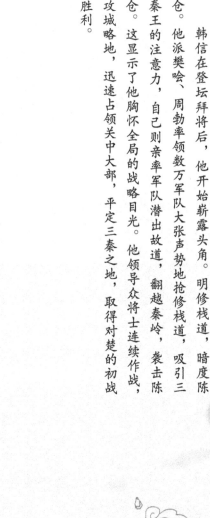

第三章

军事奇才，初露锋芒

韩信在登坛拜将后，他开始崭露头角。明修栈道，暗度陈仓。

他派樊哙、周勃率领数万军队大张声势地抢修栈道，吸引三秦王的注意力，自己则亲率军队潜出故道，翻越秦岭，袭击陈仓。这显示了他胸怀全局的战略目光。他领导众将士连续作战，攻城略地，迅速占领关中大部，平定三秦之地，取得对楚的初战胜利。

 **暗度陈仓**

　　封韩信为大将军的仪式结束后。韩信走下高坛，对着刘邦连施军礼。刘邦忙走上前去，握住韩信的手说："滕公和丞相多次向我保荐将军，说将军是一位经天纬地之才，才能举世无双。不知道将军有什么计策教给我呢？"

　　韩信见刘邦向自己请教，忙谦虚地说："大王现在要北上夺取关中，继而称霸天下，最大的对手不就是项羽吗？"刘邦说："正是啊！"

　　韩信接着说道："大王认为自己和项羽之间，就勇、悍、仁、强四点来说，你们谁更胜一筹呢？"

　　刘邦一听脸色大变，显得很不高兴，半天没有说话。最后他才说道："就这四点来说，我都比不上项羽！"

　　韩信见刘邦并没有故弄玄虚，而是如实回答了自己的问题，就接着说道："其实，我也认为大王在这四点上不能和项羽相提并论。但是我曾经在项羽的帐下做过郎中，十分了解他的为人。现在就让我来分析一下项羽的为人吧！项羽非常勇猛，就算是有千军万马阻拦他，只要他大吼一声，这千军万马都要被吓得倒退。但是他不能任用贤良之人。他就是再勇猛也不过是匹夫之勇罢了。项羽待人十分仁慈，对人说话恭敬有礼。要是他的士兵生病了，他还会流下同情的眼泪，把自己的饮食分给生病的人。但是等到要论功行赏，给有功的人分封官爵时，他就舍不得了。有时候他甚至会把官印的棱角都磨损了，也舍不得从自己手里交出来。所以说，项羽的这种仁慈只是妇人之仁罢了。"

众人听到韩信的分析，都认为他说得很有道理。他们也开始从心里佩服起韩信的才能来了。刘邦更是微笑着，不住地点着头。他在心里想："幸亏我听了萧何的建议，封他做大将军。如果韩信追随了其他诸侯，哪里还有我称霸天下的机会啊!"

韩信接着说道："项羽虽然称霸天下，分封十八路诸侯。但是他并没有驻守在关中号令天下，而是一把大火把整个咸阳都烧毁了，以彭城(今江苏省徐州市)为都城。当年楚怀王跟大王和项羽等首领有过约定，谁先进入关中就封谁为关中王，而且不能屠杀老百姓。但是项羽不但把先进入关中的大王分封到了巴、蜀这个交通不便、物资匮乏的地方，还屠杀了全城的军民。这就违背了当初大家的约定。他分封十八路诸侯的时候，把自己的心腹爱将和大臣都封到了好地方去，把原来的诸侯都赶到了偏僻的地方做些名不副实的君主。他这样做已经招致很多诸侯的不满了。而且，项羽打了胜仗以后，就把楚怀王迁徙到了遥远的郴(chēn)县(今湖南省郴州市)。郴县远在湘江的源头，那里简直就是不毛之地。很多诸侯见项羽迁徙了楚怀王，也纷纷赶走了自己土地上的君主，自己统治那些地方。项羽打仗十分凶狠，他所攻打的地方，没有一个不被他屠城的。所以天下的老百姓都对他不满，只不过不敢明目张胆地反对这个凶狠成性的人罢了。其实，他们归顺项羽都不是真心的。从这几点来说，项羽虽然是名义上的霸主，但是他却失去了民心。所以说，项羽的这种强大是很容易变成弱小的!"

众人都被韩信的高论震得一惊，他们一动不动地站着等待韩信继续说下去。韩信见状，就接着说："如果大王能够反项羽之道而行之，那天下就是大王的了。"

刘邦听到韩信说"反其道而行之"就可以得到天下，急忙问道："请将军明示，我应该怎么做呢?"

韩信说："大王只要重用天下有勇有谋的壮士，要他们带领军队挥师北上，东进，哪个诸侯可以抵挡呢！攻下城市以后，大王就把这些地方封给有功的人，哪个人会不服呢！而且项羽军队里的士兵都是楚国人，他们的家乡都在遥远的东方。他们每一个人都想回到自己的故土和家人团聚。大王以正义之师来攻打这些想要回到故土的士兵，他们怎么会不一哄而散呢！"

刘邦听到这里，点头道："将军说得很有道理，我真是后悔没有早点重用你啊！请你不要怪罪我啊！"

韩信听到刘邦这样说，急忙说道："我怎么会怪罪大王呢！我在项羽的军队不过是一个郎中，大王肯让我担任大将军这么重要的职位，已经是对我的厚爱了。"

刘邦又接着问道："将军，我要挥师北上，平定关中，该怎么办呢？"

韩信见刘邦问自己如何平定关中，就说道："项羽分封的三个驻守在关中的诸侯原来都是秦国的大将，他们带领秦国的士兵已经很多年了。三秦子弟跟随他们战死和逃亡的不计其数。后来章邯又欺骗士兵，带着他们投降了项羽。项羽在新安把投降的二十万士兵全部坑杀了，只有章邯、司马欣和董翳免于一死。正是因为他们免于一死，所以三秦的父老对他们恨之入骨。现在项羽因为自己的实力强大，就强立这三个人为王，其实老百姓并不是真心拥护他们的。大王当初从武关进入关中的时候，秋毫未犯，废除了秦朝的严刑酷法，并和关中的老百姓约法三章，使老百姓免于战火的煎熬。三秦的老百姓没有一个不想大王在关中称王的。当年楚怀王和诸侯们约定，谁先进入关中就封谁为关中王。大王第一个进入关中，本来应该被封为关中王的。关中的老百姓都知道这些事情，但是项羽凭借自己的武力，把大王分封到了巴、蜀这个偏僻的地方。三秦的父老没有一个不因此埋怨项羽的。如果大王挥师北上，关中的老百姓都会非常欢迎的。所以我们基本上不用和章邯等人短兵相接，只要发一篇檄文就可以平定关中了。"

军事奇才，初露锋芒

刘邦听了韩信的妙论，心里极为高兴，他握着韩信的手说："我真后悔到现在才任用你为大将军啊！如果我早点任用你，现在三秦已经平定了。请你辅佐我征战天下。"

兵法讲："知己知彼，百战不殆。"韩信进军三秦的行军线路，时机选定后，在具体战术上又下了一番功夫，用兵法上所说"出奇制胜"之术。原来，他经过周密思考，为刘邦策划了一个"明修栈道，暗度陈仓"的方法。

刘邦把丞相萧何、大将军韩信等人叫到内室商量挥师北上的计划。刘邦对大家说："挥师北上最难的一件事情就是道路的问题。关中和南郑之间只有一条路连通。但是我在进入南郑的时候，听从张良的建议，已经把秦岭上的栈道烧毁了。现在我们自己都没有办法过去了。如果我们派人去修栈道，章邯肯定会知道，并提前准备。这对我们很不利啊！"

韩信说道："大王，当初张良建议您烧毁栈道是一条很明智的计策。如果大王没有烧毁栈道，说不定项羽早已带兵打到了南郑。我们的兵力尚不能和他相比啊！"

有几个将领见刘邦和韩信这样说，就插话道："大王，我们看现在唯一的方法就是抢修栈道，带兵北上。"但是他们也都知道秦岭栈道之险，要想修好栈道绝对不是一件容易的事情。

刘邦看了看众位将领，说道："看来我们现在也只有这一个办法了，但是要想修好栈道也不是一件容易的事情啊！这需要时间啊！"

诸位将领听刘邦这样说，都知道他已经迫不及待地想平定关中了，但是他们又都想不出办法来，只好默默地一句话也不说了。韩信见大家都不说话了，就站起来走到地图面前，对大家说："我倒有一个办法，八月就可以平定关中。"

众人见韩信站起来说有办法在八月平定关中，不由得都看着他。韩信看着刘邦说："大王，秦岭栈道是关中和南郑之间唯一相通的路，这个大家都知道。但是我却知道还有一条路可以从南郑到达关中的陈仓。"

　　说着，韩信就在地图上用手指在南郑和陈仓之间画了一下。众人以为韩信是在开玩笑，因为如果南郑和陈仓之间还有一条路，大家怎么会不知道呢！

　　韩信见大家吃惊的样子，接着说："当初我从项羽的军营来投靠大王的时候，路过秦岭，看到栈道已经被烧毁，我也以为自己的理想就要破灭了。但是当时我遇到了一个樵夫，他家世代在秦岭一带打柴，对当地的地形十分熟悉。他告诉我还有一条古时候留下的道路可以从陈仓到达南郑。当时，我也是将信将疑，但是我又没有其他办法，只好跟着他去看了看。结果真有这么一条道路，那就是陈仓古道啊。"

　　刘邦听了韩信的陈述，十分高兴地说："真是天助我也！大将军真是我的福将啊！"

　　韩信接着对大家说："根据可靠情报，现在田荣已经统一了三齐地区，正和彭越一起反抗项羽呢！项羽正在集合部队准备和他们大战。这正是我们出击关中的大好时机啊！"

　　刘邦见韩信说得十分有道理，就问道："那我们具体该怎么办呢？"

　　韩信又说道："所谓'兵不厌诈'，我建议大王派兵去修秦岭栈道，但是并不是要真的修好。我们只要章邯等人知道我们在修栈道就好了。因为他们看到我们在修栈道，必然在秦岭附近做好迎战的准备。而我们则集中主力部队从陈仓古道上悄悄前进，直逼陈仓。到时候一举攻下陈仓，我们在关中也就有了立足之地，还怕不能平定三秦吗？"

　　刘邦等人听了韩信的计策，都很兴奋。刘邦大喜道："大将军的计策果然高明，只要我们攻下了陈仓，整个三秦就在我们的掌控之中了。"

　　韩信的这个计策就是历史上著名的"明修栈道，暗度陈仓"。这一计策充分展示了韩信善于带兵的能力，因此人们将他称为"兵仙"！

　　刘邦接着下令道："从明天起，樊（fán）哙（kuài）带领本部士兵

军事奇才，初露锋芒

开赴秦岭，大张旗鼓地修复栈道。韩信大将军则操练士兵，时刻准备从陈仓古道打下关中。"

众人听了刘邦的命令，齐声说道："谨听大王的命令！"

韩信连日巡视操练各营军马，亲自授以战阵攻杀之法，十分繁忙。夏侯婴、曹参、灌婴、卢绾、薛欧等人虽说领军多年，但见韩信走下校场，略一点拨，军阵肃穆，攻杀进退，法度谨严，无不心悦诚服，衷心赞叹。

夏侯婴、灌婴等人当即拜倒，慨叹道："我等枉自在沙场冲杀多年，斩将搴旗，奋勇当先，全凭一股士气，一股勇猛而已，今日得见大将军练兵，大开眼界，始才知道战阵攻杀居然也有大学问。还望大将军传授一二。"

韩信慌忙扶起夏侯婴、灌婴等众将，拉住夏侯婴感叹道："没有滕公当日帮助，哪有我韩信的今天啊！您的大恩，我永远都不会忘记！"夏侯婴道："以前的那些小事，不足挂齿。如今，我为汉王得到将军这样的人才而高兴啊！"

刘邦派将军樊哙、周勃率领上万人马进入褒谷修栈道，并限期三个月完工，工程由南向北展开，人喊马嘶，尘土飞扬。虽然没有传达任何军令，汉军将士都在暗中传递着一个他们自认准确无误的信息："我们将要沿原路杀回关中去！"

"我们就要回到家乡了，这一天快要到来了！"这个消息不胫而走，很快就传到了雍王章邯的耳中。

章邯并非庸才。他对汉军大张旗鼓地修复栈道，也产生过怀疑：这是否是诱敌之计？于是章邯一面立即派人打探汉军修栈道情况，一面调兵遣将把守关口，以防汉军进攻关中。

几天后，章邯所派探子回报说，汉王派大军修栈道，要从栈道进攻关中，并在汉中拜了位钻胯裆的大将军，名叫韩信，汉王的将士为此还不服气，修栈道的士兵和民众逃走的很多等等。

章邯听了探子的回报，才大大松了一口气，心想你一个钻胯裆的

战无不胜 韩信

无耻之人能成什么大气候，不禁嘲笑起刘邦来："刘邦呀，没想到你一世英名，还找这样的一个小人来帮助你，真是没有眼光，白白被天下人耻笑！"章邯开始麻痹大意起来。

章邯的兵力本来就有限，分兵把关之后，可供作战的兵力更加有限。不过，小看对方实力的他还处在暗暗自喜中，心想如此天衣无缝的部署你韩信还能攻破不成？

韩信得知章邯已按自己的预料，分兵布防，并把主力部队配置在东部，心中大喜：果然不出所料，章邯果真自作聪明！

善于用兵者，常在出敌意外，抢占先机。韩信命令：将军曹参率领郎中樊哙为先锋，统精兵万余人，立即进兵，务求速战速决。韩信与汉王刘邦率领周勃、郦商、灌婴、傅宽、靳歙等将领，率兵跟进，集中了可以调动的全部兵力，秘密地向关中涌来。

项羽与诸侯之间，也存在重重矛盾。在刘邦、韩信袭击三秦的同时，齐国就首先与项羽火并起来。

在项羽周围战火纷起的时候，韩信一边加紧整编汉军，调配将士，训练兵马，一边加紧了解和选择平定三秦的进军路线，准备攻打三秦，占据关中，刘邦乘此机会挥军出关，继续东进。

刘邦袭击关中，田荣又在齐地竖起反旗，项羽大为震怒，准备出兵。但是，在先攻谁的问题上出现了矛盾。项羽不得民心的做法让他失去了好多有用之才，张良就是其中一位。项羽缺少一个能够为自己出谋划策的人。就在项羽左右为难时，张良送来一封信，这封信本来是麻痹项羽的，却正好投合了项羽的心意，项羽决定先打齐国，这样给了汉军一个大好的机会。

项羽大军和田荣在城阳（今山东鄄城）相会，齐军大败，不久田荣被杀。楚军太过暴力，所到齐地之处，无不杀光、烧光，引起极大的民愤，齐地百姓纷纷聚众抗击楚军，对士气有了一定的影响。田荣的弟弟田横招集残卒，有数万人，也在城阳一带继续与楚军作战。项羽好像陷入了战争的泥潭一样，简直无法抽身。刘邦采纳韩信的策略，部署诸将，萧何留守巴蜀，供应军需。

项羽正忙着攻打他周围造反的诸侯陷入困境，三秦中的雍王章邯也处于麻痹之中。

就在樊哙等人在秦岭上大修栈道的时候，韩信则加紧训练军队，准备从陈仓古道攻入关中。不久，韩信认为时机已经成熟，就到刘邦的宫殿，对他说："大王，现在时机已经成熟，我们可以带兵从陈仓古道直达关中了。我带先锋部队只要悄悄行军一天一夜，就可以到达陈仓。我出兵的第二天，请大王亲率主力部队出发，并要樊哙将军迅速从秦岭撤军，也从陈仓古道进军。"

刘邦早就等着这一天了。他见韩信说北上的时机已经成熟，高兴得手舞足蹈。他对韩信说："请大将军放心，我一定亲自率领主力部队在后面跟着你进军陈仓。"

晚上，韩信悄悄集合了几千人马，从古道出发了。刘邦也派了使者快马加鞭往秦岭去通知樊哙。韩信的先锋部队在古道上悄无声息地前进着。

天亮的时候，他们已经走了一半的路程。士兵们奔波了一夜，但是依然精神抖擞。韩信命令士兵们不得拖延时间，加紧赶路。

第二天深夜的时候，韩信带着部队到达了陈仓城下。时值深秋，天空没有一片云彩，月光明净如水，一切都显得那么平静。章邯没有想到，一场大战就要开始了。

韩信远远地看见陈仓城墙上巡逻的士兵踱着步子。他对部下们说："我们已经行军一天两夜了，虽然人马有些疲惫，但是兵贵神速，如果今夜不趁着敌人熟睡的机会拿下陈仓，我们明天再攻城就有风险了。你们有没有信心在天亮之前占领陈仓？"

部下们见韩信说得很有道理，都同意他的说法。他们纷纷表示，一定奋勇杀敌，在天亮之前占领陈仓。韩信见士兵们斗志昂扬，十分欣慰。他立刻命令几十名士兵抬着云梯悄悄地摸到了城墙下。这几十名士兵是韩信在平日里训练的时候特意挑选的，他们不但非常机警，而且也十分英勇善战。

他们到了城墙下，又悄悄地把云梯竖了起来。云梯竖好后，他们趁着守卫们打瞌睡的时候，迅速爬上了城墙。忽然，几十名士兵都爬到了城墙上，一起大喊起来。他们纷纷举刀向守卫砍去。守卫们大都在半睡半醒之间，似乎还没有明白到底发生了什么事情。而韩信派出的几十名士兵都是精心挑选的勇士，他们手起刀落，很快就把守卫一个个砍倒在城墙上了。

很快，勇士们从里面把城门打开了。就在他们打开城门的刹那，城外也响起了惊天动地的喊杀声，是韩信在指挥士兵们往城里杀去。士兵们个个如下山的猛虎一般，冲进了陈仓城。待驻守陈仓的敌兵从睡梦中惊醒过来，就已经太晚了。韩信已经派兵攻占了四方的城门，牢牢地守住了敌人的退路。

就在敌人们要起身拿武器冲出去的时候，韩信的士兵已经冲进了军营，把他们团团包围了。至此，天还没有亮，整个陈仓就已经在韩信的控制之中了。

第二天一早，刘邦和樊哙等人领兵来到了陈仓城下，他们抬眼望去，看到陈仓的城墙上到处飘扬着汉军的军旗。刘邦大喜道："韩信果然神勇，我们还没有赶到，他已经拿下了陈仓！"

陈仓（今陕西宝鸡市东），地处八百里秦川的西端，是一处咽喉要地。宝鸡东连西安，西越陇入甘肃，西南谷口通陇南重镇天水，向南从陈仓古道入南郑，通巴蜀。现今宝鸡是陇海铁路陕西境内西部的重要集散地，也是川陕公路、入川铁路的北方起点。自秦始皇开始，就将宝鸡作为一个重要的军事据点，重点开发。秦人从西垂向东发展，把宝鸡作为一个重要的立足点，修建城池。相传，秦文公在此地打猎，得一宝石，夜半能化作鸡鸣，于是，秦文公在陈仓县北山坡上筑祠祭礼，称宝鸡祠。南于这里地处交通要冲，商业日益繁华，人口越来越多，发展成为一座交通重镇，因名宝鸡城。

在宝鸡南边渭水岸口有一座官仓，名为陈仓，储备大量军资谷物。

往东供应咸阳，往西支援陇西。秦人最初所置的县就称陈仓县，也就是韩信现在要领兵攻打的地方。这里历来是兵家必争之地。

章邯在陈仓率领前来应战的人马，准备和韩信展开厮杀。一天，忽有陈仓败兵，逃至废丘，报称汉军已夺了陈仓，杀死守将，现已兵临城下。章邯方知中了"明修栈道、暗度陈仓"之计，慌忙引军迎战，迎面正撞上樊哙，两军布阵厮杀。汉军积愤已深，勇不可挡，杀得章邯顾头失尾，节节败退。汉军乘胜追去，不料章邯收拾残兵，又二番反戈冲杀过来。韩信见状，调出汉军左右两翼。分别由灌婴、周勃领兵，策应前锋，直杀得章邯大军四散溃逃。韩信一举占据了关中的西大门陈仓，章邯只能逃回废丘 (今陕西兴平东南)。一路上，韩信的追兵紧随其后，章邯边走边战，几乎送掉了性命。历经万难，最终带着残兵狼狈地退回废丘，紧闭城门，高悬吊桥。

回城后，章邯派人向董翳和司马欣求救，谁知这二人一听此军情，早吓得魂不附体，如何敢动？汉军势如破竹，很快占领了关中大块土地。韩信不失时机，命周勃、灌婴等大将去攻取咸阳，以堵住章邯东逃的去路，然后发兵围攻废丘。

这时，项羽举大兵，欲先安定后方，再率兵西向，解救章邯。韩信则是尽力向中原推进，确保关中，扩大领地。这是一招妙棋，在政治和军事上至少有三方面的收获：第一，阻断章邯与项羽的交通，汉军在关中对章邯形成关门打狗之势，章邯只能坐以待毙；第二，汉王大张声势，与诸侯交通，安抚关外父老；第三，韩信出关，趁新韩王郑昌立脚未稳，夺取韩地。韩信所制订的这一策略，足以显示他胸怀全局的战略眼光。

 **彭城大战**

项羽与齐国军阀田荣展开了战争。齐军士兵殊死搏斗，楚军陷入了持久战的被动局面，无法速战速决。这样，项羽就无暇顾及其他割据势力。

趁此时机，刘邦决定扩张自己的势力。汉军在韩信的指挥之下取得了辉煌的战果，平定了关中、河南的大片土地，魏、韩、殷的三个诸侯王也一一降伏了，汉王大军在关中的地位已经稳固，东进横扫顽敌，完成统一霸业的计划势在必行。

而刘邦的实力逐渐壮大了，但是随着实力越大刘邦就越想念自己的家人。此时，刘邦的妻儿和父亲都还在老家沛县。他多想把他们接到自己的身边啊！就在这个时候，一个好消息传来了，王陵来投靠刘邦了。原来王陵是刘邦的老乡，他们在沛县的时候就认识。秦末，各路诸侯起兵反秦的时候，王陵纠集了一支几千人的部队，攻下了南阳。从此，王陵就领兵驻扎在南阳，不隶属于任何诸侯。待到刘邦平定雍王章邯的部队，把章邯围困在废丘的时候。王陵见自己的老乡实力逐渐壮大，而且有称霸天下的野心，于是就投靠了刘邦。

刘邦立刻交给了王陵一个任务，就是到沛县把自己的妻儿和父亲接到关中。因为南阳离他们的老家沛县很近，而且王陵和刘邦是老乡，认识刘邦的父亲刘太公。

项羽听说刘邦派王陵到沛县去接家人，十分生气，他立刻派兵到阳夏 (今河南省太康县) 拦住了王陵。于是王陵不能继续东进，只好停了下来。即使这样项羽还是不放心，他杀了韩王成，并立刻封原来的吴中县令郑昌为新的韩王，去韩国驻守，以牵制刘邦。

张良本来是韩王成的丞相。他见项羽杀了韩王成，并封郑昌为新的韩王，心里很愤怒。于是，他日夜兼程，赶到了关中，再次投靠刘邦。刘邦见到张良，立刻热泪盈眶地迎了上去。他握住张良的手，激动地说："你终于回来了!"

张良感动地说："大王，我回来了，我一定帮助您称霸天下。"此时，"汉初三杰"在刘邦身边会合了。他们就是丞相萧何，谋臣张良和大将军韩信!刘邦后来之所以能够打败项羽，称霸天下，也多是这三个人的功劳。

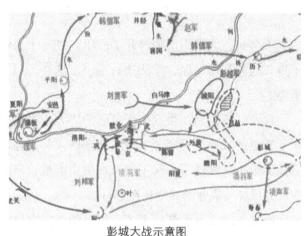

彭城大战示意图

公元前 205 年年初，就在项羽大战齐国之时，刘邦在大将军韩信的辅佐下，一路东进，攻城略地，打了很多胜仗。塞王司马欣、翟王董翳以及河南王纷纷望风而降。韩王郑昌原来是吴中的县令，是项羽的亲信，所以他不愿投降刘邦。刘邦见不能让郑昌心甘情愿地来投降，就派韩信带兵攻城。

原来的韩王成被项羽带到彭城杀害了，因此韩国的老百姓并不是十分拥护项羽。

韩王郑昌没有坚守多久，就被韩信打败了。从此，刘邦不但拥有除废丘之外所有的关中之地，而且还在关外占领了河南 (今河南省大部、山西省南部、山东省西部等广大地区) 的大部分地区。

汉军经过几番战斗，士兵们伤亡不多，士气有增无减。汉王刘邦首先致力于稳定关中的统治，推行了一系列收服人心、恢复秩序、优待将士、健全行政体制的政策，稳定军心，振奋士气，使关中与巴蜀成为汉王进取天下的可靠根据地。

因为楚军主力主要随项羽伐齐，无法阻止汉军的前进。于是刘邦联络了齐国、赵国的部队，这样一共有五个诸侯国团结在以刘邦为首的反楚联盟周围，兵力达到了五六十万之多，声势浩大，直指项羽的老巢——彭城。

三月，刘邦带着韩信等将领，从临晋 (今陕西韩城) 渡过黄河，攻打河东 (今山西运城、临汾一带)、河内 (今黄河以北地区) 等地。西魏王魏豹早已听说刘邦的大将军韩信用兵如神，攻无不克，战无不胜，因而没有抵抗就带着军队投靠了刘邦。刘邦十分高兴，于是下令全力进攻河内。驻守河内的是殷王司马卬，司马卬虽然死战，但是怎敌兵多将广的刘邦呢! 很快，刘邦俘虏了司马卬，平定了河内，带兵驻守黄河北岸的修武 (今河南省南阳市附近)。

几个月前，司马卬因为违抗了项羽的命令。项羽大怒，派陈平率兵进攻他。司马卬见陈平的大军压境而来，心里十分担忧，只好屈服，并且连连向项羽认罪!

刘邦攻下河内，俘虏了司马卬的消息传到正在和田荣的弟弟田横打仗的项羽那里，项羽大怒。他说："当初我要陈平去收服司马卬，陈平说司马卬对我忠心耿耿。既然对我忠心耿耿，为什么不和刘邦死战呢?"正在气头上的项羽把这一切怪罪到了陈平头上，产生了杀掉陈平的念头。

陈平闻知项羽要怪罪自己，生怕这个莽夫会杀掉自己，就在深夜，从小路直奔黄河，渡过黄河投奔驻守在修武的刘邦去了。

不久，刘邦从平阴津渡过黄河，直奔洛阳而去。到了洛阳，董公遮来到刘邦的营帐，对他说："大王，你知道义帝是怎么死的吗?"

军事奇才，初露锋芒

刘邦闻听董公话中有话，就大惊道："项羽不是说义帝在南迁的路上得了急症，不治身亡的吗？"

董公摇了摇头说："那是项羽蒙蔽天下人的伎俩。其实义帝根本就没有得过什么急症，是项羽暗中派人杀了他。项羽为了蒙蔽天下人，就说义帝是得了急症，不治身亡的。"董公顿了顿，接着说："大王为何不以为义帝报仇的名义东进伐楚呢？这样你的军队就成了正义的军队，天下的百姓都会支持你的。"

刘邦认为董公说得很有道理，就听取了他的意见。第二天，刘邦抓扯着自己的上衣哭得痛不欲生，以表现自己对义帝的爱戴，对义帝之死的痛心。他下令全军全部换上素服，为义帝发丧。在洛阳的郊外，汉兵们穿着素服整齐地排列着。刘邦站在队伍前，哭着对大家说："项羽杀了义帝，我要为义帝发丧三日。"洛阳的老百姓见状，也都悲伤地痛哭起来。从此以后，刘邦大仁大义的形象在百姓中流传开来，人们更愿意支持刘邦伐楚了。

为义帝发丧三日之后，刘邦派使者通告天下的诸侯说："秦亡以后，天下诸侯一起拥立了义帝，尊他为诸侯的皇帝。项羽竟然违背天下人的意愿和仁义道德，把义帝放逐郴县，而且还暗中派人杀了他。这是多么大逆不道的事情啊！我刘邦现在亲自为义帝发丧，请各位诸侯都穿上素服，一起为义帝守孝。然后，我要调遣关中和三河 (今黄河、淮河、洛河) 所有的兵力，联合江汉以下的诸侯讨伐杀死义帝的楚国人！有愿意跟随我一起讨伐大逆不道的项羽的，就一起起兵吧。"

之后，刘邦带领着五路诸侯的五十六万兵力，向东而去，准备攻打彭城。韩信见刘邦贸然进攻彭城，心里十分着急，他向刘邦提议道："大王，现在攻打彭城的时机尚不成熟啊！"

但是刘邦此时因为连战告捷，心里十分得意，就对韩信说："我从南郑出兵，一路打下来，攻无不克，战无不胜。现在我已经有了足够的兵力和项羽大战了，还怕什么呢！"

韩信还想阻止，但是他见刘邦心意已定，也不好再说什么了。四月，刘邦已经带着五十六万大军进入了彭城。刘邦本以为自己已经进入项羽的都城，而项羽正在和齐兵厮杀，天下大势已定，自己已经可以称霸天下了。于是，刘邦就把彭城中的奇珍异宝和无数美女收归自己所有了。然后，他天天和部下在宫殿中饮酒庆祝。

刘邦沾沾自喜，饮酒作乐，毫无防备之心，却没有想到，项羽的主力部队并未受到打击，楚军精锐骑兵的机动作战能力，是不容低估的。刘邦一厢情愿地把攻占彭城等同于击败项羽。因此，各路兵将在彭城及其周围地区，肆意抢掠财宝与美女，军纪荡然无存，全然忘记了英雄盖世的项羽。要知道，项羽是不会善罢甘休的，他会回来反击的。

项羽得知刘邦乘虚进占彭城，原本就气急败坏。又听说他的部队在彭城的所作所为，更是怒发冲冠。他立即果断地调整手下部分将领和大部分部队，下令部分手下继续围剿田横，自己率领精心挑选的约三万士兵，日夜兼程，千里回师，以闪电般的速度，火速回援彭城，向着得意忘形的刘邦部队，发起了致命的一击。楚汉之争的第一场大战，即将爆发。

项羽以三万士兵，对刘邦的五六十万大军，从兵力战斗力而言，处于绝对劣势。但项羽在用兵的战略上，采用围歼战而不是击溃战，这表现出项羽有胆识气魄和清醒的头脑。刘邦的军队虽然号称有五六十万，但诸侯是被迫参战的。他们无心恋战，军心涣散，战斗力参差不齐，只不过是一群乌合之众。其军事素质、实际作战能力无法与项羽的精锐骑兵相比。

当时项羽远道而来，不顾人困马乏，立即向刘邦军出击。刘邦等人没有想到项羽居然来得这么快这么猛，只能被迫草草准备，仓促应战。但刘邦的部队并没有一开始就溃散，而是从早上一直打到中午，这就说明刘邦也是通过苦战才取得胜利的，然而他的对手并不是等闲之辈。

项羽的三万部队从早晨开始攻击汉军，及至中午，将汉军打的全

军事奇才，初露锋芒

军溃散。汉军向泗水、谷水溃逃过程中，被项羽部队斩杀的人数达十余万，可谓是伤亡惨重。另一部分汉军向南溃散，被项羽的部队追击到濉水。

因为诸侯们各怀鬼胎，导致军心不一。刘邦见指挥系统失灵，就带着身边部分将士匆匆撤退，刘邦的大军见项羽和他的士兵就像噩梦一样无法摆脱，都争先恐后地开始逃命。项羽指挥士兵拿着兵器冲杀过去。汉兵一边逃，他们一边杀，被杀死的汉兵足足有十万余人。泗水河里和谷中到处都是汉兵的尸体，他们的血把泗水河染红了，尸体把山谷堆满了。

见到眼前的尸山血海，项羽和楚军们的斗志被彻底地激发出来了。他们不知疲惫地追杀着汉兵。刘邦又引着汉兵从山路往南逃去，楚军哪里肯放他们走，继续追击。这时，跟随刘邦从山路逃走的汉兵还有二三十万人。他们逃到灵璧东面的睢水边上，被阻断了去路。他们正要想办法继续逃命时，项羽已经带着三万精兵赶到了。刘邦无奈，只好指挥军队和项羽对抗，但是此时，汉兵哪里还有半点斗志！

项羽和楚军刚一纵马过来，汉兵便开始纷纷逃命去了。项羽带着他的士兵趁机追杀，杀死了无数的汉兵。剩下的汉兵见状，更是没命地奔逃。项羽就指挥士兵们把他们往睢水里面赶。于是，汉兵纷纷跳入睢水。十余万汉兵就这样在睢水中丧命了。汉兵的尸体阻塞了睢水，睢河水都流不动了。刘邦身边的士兵越来越少了，眼看就要支撑不住了。此时项羽带着士兵将刘邦重重包围。楚军的包围圈足足有三层。刘邦看到这种现象，几乎都要绝望了。

就在这时，忽然一阵大风从西北角上刮来。大风刮得昏天暗地，树木被刮折了，房屋被掀翻了，沙石也被大风刮得满天飞，白昼瞬间变成了黑夜。在伸手不见五指的情况下，两军都不敢轻举妄动。而项羽的三万精兵都骑着马，马在大风中受了惊。于是，楚军大乱，马匹纷纷乱冲开去。刘邦见状，趁机和十余个侍从逃了出去。

刘邦从睢水河畔逃生以后，就从沛县往西逃亡，想顺便把自己的家人都接走。项羽见刘邦往沛县逃去，猜想他一定是要去接家人。于是派兵往沛县赶去，想抢在刘邦的前头，劫持他的家人。

不过项羽的士兵和刘邦都没有见到太公和刘邦的妻儿。因为沛县是刘邦的老家，那里的人知道刘邦战败的消息后都纷纷逃走了。刘邦的父亲和妻儿也跟随难民开始了逃亡。他们逃得实在太仓皇了，不久就被难民冲散了。刘邦和自己的几个亲信坐在马车里没命似的奔逃。此时，刘邦的大舅子吕泽就屯兵在下邑 (今安徽省砀山县)，刘邦只有赶到那里去了。在逃命的路上，刘邦意外地碰到了自己的儿子刘盈和女儿 (后被称鲁元公主)。于是，刘邦便把他们救到车上一起往下邑逃去。

这时，项羽那似乎永远不知疲惫的精兵远远地跟了上来。眼见他们越来越近，刘邦越来越着急。刘邦看了看车上，人太多了，马跑得太慢了，怎么办呢？刘邦一横心，就把自己的儿子和女儿推了下去。夏侯婴见状，大惊，急忙跳下车，一手抓住一个孩子又跳了上来。夏侯婴刚把孩子放下，刘邦又把他们推了下去。夏侯婴再次把他们拉到了车上。就这样，刘邦逃命的时候，不顾亲生子女的安危，三次把他们推下车，夏侯婴又三次把他们拉了上来。过后夏侯婴对刘邦说："你这是干什么啊！虽然现在情况很危急，但是也不能不顾自己亲生子女的安危啊！我们慢慢走吧！"

彭城之战

军事奇才，初露锋芒

最终，刘邦一行在被楚军追上之前赶到了下邑。下了马车，刘邦抱着自己的一双儿女大哭起来。这时，他才想到夏侯婴，是夏侯婴救了自己的孩子！刘邦逃脱以后，就暗中派人去找父亲太公和妻子吕氏。但是适逢乱世，难民到处流窜，到哪里去找他们呢！这时，审食其（刘邦的家臣）和太公以及吕氏在一起，他们也到处在找刘邦。岂料，他们运气实在不佳，不但没有找到刘邦，反而遇到了楚军。于是，楚军把他们带了回去，交给了项羽。可项羽并没有杀审食其等，而是把他们安置在了军营中。

彭城之战刘邦之所以败得这么惨，原因有很多：麻痹、轻敌、大意以及军队没有统一的指挥（各个诸侯王各自只顾及自身）。但是更重要的，是因为项羽太强大。刘邦并非一点防范的措施也没有，而且他们对于项羽的进攻能力预估不足。

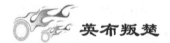

英布叛楚

彭城之战，刘邦败得十分惨烈，五十六万大军竟然被项羽的三万人马冲得七零八落。刘邦深感自己还不是项羽的对手，这一次失败对刘邦的打击是空前的。

诸侯们看到项羽神勇非凡，楚军还是如此强大，汉军真的是不堪一击，于是又都离刘邦而去。刘邦几乎被打成孤家寡人，只好前去投奔吕雉的哥哥周吕侯。那时，吕雉的哥哥为刘邦率兵驻扎在下邑。刘邦在下邑逐渐聚集溃散的兵卒，在砀县驻扎下来，然后率军向西，经过梁地，到达虞县。

这个时候的刘邦异常沮丧，他想到这些年来，自己时时害怕脑袋搬家，后来有贤人相助才能建功立业，本打算和项羽一争高下，却没想到败得这么惨，竟然连老父和妻子也被捉了去。项羽真乃神人，难道我真的不是他的对手？

刘邦长吁短叹，手下的谋士说一些胜败乃兵家常事等安慰的话，只是刘邦还是难以释怀。他叹口气说："我知道胜败是兵家常事，你们看我现在，势单力薄，诸侯见风倒，都弃我而去，我们什么时候才能反败为胜呀？"萧何还是第一次看到刘邦这样没有信心，刘邦从起事起，就发挥了乡侠的性格优势，总能自我安慰、自我解脱，打不怕，也压不倒。萧何心里着急，赶紧劝说道："想当年您的人马从无到有，地盘从小到大，现在您也能和项羽分庭抗礼了，还有关中几十万军队，有什么好怕的呢？"

在一旁的樊哙听几人在这里啰唆，早已按捺不住，大声说："主公现在怎么这么患得患失？刚起兵时，我们有什么呢？大不了再回到沛县，重新开始！"

刘邦一看连樊哙也急了，一下子笑了："现在怎么连你也训起我来了？看来我真的想错了……"沉默片刻，刘邦环顾四周，然后问："我愿意划出函谷关以东的所有土地，赏给能帮我打败楚国的人，各位谁愿意同我一起打天下呢？"

在座将领没有料到刘邦这样问，一时没有人回答。与项羽一决雌雄，并不是每一个人都有这样的实力。张良到底是天下第一谋臣，心思缜密，眼光独到，他听到刘邦这样说，就上前进言："英布是楚国的猛将，但是因为项王分封不均，同项王素有隔阂，当初主公平定三秦，英布就没有为项王出多少力；彭越也是没有被封王，在梁地反楚，主公可以看出彭越此人非同小可，虽然正面交战不是项王的对手，但是却能牢牢牵制住项王，这两个人现在就可以用上。在汉王的将领中，唯有大将军韩信可以托付大事，独当一面，他也是为您立过大功的。如果要封赏，就封赏给这三个人，如果这三人联手帮助主公，那么楚国必败无疑！"

张良一番话让刘邦茅塞顿开，同时也让他增长了不少信心。他想，自己出身并不高贵，也称不上学富五车，更不是武功高强，但是到现在也能和西楚霸王项羽分庭抗礼，实属不易。

五月，刘邦、韩信收拾残部，退至荥阳、成皋一带，据黄河、嵩山之险，建立了能确保关中安全的军事重镇。同时，萧何调发关中老弱及未成年者从军，汉军军势复振。韩信、灌婴领兵迎击楚军追兵，在荥阳打了一个胜仗，初步稳住阵脚。在张良的主持下，汉军筑甬道，囤积粮草，决心扼守荥阳、成皋，依托关中，与楚军长期抗衡。楚汉长期对峙的局面初步形成。汉军暂时处于安全的环境下，刘邦开始实施拉拢英布的计划。此次，他派出的是说客随何。

随何是一个标准的儒生，平时说话"之乎者也"，一大堆道理，礼节也很烦琐，刘邦常常取笑他，但是他一点也不生气。张良看出来随何是个谈判高手，有理有节，还有耐心，像英布这样的人就应该让随何去说服。于是张良就向刘邦推荐了随何。刘邦专门见了随何，非常诚恳地说："我平时老是开你的玩笑，你不要介意，这件事可就拜托你了。如果你能说服英布发兵反楚，项羽一定会攻打英布。只要项羽跟英布纠缠几个月，我一定能取得天下。此次关系重大啊！"随何答允后，辞别汉王前往英布封地淮南。

英布是一直追随项羽打天下的一员猛将，后来他被项羽封为九江王。项羽和英布关系一向很亲密，然而，项羽封王时忽略了他的赫赫战功，一个九江王并没有满足他。后来英布心里埋怨项羽，渐渐和他疏远，并且开始拥兵自重，不大听从项羽的指挥了。

项羽与齐王田荣作战，向九江征兵，英布称病不出，只派出几千军队去敷衍；刘邦攻打彭城，英布又称病，见死不救，致使彭城陷落。从此，他们之间就产生了隔膜。这些随何出行前都研究得很透彻，他也是要利用这一点来说服英布归汉。

随何到达英布的封地淮南，一连等了三天，但是英布都没有接见他。随何心里十分着急，但还是慢条斯理地对接待的官员说："九江王不见我，不就是因为楚军强大，汉军弱小吗？到底谁弱谁强，我来就是来讲这个的。他不听我讲我就不走。"接着随何又采用激将法，说："你捎话给九江王，就说我讲的管保他爱听。如果哪句话不入耳，就把我拉到淮南街上杀头，也可以向天下表明他敌视汉王而忠于楚王呀。"天下都知道楚强汉弱，英布听了觉得这个随何说话有点奇怪，就接见了他。

英布见了随何，饶有兴趣地问："听你说，现在形势还不是楚强汉弱，我想听听你的高见。"随何恭恭敬敬，巧舌如簧，给英布分析楚汉强弱之势："项羽全靠作战凶悍显示他的强大，现在怎么样？他在荥阳一带与汉王对垒，想打没人跟他打，想攻又攻不下，靠些老弱士卒从千里以外把粮草运来，他的这种'强大'又能保持多久？"英布说："楚王是老弱兵卒，汉王也强不了哪里去！"随何趁机说："就算这回他战胜了汉王，天下诸侯必将人人自危，难道他不会与您算旧账吗？到最后，我看必然的趋势只能是天下诸侯联合起来对付他。项羽再强大，大概也不能抵挡天下的军队吧？"这话确实说到点子上，英布心想自己已经得罪楚王，如果楚王征服了汉王，那么，下一个目标也许就是自己了。随何接着说："所以我认为，项羽不过貌似强大，其实很脆弱，真正强大的是汉王。汉王虽然为人粗犷，但不拘小节，什么东西都能和下属分享。如果您与汉王联合，日后汉王一定分出大片土地给您，您又何必依附项羽看他的脸色行事呢？"

这番话说动了英布的心，但他没有什么特殊的神色，只是淡淡地说："好吧，那你回去转告汉王吧，我们可以瞒着项王……"随何听出来了英布的口气已经松动，但还有敷衍的意思，如果他不公开背叛项王，此事还是不保险。

这时正好有人来报，说楚军使者到达淮南，英布随即命人迎到馆

军事奇才，初露锋芒

舍，然后去见。随何心生一计，紧跟着英布去了馆舍，悄悄留在外面。楚军使者一见英布，态度很傲慢，严词责备英布，催促他赶快发兵攻打汉军。英布当然不会听一个小小使者的呵斥，漫不经心地饮茶。随何一个箭步迈进房间，然后大模大样坐了下来，对楚军使者说道："九江王已经归附了汉王，还发什么兵？"英布愕然，没想到随何会来这一手，一下子也不知道说什么才好。楚军使者看着随何和英布，慌忙站起，拔腿就跑。随何对着英布喊道："事情已经泄露了，还留着他干什么？"英布无奈，只好杀掉了楚军使者，公开背叛了项羽。

英布背叛项羽，楚军侧翼一下子陷入危急的状态，项羽慌忙派出龙且讨伐英布。英布战败后，就跟随何抄小路而行，归附刘邦了。

刘邦彭城大战后，大赦犯人，又引水灌进废丘城内，章邯因而被迫自杀，刘邦得以建立稳固的后方基地。接着将散兵慢慢收集起来，跟各路将领及关中军队频频出动，骚扰和袭击项羽的先锋部队，削其锋芒。英布归附，汉军得到了兵力补充，一下子解除了危急形势，在荥阳前线开始了和楚军长期的对抗。

荥阳之战

在彭城大战中，项羽取得了绝对的胜利，无论是刘邦、五国诸侯还是韩信，都没有能够在他面前得到任何的便宜。韩信当时刚刚成为大将不久，手下并没有一支败而不乱的劲旅，因此，以韩信高超的指挥战术和军事素质还是避免不了汉军的这一场惨败。在这场大战中，韩信也真正见识到了项羽的厉害，这种厉害只有在作为项羽的敌人时才能体会到。项羽真不愧是个英雄，以如此少的兵力对阵刘邦的庞然大军，却能化劣势为胜势，化胜势为全胜，从古至今，历史上又有几人能够与之相媲美呢？

彭城之战，使得天下诸侯认定，汉王刘邦永远也不是霸王项羽的对手。因此，原本跟随刘邦的诸将，大多另谋出路了。还有一部分持观望之势。至此，以刘邦为首的"反楚联盟"不复存在，而项羽的后顾之忧却基本解除。为了彻底铲除汉军，以解心头之恨，项羽乘战胜之余威，一路从彭城追击汉军，直到(今河南荥阳)，形势对于刘邦来说极为严峻。

彭城之战的惨败，使刘邦苦心经营几个月而建立起来的战略优势，毁于一旦，不得不由战略进攻转入战略防御。而与此同时，汉军在项羽大军的沿途追击之下，能否建立起稳定的防御战线，还尚未可知。

汉王兵败彭城的消息，像风一样迅速传入关中，萧何与韩信闻讯之后，都大吃一惊。他们立即筹划接应援救之策。

为了能迅速补充兵力，萧何在关中强制征兵，把本来还不到服役年龄或已经超过服役年龄的老弱男丁，整编成军，送往荥阳前线，以补充刘邦的兵员。同时，萧何还把关中一带的粮食、物资源源不断地送往前线，以补充刘邦的军需。

荥阳北临黄河，南抵山峦，依山傍水，地理位置十分重要。秦王时就在这里驻有重兵，并在敖山上建有粮仓。韩信想：如果利用荥阳地形伏击楚军，可以改变败局，稳定汉军；如果一退再退，后果则不堪设想。

韩信下定决心以后，命令将士沿途设下几十个兵站，每个兵站插上汉军旗帜，煮足饭，挑足水，为溃逃下来的汉军准备饭食。

韩信安排好以后，带领侍卫来到荥阳城东查看地形。

城东三十多里处有一片柳树林，树木高大茂密，方圆有十几里。

军事奇才，初露锋芒

一条秦时修筑的官道，五丈多宽，从林中穿过。韩信查看过地形后，决定利用这片树林伏击楚军。

荥阳附近，各兵站不到一天的时间，便集合汉军三万多人。他们吃过饭以后，愿意留在韩信营中休息。

中午时分，刘邦也到达荥阳。他看到韩信以后，才一块石头落地，心里有底了。他后悔没听韩信的话，但他没有认错，只是表现出一片热情。

韩信把坚守荥阳的计划和刘邦说了，刘邦很高兴，不去城中休息，留在军中，鼓励将士杀敌。

当天下午，一些将领也先后赶到荥阳，曹参、周勃、傅宽、丁复、灌婴、陈武等几十位将领又带来两三万人马。

韩信把接收的散兵分给各将领管辖，然后召集主要将领议事。

刘邦、韩信、樊哙、曹参、周勃、灌婴、傅宽、丁复、陈武等围坐一圈，韩信宣布了在柳树林伏击楚军的计划，并给每个人布置了任务，最后说："荥阳保卫战最关键的地方是让敌人走进我们的伏击圈。陈武将军假扮汉王，务必把假戏做真，务必将楚军引进柳树林，这样柳树林才能变成楚军的葬身之地。"

陈武知道事情重大，当即表态，不成功甘受军法。

韩信部署好后，刘邦很满意，说："各位将领，大业兴衰，在此一仗。望各位将军攥成一个拳头，勇往直前，务求大胜。胜利之后，我在军中为你们庆功。"

众将士齐声答道："消灭项羽，振兴汉军，誓雪彭城之耻。"

却说楚军在彭城大捷，杀得诸侯军屁滚尿流，四处逃窜。项羽最痛恨的是刘邦！在彭城的二十几天里，刘邦抢光他的珠宝，分光他的佳丽，并在他的王宫里饮酒高歌，庆祝胜利，这是项羽的耻辱！在彭城，刘邦又在自己眼皮底下溜掉，他心中懊悔不已。于是令钟离眜放弃城阳挥师西进，令项庄备足粮草，不给汉军喘息机会，打进关中，一举平定刘邦！并在军中下达将令：有斩杀刘邦者封侯，活捉刘邦者封王。

随即放弃彭城，指挥大军尾随刘邦向西杀来。

项庄率一万多铁骑为先锋，跟在汉军的身后一路追杀，势如潮水，席卷而来。

这天，来到荥阳附近，楚军的先头骑兵看见一百多汉军骑兵正疲惫奔逃，有一个骑红马、披红袍的人夹在中间。

项庄得到消息，大声叫道："那就是刘邦!"

听说是刘邦，众将士想起了项王的军令，建功立业、升官发财的希望就在眼前，于是快马加鞭，呼啸而来。鸿门宴上，项庄几次想杀掉刘邦，由于项伯的遮挡，没有杀成，酿成今日大祸。这次看到刘邦，分外眼红，他一马当先，高呼："活捉刘邦，封侯封王。"

身边一位骑将提醒道："乱军之中，几天不见刘邦的影子，今天为什么突然出现?"

项庄不以为然："管他是不是刘邦，先杀掉他们再说。"

楚军一路追来，屠杀小股汉军不计其数，这一次也没把两百余骑当回事，又有刘邦的诱惑，便一拥而上。

两军越来越近，已经能看清汉王的旗帜了。

而那百余骑护卫着骑红马的人向柳树林里逃去。

楚军正奋勇向前，一百多骑将哪里是楚军的对手，楚军毫不犹豫地追进了柳树林。

这个披红袍、骑红马的人正是陈武。陈武看楚军进了树林。暗自高兴，顺着官道继续逃跑。开始树林稀疏，林中可以随意行车走马。越往里去，树木越密，只有官道宽敞，并头走五辆马车也不觉得挤。前头楚军盯着骑红马、穿红袍的"刘邦"，后边骑士只知跟着追赶，前后十余里，谁也没想到林中有汉军埋伏。一路烟尘，没用半个时辰，楚军都闯入了柳树林。

这些骑兵，是项羽三万铁骑中的精英。几天来，他们杀人如麻，没遇到一丝反抗，正是兵骄气傲之时，哪知大祸已经降临。忽然间，林中传来一声木梆响，接着，头上箭如雨，带着怪叫倾泻而下。

军事奇才，初露锋芒

原来丁复按照韩信的部署，早已率三千军埋伏在树上。树高叶密，楚军进来时丝毫没有发觉。三千军居高临下，箭无虚发，楚军纷纷落马。项庄大惊，如在梦中。

一流矢射中项庄左臂，好在没有大的妨碍。他拔出箭杆又来追赶，这时一员大将拦住去路："项庄匹夫，还认识我吗？"

项庄定睛一看，是樊哙。当初，两人在鸿门宴前对峙过，差一点刀兵相见，如今狭路相逢。项庄浑身是胆，手持长枪大叫道："鸿门宴上我没杀你，今天却来送死。"说完挺枪来战樊哙。

树林狭窄，长枪使不开，二人斗了两个回合，又各持短剑，下马搏斗。项庄臂上有伤，血流不止，仍和樊哙厮杀。二人在树林中打斗十几个回合，不分胜负。

此时，楚军纷纷倒下，越战越弱，项庄自料难以取胜，心里发慌，被樊哙一剑击中右腿。项庄撑着身子靠树站起来，又与樊哙格斗。至此项庄剑法已乱，只有招架之力。樊哙却凶猛异常，趁机又发一剑，刺中项庄腹部。项庄仍想死战，樊哙连刺三剑，项庄大叫数声，倒地而死。

楚军早已乱成一团，弃掉战马，四下乱窜，但不论躲到哪里，箭都追着你射。战马受惊，横冲直撞，楚军人马乱成一团，却看不见汉军的影子。向外冲突，路早被堵死。楚军纷纷向树林深处散去，但那里也不安全。不到半个时辰，楚军已经死伤过半。

这个时候，埋伏在林中曹参、周勃分两路杀过来，长枪乱刺，短刀乱砍，楚军则完全失去了前几天的威风，抱头鼠窜，只恨地下无缝。前几日受尽窝囊气的汉军，今天找到了出气的地方，无论楚军跪地求饶，还是举手投降，汉军一个不留，全部杀光。

项羽的三万铁骑，转眼间在柳树林中失去一半。汉军获得战马五千余匹，士气大振。

楚军先锋葬送柳树林，只有未进树林的一百余骑逃离死难。汉军获此大胜，士气高涨。刘邦自彭城惨败以来不敢言战，如今在韩信的指挥下反败为胜，不胜欢喜，心里叹道：打仗还是韩信呀。

众将欢呼，刘邦想摆酒庆功，韩信说："现在庆功还为时尚早。项羽决不会甘心失败，一定会前来报复。汉军当务之急是如何迎战项羽，那将是一场恶战。"

刘邦冷静下来，说："将军所言极是，不知将军如何迎战项羽。"

韩信说："我为静，敌为动，汉军只能以静制动。"

"你说还打伏击?"

"对，汉军势弱，楚军势强，我们只能出奇制胜。不过再打伏击，柳树林就不好使了。项羽在林中吃了亏，一定不敢再走暗处，荥阳城南地势开阔，只有土丘。项羽大军压境，必选择开阔地形。城南是项羽理想的进攻地点。我想在城东柳树林中施放烟火，以为疑兵，而暗中将重兵放置城南，项羽必中埋伏。"

刘邦说："打仗我信任你，随你安排吧。"

韩信和汉王制订完策略后，回帐找来楼烦将军丁复，说："大军东取彭城我只留你在洛阳，知道为什么吗?"

丁复说："请大将军明示。"

韩信说："只想保留你的弩军。听说将军发矢机做得很不错，一次发几支箭呢?"

"一机最多可发十只，连发五支箭的居多，而且可靠。"

"好，你大显身手的时机到了。柳树林伏击战只算小试牛刀，这回你要大干一场。你用三千弩军锁住项羽，有把握吗?"

丁复想了想说："可惜军中箭支不足。柳树林中打伏击，每人十支箭合起来不过二万支，而且损毁过半，一时难以修复。现在军中最多有一万支箭，怕难以为继。"

韩信笑一笑说："箭支你不必担心，萧何丞相已经到黄河岸边，他运来十多万支箭，够用吗?"

丁复听说有十多万支箭，信心十足，说："一定锁住项羽。不让他前进一步! 军中有一千只发矢机，还有弓箭手，一次发七八千支箭，

军事奇才，初露锋芒

比暴雨还密集，楚军必遭灭顶之灾。"

"好，只要你打掉楚军士气，后面的马步军一冲锋，楚军必败。"

丁复出帐准备去了。

为了迷惑项羽，汉军大张旗鼓地加固城防，把石块、砖瓦、原木搬上城头，摆出和楚军决战荥阳城的架势。

待大战临近时，汉军悄悄地在京邑一线设下埋伏。这里虽然没有高大树木，但土丘起伏，蒿草茂盛。京邑一线地势开阔，藏个千军万马，就像一把珠子扔在草丛中一样。汉军弩军在前，步军在后，马军藏在城里，只等楚军前来送死。

项羽率大军一路西行，为防止汉军伏击，没敢单兵冒进。当距离荥阳还有五十里的时候，扎下营寨。项羽听说汉军要固守荥阳，心想：荥阳弹丸之地，岂能禁得起楚军攻击。于是通告全军，养足精神，明早踏平荥阳城。

第二天，项羽听从范增的建议，果然要从城南进攻荥阳。

楚军到达京邑一线时，太阳升起两三丈高。远看荥阳旌旗猎猎，守城将士严阵以待。项羽下令改变长蛇队形，把队伍拉开一个扇面，平推前进，对荥阳构成包围态势。楚军刀枪如林、浩浩荡荡，席卷而来，所过土丘，蒿草踏成烂泥。楚军在土丘中忽高忽低，队形严严整整。

项羽只想一举踏平荥阳，活捉刘邦，哪知忽听一声鼓响从蒿草中冒出许多人来。这些人比鬼还凶狠，只听一声怪叫，箭支像黄蜂一样从对面飞来，楚军当即死伤无数。汉军箭支仍像黄蜂一样嗡嗡乱叫，迎面飞来，楚军纷纷败退。

汉军一路追射，埋伏在草丛中的步兵也一跃而起，骑兵从城中如风而来，喊杀声惊天动地，楚军难以抵挡排山倒海一般的气势，大败而逃，汉军追赶三十里，鸣金收兵。

楚军倒退五十余里，扎下营寨，项羽气得暴跳如雷。而汉军却连连得胜，稳定了局势。

离间君臣

项羽的军队是一支很奇怪的军队，只要项羽在阵前振臂一呼，将士们就像下山的猛虎一般往敌阵冲去。刘邦的大军在彭城领教过项羽士兵的厉害，他们不敢和项羽正面交锋。就听从张良的建议，起用秦朝的降将李必和骆甲，组建了一支骑兵，才算挡住了项羽的攻势。项羽不能通过荥阳，但是也无其他办法。就这样，两军在荥阳又对峙了一年多。

刘邦的军队驻守在荥阳南边，但是那里交通不便，无法运输后勤补给。于是，他下令修通了通往黄河的甬道，从黄河上把粮食运过来。可项羽怎能容忍刘邦这样的做法呢！他带着军队屡次占领了甬道，抢了刘邦的粮食。

于是，刘邦军中的粮食越来越少，项羽军的士气越来越高涨。项羽见时机已经成熟，就向刘邦发起了大规模的军事进攻。刘邦见状，赶紧逃到了荥阳城里，关闭城门，藏了起来。项羽引兵把荥阳围了个水泄不通。

刘邦于是向张良请教，张良说："从目前的形势来看，敌强我弱，暂且请和怎样？"于是刘邦派出使者，向项羽请和，以荥阳西为界，东边为楚，西边为汉。

实际上，项羽的日子也不好过。两军相持不下，项羽进退不得，况且彭越在梁地屡屡反楚，不断骚扰楚军，项羽自己经常回兵东撤，可谓是筋疲力尽。项羽见到刘邦请和，想接受这个条件。当时范增在旁边，劝阻了项羽，他说："刘邦派人来求和，说明他们快坚持不住了，这时汉军可能比我们更疲惫，我们现在可以利用这个机会，一直把他打垮。一旦放虎归山，以后会后悔的！"范增的一席话使项羽改变了想法，项羽想了一想，觉得自己现在还有实力，轻易答应请和太吃亏了。于是立即出兵包围了荥阳，将刘邦围死在城内。

刘邦见项羽不肯接受自己的请和，不知所措起来。眼看城中的粮食越来越少，很多汉兵都产生了投降的想法，刘邦急忙召集将领们商议对策。

陈平站出来对刘邦说："大王，项羽为人非常自负，虽然他很爱自己的士兵，但是他不信任别人。他只任用项家人，不肯任用其他有才能的人，而项家的几个将军除了他自己以外，都没有什么能力。如果我们利用项羽的这个弱点，用计离间他们君臣之间的关系，荥阳之围就可以破解了。"

刘邦觉得陈平说得很有道理，就采用他的建议。给了他四万两黄金去收买楚军。陈平原来是项羽的属下，认识很多楚军。他带着四万两黄金收买了一些楚兵，要这些楚兵散布谣言说："钟离昧和周殷等人战功卓著，项王却不愿意封他们为王。钟离昧和周殷要投靠刘邦，一起攻打项羽，瓜分他的土地。"谣言很快就传到了项羽的耳朵里。项羽疑心大起，不再重用钟离昧和周殷等人。而此时，项羽的身边只有钟离昧、周殷、龙且、范增等人是真正有才能的人了。其他的将军都是项家人，不堪大用。

刘邦见陈平成功地离间了项羽和钟离昧、周殷等人的关系，又问他道："现在项羽的身边真正有能力的人就只有范增和龙且了。我该怎么办呢？"陈平胸有成竹地说："大王就把这件事情交给我来办吧！"

一天，项羽派使者来到荥阳城里，要刘邦投降。陈平准备了华美的餐具和丰盛的美食。使者来了，陈平热情地把他迎入室内，故意要

战
无
不
胜

他看见华美的餐具和丰盛的美食。然后，他问使者："您是为项王出使汉王，还是为亚父出使汉王的呢？"

使者答道："我是项王的使者。"陈平故意装作大吃一惊的样子说："我以为您是亚父的使者呢！"

说完，陈平叫人把华美的餐具和丰盛的美食搬走了，换上一桌粗茶淡饭。项羽的使者不高兴了。而陈平对他也没有刚见到时那么热情了，只是爱理不理的态度。使者回到军营中，把这些事情都告诉了项羽。项羽当下就怀疑道："他们为什么对我的使者这么没有礼貌，反而想要厚遇亚父的使者呢？难道亚父和刘邦在暗中往来？"项羽不肯相信范增和刘邦在暗中勾结，但是他的疑心越来越重了，他开始防着自己的亚父范增。终于有一天，项羽借口范增年龄大了，把他的军权削弱了。

范增知道项羽一定是怀疑自己了，就大怒道："这个混蛋项羽怎能成就大事！"他来到项羽的营帐中，对项羽说："大王，现在天下的大事已定，您已经把刘邦围在了荥阳，只要刘邦一死，天下就是您的了。我年龄大了，不想再在战场上驰骋杀戮了。请大王允许我告老还乡，回到彭城去。"

项羽本来就怀疑范增，现在见他要告老还乡，自动放弃兵权，正好遂自己的心愿，就同意了范增的要求。范增坐着马车一路往东，向彭城进发。但是他毕竟年龄大了，而且还被项羽给气了一通，还没到达彭城，就身染重病死去了。

刘邦成功离间项羽君臣，但是并没有改变危急的局势，相反，却加重了危机。项羽因范增之死，非常恨刘邦，痛下决心，这一次一定要把刘邦斩草除根。项羽严密围困荥阳，并且开始着手攻城。

项羽的士兵们在他的带领下，向荥阳发动了猛烈的进攻。汉兵渐渐抵挡不住了，情况越来越危急。刘邦心急如焚，他对部下们大声道："我该怎么办？我该怎么办呢？"这个时候纪信站出来对刘邦说："现在情况已经十分危急了，只有让我假扮成大王，去投降项羽，您趁机

军事奇才，初露锋芒

从小路逃走吧!"刘邦见此时还有人愿意为自己去死,非常感动。他答应了纪信的请求,召来荥阳城中两千名女子假扮成汉兵,由纪信带领着从东门出去投降。

这天夜里,楚军虎视眈眈地注视着城门的动静,他们唯恐刘邦逃走了。这时,纪信带着两千名女子打开了东门,跑了出来。楚军见有"汉兵"从东门奔出,就一拥而上,把纪信围了起来。纪信坐在刘邦的黄色马车上,对着楚军大喊:"荥阳城中粮食已尽,我刘邦出来投降了。"

楚军们见"刘邦"投降了,都大声喊着:"项王万岁,刘邦投降了!项王万岁!"项羽听到士兵们的呼喊声,骑着马奔到了东门。这时,刘邦趁机骑着马带着几十个人从西门逃出,往成皋(今河南省荥阳市西)奔去。项羽纵马奔到马车边上,大声说道:"刘邦,你快出来,不然我杀了你。"纪信估计刘邦已经逃走了,又听到项羽在马车外,就出来了。他对项羽说:"大王,我是纪信!"项羽大怒道:"你这个混蛋,怎敢骗我,刘邦呢?"

纪信回答道:"汉王已经和随从们从西门走了。"

项羽听说刘邦已经逃走了,更加愤怒了。他一把抓过纪信。提了起来,大声说:"你这个混蛋竟然骗了我,我要你死无葬身之地!"项羽让士兵架起了很高的木柴,把纪信捆绑起来丢了进去。项羽下令点火,大火很快烧了起来,熊熊大火很快就把纪信烧得只剩下一堆白骨了。

士兵们问项羽:"大王,这些女子怎么办呢?"项羽大怒道:"我项羽从不杀女人!"于是,项羽就把两千假扮成汉兵的女子给放了。

 袁生献计

刘邦在关中建立了自己稳固的后方基地，萧何一直在关中，一是招兵买马，二是鼓励耕织，囤积物资。楚汉相争的局面已经形成，刘邦一方已经意识到持久战的可能，虽然表面上看起来楚军一直占优势，打得刘邦不停地逃窜，但是刘邦稳固的后方——关中，将成为成败的关键。

刘邦到了关中，看到萧何非常辛苦，而且也卓有成效，已经征集了将近十万人马，心里非常欣慰。一日，刘邦和张良正在商议如何再次取得成皋，让汉军向前线推进一步，忽然有人来报："关中有位姓袁的书生求见汉王。"

刘邦对儒生的态度一向不好，但是事实渐渐改变了刘邦的看法。像郦食其、随何都帮过刘邦大忙。刘邦已经意识到，儒生虽然说话啰嗦、招人厌烦，但是也不能小视，所以马上说："快传！"

袁生进来，非常恭敬地施礼，然后慢腾腾地说："我只是一个手无缚鸡之力的读书人，见识也非常浅薄，但是观察楚汉之争，也看出来一些端倪。汉王仁爱大度，善待百姓，不杀俘虏；项王凶狠残暴，视人命如草芥。上天有好生之德，一定不会把天下交给项王的……"刘邦听他啰里啰嗦，说的都是大道理，听起来没什么用，有点不耐烦了，连打了几个哈欠。张良一看刘邦这样，就打断了袁生的话，直截

军事奇才，初露锋芒

了当地问：“不知先生对当下战事有何见教?”

袁生看到这种情景也不说废话了，直接说：“这些年，楚汉相争，项羽追着您不放，您几次差点被抓住，但每次又都让您逃脱……”这几句话说得刘邦脸有点发热，就掩饰地咳了几声。“现在楚军大军压境，与汉军相峙在荥阳、成皋一线，但是汉军屡屡被破，您也损兵折将呀。现在您在关中招兵买马，想必还想回到前线与楚军决战，那样汉军处境是非常危险!”“嗯? 此话怎讲?”刘邦此时才对袁生的话有点兴趣。

袁生说：“汉军这样一直被楚军牵制着走，早晚会耗尽粮草兵力。”张良听了点点头说：“先生说得有理，我们现在能摆脱楚军的牵制吗?”袁生说：“楚军逼近关中，但是并不是眷恋关中的土地，只是想捉住汉王。如果汉王离开关中，他们对关中也没有什么兴趣，何不利用汉王来调动楚军千军万马呢?”刘邦和张良你看看我，我看看你，相信袁生确实能献出良计。

此时已经到了中午时间，刘邦也顾不上吃饭，与袁生、张良等人订下策略：兵出武关，从侧后方对项羽进行攻击，大张旗鼓宣传刘邦就在武关，吸引楚军主力，大战不可有，小战不可少，拖住楚军。

这个袁生，虽然没上过战场，但是出的计策非常有参考意义。当时，在荥阳、成皋一带与楚军纠缠的汉军，战事不断，不敢有半点懈怠，一天天耗下去，使军队疲惫不堪，叫苦连天，军心涣散，如果这样下去，真的会被楚军吃掉。张良等人也一直在寻找转机，袁生的计策确实可行。

五月，刘邦命萧何继续留在关中筹备粮草兵马，命韩信率军攻打燕国、齐国，自己则亲率十万大军，浩浩荡荡进驻武关。这样一次出兵，完全不是要打仗的样子，分明是炫耀，唯恐天下人不知道刘邦要到武关去，项羽自然是第一个得到消息的。

这个时候项羽听到刘邦的名字可谓是十分敏感，一直后悔自己中了他的反间计，害死了亚父范增。其实，项羽对这些小伎俩是非常不屑的，大丈夫驰骋沙场，自然要有雄韬伟略，但是刘邦用的都是卑鄙的手段，自己竟然上当了……一想到这些，项羽就恨不得杀了刘邦而后快。

那边，刘邦大张旗鼓地出兵到武关，这边，项羽第一时间得到消息。而项羽在军事上常用的手法就是"擒贼先擒王"，现在楚汉之争明明是楚强汉弱，但是慢慢打成了持久战，这让项羽有点意外。于是他想了一下说："既然刘邦在武关露面了，就一举把他的主力歼灭。"钟离眜说："好！"第二日，项羽就调集成皋、荥阳一带的主力部队，浩浩荡荡杀向武关。

刘邦其实一直担心项羽不会上这个当，但是没想到项羽真的来了，不由得大喜。武关确实是个好地方呀！绵延上百里，不是大山就是黄土高坡，易守难攻，在出口派几十个人把守，楚军也难攻上去。刘邦心里美滋滋的，每日都在城楼最显眼处散步，就是让楚军知道他刘邦确确实实在武关，就是让楚军手痒心痒但是吃不着。

项羽没法，只好在军营中挑选能言善辩之人，每日在关前大骂，想把汉军骂出来。从天不亮就开始骂，一直骂到日上三竿，然后轮班，又骂到太阳下山。但是不管楚军怎么骂。刘邦只是下令，只许听不许动。有些血气方刚的将军听不下去了，一次次请命要和楚军大战。刘邦笑嘻嘻地说："骂几句能少几斤肉吗？骂几句能少几两黄金吗？他们爱怎么骂就怎么骂，咱们就是不出战，气死他们，哈哈……"众将军你看看我，我看看你，不知道刘邦葫芦里卖的什么药，但是知道刘邦古怪，也就不多说了。果然，没骂几天，几个骂阵的都失声了，楚军自己就消停了，项羽更加焦躁不安。

此时，那个让项羽睡不着觉的彭越又开始行动了。项羽一听，脑袋就大了。彭越原来打"游击战"可没少给项羽造成麻烦，这次，彭越干脆趁项羽不在，一举度过睢水，打到了楚地后方的重镇下邳，彭越大败楚军，并扬言要攻打彭城。项羽当然舍不得刘邦这块肥肉，但是转念一想，下邳就在彭城旁边，直接威胁到彭城，这可不是件小事情。彭城作为项羽的大后方，不仅为项羽储备粮草，还安置着项羽的姬妾，最重要的是爱妾虞姬还留在彭城。第一，楚军不能成为没有后方基地的流亡之军，第二，虞姬不能落在彭越那个老头子手里。想到这些，项羽心急如焚，立即下令撤出武关，攻打彭越。

项羽这一段时间几乎是疲于奔命，而刘邦也休息得差不多了，成皋、荥阳一线的汉军得到喘息的机会。项羽刚一撤走，刘邦和张良一商量，就利用这个空隙，向北挺进，驻军成皋，又一次摆脱了被动挨打的局面。

刘邦在天下谋士的帮助下，渐渐占据了楚汉之争的优势。

第四章

攻无不取，战无不胜

韩信攻无不取，战无不胜。因此，他被后世人称为『兵仙』。

诚然，韩信并不是浪得虚名。他巧渡黄河、俘获魏王豹、活捉夏说、攻取井陉、阵斩陈余、镇抚赵国、威降燕国、制服齐国、击溃楚人二十万援兵、斩杀楚军骁将龙且……这些战争中，他都连战获胜，他用兵如神，『兵仙』可谓是实至名归。

 平定关中

"暗度陈仓"，汉军打了一场漂亮的仗。胜利后，刘邦来到陈仓城里，笑呵呵地对韩信说："大将军用兵如神，我们主力部队还没有赶到，你就已经攻下陈仓，实在佩服啊!"

韩信见刘邦夸赞自己，急忙谦虚地说道："韩信怎敢居功，如果不是大王破格录用，我现在还只是一个小小的都时罢了!"

刘邦急着要夺取整个关中，刚和韩信寒暄几句，就迫不及待地问道："如今我们已经占领了陈仓，章邯很快就会得到消息派兵来和我们大战。司马欣和董翳说不定也会带兵帮助他。我们应该怎么办呢?"

韩信见刘邦一心要夺取关中称霸天下，心中大喜："只要我帮助刘邦称霸天下，日后我定会封侯封王啊!"于是，他对刘邦说："陈仓是三秦重地，章邯得到消息一定会带领全部的军队来和我们决战，目的在于一举夺回陈仓。而且章邯号称秦国的第一勇士，他带兵多年，英勇善战，曾经在定陶打败项梁。所以这将是一场恶战啊!至于司马欣和董翳则不必多虑，他们只是章邯的附庸而已，只要我们打败了章邯，他们一定会闻风投降的。"

刘邦见韩信分析得十分有道理，就放心地说道："迎战章邯就托付给大将军了。请大将军一定要奋力杀敌，替我夺取关中啊!"

韩信神情严肃地说道："谨听大王的号令!"

陈仓被韩信攻占的消息很快就传到了章邯的耳朵里。章邯得到消息后大惊道："秦岭栈道还没有修好，韩信难道是飞过来的吗？"

就在这时，在秦岭上监视樊哙的士兵也赶到了废丘，慌忙对章邯说："大王，樊哙和他的士兵们突然不见了，秦岭栈道也没有修好，那里只剩下一片狼藉了！"

听到士兵们的汇报，章邯恍然大悟道："不好，我们中计了。韩信这是'明修栈道，暗度陈仓'啊！他一边要樊哙在秦岭上大修栈道，让我们以为汉兵必从秦岭栈道通过，而他则悄悄从小路攻打陈仓！"

但是章邯毕竟是一个久经沙场的老将了，他并没有因为陈仓被韩信占领而惊慌，他下令道："马上集合部队，以骑兵为先锋部队，直奔陈仓！"士兵们得到章邯的命令，立刻集合往陈仓进发了。

这时，韩信已经在陈仓城下埋伏了几千精兵，只等着章邯来送死了。章邯带领部队还没有到达陈仓的时候，韩信就下令士兵们开始攻击。

一场血战便开始了。

汉兵个个英勇善战，冲进章邯的队伍就像饿狼闯入了羊群一样，左冲右突，很快就把章邯的队伍冲散了。

章邯见士兵们渐渐抵挡不住了，急忙下令退军好畤。章邯的士兵早已无法抵挡汉兵，他们见章邯下令撤退，都争先恐后地逃跑了。

韩信见章邯军队撤退了，就下令士兵们全力追击。汉兵这时正杀得起劲，他们得到追击的命令，立刻扑了上去。章邯的士兵只顾逃亡，哪里还有心思应战！汉兵们冲上去，一刀砍死一个，很快就尸横遍野，血流成河了。

章邯带兵逃到了好畤，站在城墙上往下看去，只见汉兵们早已追了上来，并且在城下摆开了整齐的队伍，等着再次大战一场。章邯仰天长叹道："这个韩信原来不过是项王帐下的一名郎中，他怎么有这等带兵打仗的本事啊！"慢慢地，城下的汉兵越来越多，章邯的心里也越来越着急了。因为好畤只是一个小地方，粮食不足，如果被汉兵围困在这里，全城的士兵很快会被饿死。

章邯把部下们都叫来，商量对策。一个将领说："大王，好畤粮食不足，如果我们被汉兵围困在这里，很快就会饿死。我看不如开城死战，就算不成功也可以趁机逃到废丘去。废丘是我们的都城，那里兵多将广，粮食充足，就算被围，也可以坚持几年。"

章邯何尝不知道这个道理呢！可是他又想到假如开城死战，又要有多少士兵战死啊！况且退到废丘，整个关中很快就会被刘邦占领！但是这个时候还有更好的办法吗？已经没有了。章邯无奈，只好接受了那个将领的建议，下令开城迎战，想趁机退守废丘。

士兵们冲出城门，只想着往废丘退去，根本无心和汉兵死战。而汉兵刚在陈仓打了胜仗，士气大振，他们纷纷扑向章邯的队伍。章邯军中大乱起来，尸体在城墙下越堆越高，不一会就几乎和城墙一样高了。章邯见大势已去，急忙带兵往废丘退去。士兵们跟着章邯，都丢盔弃甲地逃到了废丘。

刘邦和韩信等立刻追击，把废丘围了起来。刘邦见章邯已退守废丘，别无出路了，就想一举攻下废丘，彻底打败章邯。

韩信建议说："大王，废丘是章邯的都城，这里兵多将广，粮食充足，而且眼下章邯就剩下这唯一一座城了。所谓'狗急跳墙'，如果强攻，章邯必定领兵死战，我们的损失必然很多。请大王三思啊！"

刘邦见韩信这样说，就问道："那我该怎么办呢？"

韩信说道："大王，现在我们的兵力已经十分强大了。我建议分兵围困废丘，不要强攻，等到章邯的军心涣散了，他必定要向我们投降。而我们则可以带领主力部队到达咸阳，一边去招降司马欣和董翳，一边派兵平定三秦的其他地方。然后我们再领兵东进，称霸天下。一个小小的章邯困在废丘城里，已经无法对我们构成威胁了。"

刘邦听了韩信的分析，大喜道："大将军果然见解独到！如果我军中能多有几个像大将军一样的人才，我们恐怕早就称霸天下了。"于是，刘邦听从了韩信的建议。很快，三秦之地被平定，只剩下章邯被

攻无不取，战无不胜

围困在一个小小的废丘城里了。刘邦下令在关中设置了陇西地、渭南、河上、上郡等郡，派萧何进驻成阳，安抚百姓，发展生产，为大军筹集粮食。刘邦自己则和韩信等人带着大军往东行进。

　　章邯兵败以后，立刻派人去向项羽求救。项羽得知刘邦攻入了关中，大怒道："看我亲自领兵杀了刘邦这个混蛋！"但在这时，齐国的丞相田荣已领兵统一了三齐地区 (今山东省的大部分地区)，自封为齐王，并加封彭越为将军，让他在楚国的梁地 (今河南省开封市周围的广大地区) 和项羽的士兵大战。陈余也趁机联合田荣，准备攻打常山王张耳。眼看着田荣的实力逐渐强大起来，项羽心中十分烦闷，开始左右为难起来，不知道到底该带兵去攻打刘邦，还是先平定田荣和陈余。

　　然而就在这时，韩国的丞相张良给项羽上书，说："大王，反秦时，汉王刘邦第一个进入了关中，根据义帝的决定，先进入关中的就封为关中王。之后，您把汉王刘邦分到了汉中，而三分关中，所以他心里不服，因为关中本来应该是汉王刘邦的属地。他现在举兵北上关中只是为了拿回原本属于自己的东西，履行和义帝的约定而已。因此他在攻下关中以后，一定不会挥师东进的。"

　　项羽认为张良说得很有道理，但是心里还是犹豫不决。这个时候，张良又派人假装齐国的使者给项羽送去一封挑战书。挑战书上说："齐国和赵国要联合在一起，共同攻打楚国。灭掉你们！"项羽接到挑战书一看，十分生气！于是，项羽放弃了西进攻打刘邦的计划，决定亲自带兵攻打齐国，大战田荣。项羽亲自带兵与齐国的田荣大战，就给了刘邦平定关中，壮大实力的机会。而刘邦趁着这次机会，急忙东进，很快平定了关中。

 **西取西魏**

魏豹的王号，是项羽所封，魏豹与项羽有着一段患难与共的经历。魏豹是早期反秦义军将领中有很大影响的人物，在那个战火纷飞的年代里，也是诸位英雄豪杰之一。陈胜在大泽乡首先起义之后，魏豹就跟随其兄长魏咎前去陈县（今河南淮阳县）响应陈胜，参加了起义。他们兄弟俩跟随陈胜鞍前马后，奋勇杀敌，可谓是劳苦功高。陈胜的部将周市攻取战国时期的魏国故地之后，力请陈胜放魏咎回故地做王。鉴于他们为自己立下了不少汗马功劳，虽然依依不舍，但陈胜还是同意了，他的哥哥魏咎被陈胜立为魏王。

等到秦将章邯消灭了陈胜之后，便举兵攻击魏王咎。魏王咎管辖的领地不大，但是土地肥沃、物产丰富，人民安居乐业，一片欣欣向荣的景象。魏王咎为人忠厚又努力治理国家，因此深受百姓爱戴。然而，他所辖的领地毕竟范围小、人口少，在城防上自然也就比较薄弱。

魏王咎听说秦将章邯攻打自己的领地后，就派人向田荣、项梁求援，齐将田巴、楚将项佗分别率兵来援，但均被秦军所击败。坐守孤城的魏咎，不忍心看到全城军民被杀，就与秦将约定投降，并表示愿意自杀，但求秦军不再滥杀无辜。在开城迎降的协议达成之后，魏咎就如约自杀身亡了。死前，他安排弟弟魏豹乘乱出城，以保存魏王室的一线血脉。

当魏豹逃亡到楚，楚怀王给魏豹几千人马。为了一展宏图，为了完成哥哥的期望，他又攻占魏地二十余城，自立为魏王。项羽入关后，大封诸侯王，因为想据魏地为己有，就把魏豹从河南迁到河东（今山西省西南部），改封为西魏王，立国于黄河以东。项羽利用楚将项佗与魏豹兄弟早年间有一段共患难的经历，任命项佗为魏相，当然这也是控制魏豹的一种方法。但是，魏豹却欣然受命，在自己的领地上过着自得其乐的生活。因为魏咎自杀以救民众，魏地百姓感动不已，自然就归心于魏咎的弟弟魏豹了。所以，魏豹在魏地的统治很是稳固。

然而好景不长，刘邦攻占三秦，既而东进，形势所迫，魏豹不得不与汉王结盟，魏国丞相项佗只好东返彭城。刘邦在东征彭城的途中，接纳了率三万精兵助战的彭越，为了笼络彭

瓦当上刻有"汉并天下"四字

越，刘邦任命他为魏相国，并让他独领一军。在攻克彭城之后。回头西进，平定原魏国领地。

刘邦这个人原本就刚愎自用、自高自大，而且根本就不把与自己结盟的魏豹放在眼里。刘邦任命彭越为魏相，甚至都没有告诉魏豹一声。要知道，魏豹毕竟还是一国之君。虽然忍气吞声地与刘邦结盟，但是志气还是有的。身为魏王，对魏相的任命、行踪，竟然没有任何发言权，魏豹自然心怀不满。

早在刘邦还是秦朝一个小小的泗水亭长时，他对作为顶头上司的

县令和县中的大小官吏，就常以恶作剧的方式给以侮辱，以至于他的好朋友萧何说他"固多大言"，实际上是在为刘邦自我夸耀、凌辱众人作巧妙的解说。刘邦的这一秉性，褒之则可称为"帝王气概"、"豁达大度"，贬之则可称为"无赖行径"，这与刘邦的出身和所受的教育自然脱不了干系。但是，刘邦又刚愎自用，听不进别人的劝说。因此，他的这一行径无形中也就更加放纵了。

当刘邦成为五六十万大军统帅的时候，其得意忘形之态就可想而知了。随从东征的各路诸侯除了常山王张耳之外，其他人在刘邦心目中，都是他的部属，他大声叱责部将之事常有发生。其他人迫于刘邦的兵力，还可勉强忍受，而出身于贵族之家的魏豹，实在无法忍受，认为这是奇耻大辱。

魏豹身世背景显赫，幼年时受过良好的教育。只可惜他时运不济，当个小国的国主也不能太平。由于势单力薄，经常受别人的欺负。以前，魏豹率军随刘邦东征彭城，本来就是出于胁迫，并不是他自愿的。而刘邦出身于平民家庭，并不懂得礼让之道，个性又很奇特，总想凌驾于他人之上，经常以骂人取乐。这让平时温文尔雅的魏豹实在难以忍受。

不久，项羽打败刘邦，魏豹自此觉得自己前途渺茫，同时他也认为刘邦是不会有什么大作为的，所以魏豹借口探视亲人，返回本国，刚一渡过黄河，就下令魏军在关隘布防，隔绝与汉军的交通，并立即派人去项羽军中，请项佗回来任魏国丞相。刘邦知道后气急败坏，对魏豹破口大骂。但是，那时刘邦都自身难保了，也顾不了那么多了。但是，这件事的确是后来刘邦决定攻打魏豹的直接原因。

魏豹为什么这么做呢？他除了以此表示与楚联盟的态度之外，还别有用心。在项佗和彭越这两位分别由楚王、汉王所任命的魏相国中，魏豹宁可接受项佗，也不愿接受彭越。原因是彭越出身草莽，腹中空空如也，根本就没有什么文化修养。项佗与魏豹都是六国名门贵族的后裔，在反秦战争中，还有过一段同仇敌忾、联手作战的经历。出身一致、志趣相投，他们也就自然地走到了一块。说到底，也是魏豹的贵族出身、儒雅经历，导致了他后来的丧生。

魏豹十分崇拜项羽。在曾经的反秦战争中，项羽脱颖而出，成为当时众位豪杰中的佼佼者。汉王刘邦又以优势兵力而被项羽大败于彭城，让魏豹又一次目睹了项羽无敌于天下的神勇，认定随刘邦与项羽作战，是没有好前程的，所以就另寻出路了。

那个时候的楚汉之争正僵持不下，魏豹想：如果他们两败俱伤，自己正好乘虚而入，一统天下。出于这种推想，魏豹自然会不失时机地摆脱汉王而自立。

刘邦认为魏豹的反叛对军国大计威胁是最大的，而韩信最为担心的是魏豹究竟派谁当大将，是富有军事经验的周叔还是他人，因而急切地问这件事。郦食其探听到一点消息，答道："用的是柏直。"韩信一听，大为高兴，轻蔑地骂了一声："原来是他！"于是就放下心来，认为魏军无足轻重。

虽然刘邦派了韩信率领大军，独挡一面，但是他仍旧不放心，毕竟魏豹追随过自己，知道他也是个有能力的人，有点分量。为了以防万一，刘邦又派了两员将领——曹参和灌婴。在刘邦和项羽决战前，刘邦必须要解决魏豹的问题，他先派了辩士郦食其去劝说魏王豹，想把魏豹重新拉回汉营。

当郦食其到达平阳的时候，他向魏豹说明自己的来意，魏豹拒绝道："我之所以叛变，也是情非得已。我本是贵族出身，家族背景显赫。只是我没有什么作为，没有建功立业不说，还把祖宗的江山给丢了。我夜夜失眠，均是因为感到愧对于祖先。人生一世，转眼就是百年，谁不想建功立业呢？我原来本想安于现状，做个小诸侯，在我自己的领土上安宁地生活。可怎么知道，我所投奔的主君却待人刻薄，随意侮辱他人，叱骂诸侯和他的群臣如同责骂奴仆，根本不讲究上下礼节。诸侯王的地位本来就是平等的，我们并不是他的部属。我无论如何也不能再忍气吞声地与他共事。人活着不就是为了争口气吗？我如果再这么忍受下去，活着还有什么意义呢？与猪狗还有什么分别呢？"

郦食其听了魏豹的话，哑口无言。的确，作为魏王后裔的魏豹，也应该有此傲骨。这只能责怪刘邦处事无方，为人无德了。

郦食其回到汉营后，刘邦听说劝告没有成功，不禁大怒，心想你魏豹不识好歹，我不与你交战，是念你曾跟随于我，与我有功。今日你竟不领情，还满口胡言，我要你追悔莫及。面对反叛，刘邦决定采用武力征服。他任命韩信为左丞相，又以他为大将，让他领兵征讨魏王豹。从刘邦起兵的亲信，刘邦很是信赖他们。这时，刘邦也问郦食其："魏军大将是谁？"郦食其回答是柏直。刘邦骂道："这个人乳臭未干，岂是韩信的对手？"又问"骑将是谁？"郦食其说是冯敬。刘邦说："他是秦将冯无择的儿子，虽然不错，但不是灌婴的对手。"又问"步卒将是谁？"郦食其说是项佗。刘邦就更高兴了，哈哈大笑说："他也不是曹参的对手。这次出兵，我们是必胜无疑了！"

因为对征讨魏豹极有信心，刘邦临时决定，派他率领骑兵出击项羽的后路，断绝楚军粮道。灌婴就没有随从韩信出征。

韩信对敌军将领也了如指掌。就挥兵而出，直逼黄河岸边，摆出了可以随时渡河东进的军事态势。魏军大将柏直分兵布防，一场大战迫在眉睫。

韩信出兵打仗前总会派人去刺探敌军的军情，做到"知己知彼"，这次自然也不会例外。在大军出发前，他就派人先对魏豹的兵力部署作了一个侦察，他了解到魏豹在黄河边上从蒲坂（今山西省永济西）到北面的临晋（在山西省临绮西）一带，甚至更往北都设有防兵，可以说是相当严密而无懈可击的。只是在后方的安邑（今山西省夏县西北）兵力较弱，但这是深入重地了，又不在黄河边上。魏豹的这些部署可以说是万无一失，滴水不漏。

韩信想到：敌方没有薄弱环节，汉军就无法出击。既然如此，就只能是让敌人自己打乱部署现出薄弱环节来。这样，自己才会有可能

攻无不取，战无不胜

获胜。于是，韩信又设出了一条"陈船蒲坂、木罂渡军"的妙计来。其主题思想仍是转移敌军注意力，和"明修栈道，暗度陈仓"是一致的。不过，这一次比上一次更高明。

安排好之后，他立刻兵分两路来到了黄河边上，不过，两路兵马一明一暗。向蒲坂方向来的这支队伍十分张扬，到了黄河边就立即集中了大量船只，摆出一副已充分准备好要强行渡河的样子，但又不立即渡河。魏豹也加强了防守，好像生怕与对岸敌军的力量相比，自己的防卫力量不够多似的。因为谁都知道，攻打魏豹必然要从渡过黄河入手。

韩信的目标很明确，就是要吸引魏军的注意力，让魏豹把其他地方的兵力都集中到这里来，造成其他地点防卫薄弱。因为他还有另一支暗中行动的队伍想要到再向北一百多里处的夏阳 (今陕西省韩城) 渡河，他命令这一支队伍偷偷地到夏阳，不用船只渡河，而是临时伐木制造一种腹大口小的木瓶子 (又称木罂瓶)，把这种木罂绑在战士的腰上，让战士们游过河去。但是，渡河的行动要等对岸的敌兵有一部分被调往蒲坂后才开始，不要惊动魏军，渡过河后不恋战，而是直接奔向安邑。

于是，"弃强攻，用智取，设奇兵，擒拿魏王豹"的作战计划就制订好了。一切准备就绪，韩信率领大军出发，进击魏豹。

坐镇都城平阳 (今山西省临汾市) 的魏豹，闻讯韩信领兵来攻，心情十分沉重。他深知，在楚汉相争、胜负未定时，自己背叛汉王足以引起汉王的愤怒，而魏国的地理位置，处于楚汉相争正面战场的侧翼，对汉军确实容易构成威胁，所以自己和汉军的这场恶战在所难免了。想起韩信在平定关中之战中的神机妙算，魏豹不寒而栗。

当魏豹得知韩信的军队已开到了黄河两岸，就召集大臣柏直等人，分析敌情，决定部署，准备迎敌。魏国的诸位大臣都认为，刘邦还在荥阳与项羽大战，主力军都投向了他们那边。所以，这次韩信来袭，所带的人马不可能很多。所以，在军队数量上，魏军没有必要恐惧。而魏军还有黄河天险可以防守，西魏在河东，汉军来攻，必定要渡过黄河。只要掌握黄河渡口，韩信就是有三头六臂，也飞不过来，根本就不足为惧。这样，尽快判定汉军的渡河地点，就成了魏军的当务之急。

于是，柏直就派出侦察人员，刺探黄河对岸汉军动静。没过多久，各方面的情报都汇总到柏直的军营中，柏直觉得韩信的用兵意图已暴露无遗了，侦探得来的情报与魏国君臣对汉军动向的预估完全吻合。因此，他们就按照事先制订的计策行动了。

柏直采取了坚守政策，在黄河东岸聚集了很多兵力把守，又封锁了蒲坂这个渡黄河的关口，想堵住黄河渡口，不让汉军渡河。与此同时，柏直还组织了一支巡逻部队，沿着黄河巡逻。又把民用船只全部赶走，不许在黄河内来往停泊。柏直部署完后，自以为万无一失。很是得意，并认为韩信所率汉军要想渡过黄河天险，除了通过险要难攻的蒲坂要塞外，别无他路可走，而蒲坂防守严密，韩信就是插翅也难飞过。于是，柏直很是得意，很快麻痹了。

战时，魏国设置了临晋关，它位于临晋城东、黄河西岸，扼蒲坂渡口，是秦、晋间的险要地带，兵家必争之地。韩信军临黄河，探知魏军扼守临晋关，顿时大喜，便将计就计，将大军驻扎在临晋的对面，又将所有的船只也调集前来，白昼大军云集，夜间灯火通明，给魏军造成一个准备渡河进攻的假象。果然，魏军见汉军从蒲坂渡口渡河，就立即从其他地方调了许多兵来，结果曹参等人就成功地在夏阳用木罂渡过黄河。

柏直此时却仍然沉醉于歌舞升平的景象之中，汉军渡过黄河的消息却如晴天霹雳传入他的耳中。大批汉军出人意料地出现在远离临晋二百多里路的夏阳（今陕西韩城），并轻而易举地渡过了防御力量薄弱的黄河，正向着安邑城杀来。魏军的部署竟然全落在了韩信的圈套之中，此时的柏直跌足悔恨，扼腕长叹，都已无补于事。柏直一直想不通的是，对岸汉军的船只未曾移动，骑兵仍在随时准备渡河，汉军怎么可能大批出现在夏阳？难道真的是神仙帮助了他们不成？

在这紧急情况下，柏直定下神来，不管怎样，还是要继续防守下去。柏直先派将军王襄，率部分兵力回防安邑，巩固后方。又派出将军孙邀沿黄河东岸北上，抵御正在南下的曹参所部汉军。自己统帅大部分骑兵，仍驻守蒲坂，以防止对岸灌婴所部汉军精锐骑兵乘乱渡河。

应该说，柏直在发现汉军潜渡成功之后，所做出的兵力调整是比较稳妥的，除此之外实在没有其他更好的选择。在战场上一旦失去先机，想要把局势扳回，那就不太容易了。这正是战争的残酷无情之处。不过，聪明的柏直遇到的是战略奇才韩信，他注定聪明反被聪明误。

因为韩信声威的影响，柏直这个表面上看来很稳妥的应变方案，一旦实施，却使得魏军一败涂地，原本稳妥的方案却起了反作用。因为魏国上下对韩信都很惧怕，之所以还能够布防迎敌，在很大程度上是靠一种侥幸心理在维系着军心。将士以为凭借黄河天险，也许可以挡住汉军的进攻。而当汉军潜渡黄河以后，这种心理就不攻自破了，随即出现了军心惶惶的局面。

与此同时，由于灌婴的骑兵还随时可能发起强渡，所以柏直不敢直接将主要兵力用于迎击曹参和回援魏王。这样，魏的分兵部属在很大程度上就成了一种象征性的行为，并没有起到实际的应敌效果。更为糟糕的是，魏军匆匆地分兵向侧翼和后方行进，给留下的魏军主力造成了很大的思想压力，士兵们纷纷怀疑是否后方已被汉军攻占了。在这种情况下，军心更加不稳，战斗力锐减。

当成功渡过黄河后，韩信调兵遣将的过人之处也充分表现出来了。韩信巧布骑兵作疑兵，在汉军渡河之前，成功地吸引了敌军主力。而在步兵渡河之后，骑兵虽然暂时还没有投入战场，但在黄河东岸魏军将士心中，却一直笼罩着汉军骑兵的阴影。一个军队最怕的就是军心不稳，韩信的这一招对魏军来说简直是雪上加霜。

当黄河东岸的敌军匆忙调动，军心已乱时，灌婴又按韩信的指挥，千船齐发，擂鼓呐喊，向着东岸魏军阵地发起强攻。魏军已丧失斗志，

战
无
不
胜

韩

信

稍加抵御之后就自行溃散了。灌婴立即挥兵追击，兵锋直指安邑，与韩信所率步兵共同形成了钳击之势，不费吹灰之力，迅速牵制了敌军。

如此，汉军未经苦战，就全部到达了安邑城下，而魏军主力却已溃不成军，魏将王襄率部抵抗，怎奈寡不敌众，被曹参部下所俘虏。魏豹见大势已去，带一部分亲信逃走。曹参紧追至曲阳，魏军逃到东垣，曹参又紧随而至，在这里，魏军残部全部被歼灭，魏豹也被汉军生擒。接着，韩信北上攻占了平阳，又将魏豹的母亲、妻子、儿女等俘获，占领西魏五十二县，一举平定了魏国所有领地。征战前后没用一个月，就把这一个强大的割据势力消灭了。伐魏之役以大获全胜而结束。

韩信将魏王豹押送到荥阳交由刘邦处置。刘邦为了借魏豹在魏地的声誉，并未立即处死他，而让他留守荥阳。后来项羽进攻荥阳，汉军眼看难以守住，而刘邦已事先撤走，汉将周苛等人怕魏豹作项羽的内应，就把魏豹杀死了。韩信取得重大胜利以后，汉王刘邦立即派人把韩信的精锐部队调到荥阳去抵御西楚霸王项羽，开辟北方战场，剪除对汉王羽翼的威胁。

韩信的"木罂渡河"一役也可以称为战争史上的经典之役。不仅渡河的方式奇特，不是用船，而是用"木罂"。其战略步骤更为奇特，先是"声东击西"，然后击西之后还要击东，让敌人完全处于被动挨打的状态。让原本处于优势的敌人，瞬间处于劣势之中。从这里，我们还可以看到韩信指挥战争的另一个特点，就是从头到尾有条不紊，战势的发展全部在他的掌握之中，这才是一个真正的大将风度。

此外，韩信作战一向以破兵为主，他的一切计划就是把敌军主力消灭掉，对于没有兵力的城池并不看重。这样，既可以起到逐步实现作战计划的目的，而且还可以保存自己的军事实力。与此同时，利用这样的战略战术，经他取得的敌军地盘一般都很稳固，不会出现得而复失的情况。

西取西魏的胜利不仅解除了汉军侧翼存在的威胁，也打破了项羽

攻无不取，战无不胜

的攻汉同盟势力，使项羽原先的计划无法实施，扭转了楚强汉弱的局面。不但突显了韩信的军事才能，也为以后攻打赵、代、燕、齐等诸侯王打开局面，取得了立足之地，奠定了胜利的基础。

智取三秦

　　刘邦采用大将军韩信的谋略，兵分三路，分遣诸将，还定三秦：第一路，命韩信统帅周勃、灌婴所部东进，进攻塞王司马欣所盘踞的栎阳，再挥师北上，攻击翟王董翳所盘踞的高奴，韩信大军到处，塞王司马欣、翟王董翳迅速瓦解，望风归降；第二路，命曹参所部东取咸阳，击破赵贲，内史保军，攻克咸阳之后，更名为新城；第三路，汉王刘邦自己亲统大军追击章邯，围攻废丘。

　　后来，由于咸阳战事吃紧，韩信也就不再理会章邯和废丘，只是派了少许兵力把章邯困守于废丘城中，他自己则率领着大军马不停蹄地向咸阳城行进。三秦军的主力都被韩信给歼灭了，汉军再往后的进军就更加顺利了，所到之处势如破竹，很快咸阳就被攻占了下来。之后，韩信又继续北上、东下，以锐不可当之势迫降了塞王司马欣、翟王董翳，整个关中之地基本上都掌握在了汉军的手中。当时的关中可是中国的富庶之地，占有了关中，君临天下就不再是奢望了。

　　自从汉军从汉中出兵之日起，才一个月左右的时间就基本上平定了关中各地，汉军原来的兵力根本没有什么损失，现在又从关中补充了更多兵力，不论从所费时间上，还是从兵力上，韩信平定三秦的效果都是非常显著的。虽然这时还有废丘、陇西、北地等少数几座孤城仍被少量残余的雍军固守着，但韩信并没有把它们放在心上。因为韩信知道这几座城池与三秦的其他领地相比重要性偏低，而且，三秦王在关中不得民心，没有政治基础，留下几座孤城自然就无碍大局。其实，他也不是有意要留下这几座孤城，只是不愿做一些无谓的耽搁，影响自己行军的进程罢了。

最后怎样处理这几座孤城呢？韩信采用了只派少许兵力围而不攻的办法，直到城内军队自己也耗不下去了，汉军才于公元前205年十一月攻下陇西；次年正月取北地，俘章平；六月，才攻打废丘。

韩信取出萧何提供的地图仔细察看，见废丘城面临渭水，防守严密，易守难攻。于是，韩信决定智取。他首先命令大将樊哙等部下到渭水下游截流。水不下泄，很快猛涨，如万马奔腾，涌进废丘城内，城内顿时乱作一团。章邯见势不妙，急忙率兵从北门突围。韩信马上又命樊哙放水，挥军直追章邯。章邯丢了城池，前无去路，后有追兵，只好拼死一战，结果惨败。废丘城破，雍王章邯被俘。章邯被俘后不甘受辱，自杀身亡。翟王董翳、塞王司马欣本来都是章邯部下的属将，闻知章邯兵败自杀，便先后投降了汉军。这样，号称三秦的关中地区，在短时间内就尽归了汉王。

在不到两个月的时间里，汉军迅速平定了三秦之地，最终把章邯围困在废丘一座孤城之中。

刘邦下令，把三秦之地更名为渭南、河上、上郡，调丞相萧何进驻新城，安抚百姓，恢复生产。萧何废除原来秦的苛政，颁布法令，实行汉王入关破秦之时的"约法三章"，即"杀人者死，伤人及盗抵罪"，于是万民欢悦。萧何还把原属秦朝的皇家园林分给那些流离失所的农民，让他们开垦种田。于是，三秦一带的百姓更加拥戴汉王刘邦了，迅速出现了安定的局面。

再说项羽得到章邯求救的讯息时，正在彭城调集兵马，准备大举

攻无不取，战无不胜

兴兵讨伐齐王田荣，顿时大怒，便要放开田荣，挥师西进，攻击刘邦。

此时，张良听到消息，大吃一惊，急忙给项羽写了一封信，说道："汉王刘邦失职，擅自离开汉中，想要攻取关中三秦之地，只是为了要实现以前怀王所说的先入关者为汉中王的约定罢了，攻取三秦之后，一定就会停止，绝不敢东进。"张良还不失时机地把齐王和梁王暗中串通谋反的书信送给了项羽，又说道："项王目前最大的敌人是齐王田荣！他第一个公然举兵对抗项王，还四处串通，联络诸侯，企图围攻西楚，实属大逆不道，必须首先诛灭，以儆效尤。现在，不但齐王和梁王串通谋反，而且，齐王和赵王也要共同举兵，企图消灭项王了。所以，项王当务之急就是立即攻灭齐王田荣，威震诸侯，巩固天下局势，而不是进攻汉王刘邦。"

项羽看了张良的来信，觉得张良的话颇有些道理，于是，项羽就打消了向西攻击关中刘邦的意图，而集中兵力，专意进攻齐国田荣了。

在生命的最后时刻，章邯感叹说："我章邯从追随秦始皇平定六国时开始，身经百战，多少强敌败在我的手下。不料人到晚年，却经历了两次惨败，一世英名，化作烟云。先败于项王，我心服口服，他的神勇，我无法匹敌。后败于韩信，我却有所不服，他只是个不知兵法的庸才。不讲常规，用兵神出鬼没，让人防不胜防。假若他和我摆开堂堂之阵，谁胜谁败还未可知。然而，兵者，诡道也，我对韩信又不能不服。项王的神勇，令我折服，韩信的兵略，让我惧怕。你们二人相遇，项王啊，恐怕你也不是他的对手。"

此后，三秦的最后一座城也被刘邦攻占，关中地区全部平定。韩信"明修栈道，暗度陈仓"的战略，就获得了全面实现，汉军已在关中地区获得立足之地。从汉军攻取陈仓之后，韩信的指挥更显成熟，整个过程也行云流水，一气呵成，绝无半点拖泥带水，他对整个战势的把握非常清晰明了。在上一个战役之初就已考虑好了下一个战役的行动步骤，真是技高一筹。

韩信一登上历史舞台，就与张良携手，使用"明修栈道、暗度陈仓"之计，刘邦也采纳了这一策略。韩信出奇制胜地夺取了三秦、打开了东进的大门，为刘邦建立了一个兴汉灭楚的根据地。短短的近十个月内，就平定了三秦，全歼了强大的章邯之军，除掉作恶多端的章邯，获得了初步的胜利，为以后继续东进打下了坚实的基础。关中地区土地肥沃，前以黄河为屏，侧有渭河、秦岭为障，是一个非常理想的战略根据地。刘邦在占据了关中之后，才算真正具备了东争天下的条件，才取得与项羽相争的资本。

所以，刘邦重用韩信可谓是明智之举。在韩信的帮助下，刘邦一举夺取了关中，实现了自己一直想当关中王的梦想，使自己的领地一下子就扩充了数倍，在军事实力、经济实力上都得到很大的加强。刘邦不再是当年受困于汉中的可怜汉中王了，他现在已是占据了关中和汉中全部地盘的实力强大的汉王，手里的军队已不再是当初项羽只允许他带进汉中的三万，而是大军数十万。刘邦突然间觉得自己变得很强大了。

与此同时，这些战役不但实现了刘邦梦寐以求地争天下的宏志，而且通过这一系列军事行动，特别是平定三秦的胜利，使韩信的军事才能得到了实践和初次显露，又使那些原来不服韩信为大将军的汉军将士，佩服了韩信，并为韩信以后再显军事才能打下了基础。在刘邦麾下，韩信开始初露锋芒。

然而，"木秀于林，风必摧之"，越优秀的人就越容易受到别人的嫉妒、排挤甚至迫害。这一系列的战役使韩信威风八面，但刘邦却没有得到别人的什么夸奖。两者形成了巨大的反差。作为汉王的刘邦，自然受不了这样的怠慢。刘邦对韩信也由佩服变成了疑忌，他知道平定三秦对他的意义，他也知道韩信在平定三秦中的决定性作用。但是，他却没有因此而对韩信更器重，反而把韩信有意冷落在一边。

多疑的刘邦恐怕韩信功劳过高权威过大，而对自己的声望和地位不利，他开始处心积虑，谋划着怎么夺取韩信的兵权，加强对韩信的控制。旁观者可能会发出一声嗟叹，为忠心耿耿、驰骋沙场的韩信不平。但是，历代帝王皆是如此，所有的谋士、骁将只不过是帝王成就帝业的工具。

如果把韩信从汉中进军关中的这次战役来同诸葛亮的军事才能比较，就会发现韩信的军事才能在历史上完全可以称为一绝的。诸葛亮后来曾多次想效仿韩信由汉中进军关中，结果都是以失败告终。我们知道，在历史上，诸葛亮的名气似乎要比韩信大得多，可是韩信智勇双全，无论是智谋还是领兵打仗的经验都在历代谋士、大将之上。

 **大灭代国**

张耳本来就是魏地的豪杰，与另一豪杰陈余十分交好。刘邦年轻的时候，也和张耳关系不错。陈胜、吴广在大泽乡起义反秦时，张耳、陈余前往支援，得到陈胜的重视。他们请兵经过河北，攻占赵地。陈胜同意了他们的请求，就给了他们三千人马，派自己的亲信武臣为将军，张耳、陈余两人分任左右校尉。

然而陈胜没有想到自己的亲信早有另立为王的野心。这支军队从白马津 (今河南滑县东北) 渡过黄河后，一路上得到当地豪杰的支持，逐渐发展到几万人，武臣大喜，被权力冲昏了头脑的他自称为武信君。不久，他们就脱离陈胜，武臣自立为赵王，张耳任丞相，陈余任大将军。陈胜听到这个消息后大为震怒，派李良攻打武臣，武臣抵挡不住，最后被杀了。

 韩

 信

张耳、陈余见主君已死，就又奉赵国旧贵旗赵歇为赵王。秦将章邯击杀楚军的项梁后，就渡河攻赵，将赵歇、张耳包围在巨鹿城内。陈余因为手头兵少，不敢前来援救。于是，张耳对他甚为憎恨。巨鹿之战胜利后，张耳夺了陈余的兵权。陈余无奈，只好率领数百亲信脱离张耳，来到南皮 (今属河北)，从此之后两人由好友变成仇家。

韩信攻破西魏以后，张耳坐不住了。张耳原是赵国的丞相，巨鹿之战之后跟随项羽起兵反秦，秦朝灭亡以后，项羽封他为常山王，统治原来的赵地。但是项羽在分封张耳的同时，无意间也给他埋下了一个隐患。这个隐患就是陈余。

陈余本是赵王歇的大将军，但在巨鹿之战以后，由于和当时的丞相张耳产生矛盾，放弃了将印，带着几千士兵到了渤海郡的南皮 (今河北省南皮县) 以打猎捕鱼为生。秦朝灭亡后，项羽封他为南皮三县之侯，却封张耳为常山王，改封赵王歇为代王。这件事情激怒了陈余。陈余认为自己和张耳一样都是反秦有功的大将。项羽封陈耳为王却封自己为侯，分明是没有把自己放在眼里。并且赵歇本是赵王，张耳只是他属下的丞相。项羽竟然要张耳代替赵歇统治赵地，这分明是大逆不道的事情。

然而在分封诸侯以后，项羽的力量达到了极致，陈余没有办法和他抗衡，只好忍气吞声，默默地寻找机会以伺报仇了。后来田荣率兵接连攻击项羽分封的诸侯，统一了三齐地区，陈余大喜道："机会来了，真是天助我也！"陈余派张同和夏说到齐国去拜见田荣，送去一封自己的亲笔信。陈余在信上说："项羽分封天下诸侯，自封为西楚霸王。本来也没有什么不可以的，因为他带兵反秦，功劳最大。但是他分封天下并不公平。他把原来的诸侯都迁徙到了偏僻的贫穷之地，却把自己的将领和群臣分到了这些诸侯的故地。拿赵王歇来说吧，他做赵王做得好好的，项羽竟然把他改封为代王，迁居代地 (今山西省北部)。封张耳为常山王，统治赵国原来的土地。我认为这是很不仁义的事情。"

攻无不取，战无不胜

田荣看到这里，心里默默点头认可了陈余的说法，因为他想到了项羽也把原来的齐王田市迁徙到了胶东做胶东王。田荣又看了下去，只见陈余的信上接着说："我在南皮听到大王起兵反楚，对项羽这种不仁不义的做法很反感，于是派张同和夏说来向大王求助。大王如此仁义，一定不会拒绝我的请求。请大王发兵帮助我攻打常山王张耳，我要恢复赵王的领地。到时候，我会带兵和大王一起反对项羽。这样赵和齐一起反对项羽，项羽的兵力不足以攻打两地，他对您也就无可奈何了。"

田荣本来就希望有更多的人起来反楚，见到陈余来向自己借兵，心下大喜，他马上就答应了陈余的请求。于是，田荣悄悄地发兵攻常山王张耳。陈余也把南皮所有的士兵都集结起来，配合田荣一起向张耳的都城襄国（今河北省邢台市）发动了攻击。

自从秦朝灭亡以后，项羽封张耳为常山王。张耳以为从此以后天下太平了，自己和自己的子孙肯定世世代代做常山王。所以他几乎忘记了是如何在战场上驰骋杀敌的。张耳的士兵们也都松懈了，不愿去想打仗的事情。当田荣和陈余突然向张耳发动进攻的时候，张耳才惊醒过来，原来天下并不太平。可是这个时候已经晚了，士兵们因为平时疏于训练，都失去了往日跟随秦兵作战的英勇。

田荣和陈余的部队长驱直入，很快就把张耳的都城襄国攻破了。张耳见大势已去，不可能再夺回襄国了，就绝望地往西逃到了关中，投奔刘邦去了。攻下襄国之后，陈余拜谢了田荣，马上亲自带人到代地去迎接赵王歇。陈余见到赵王歇，跪在地上说："项羽和张耳欺负大王，这段时间让大王受苦了。我已经联合齐王田荣攻破了襄国，赶走了张耳，请大王回到赵地，继续做赵王吧。赵国的老百姓想念大王啊!"

赵王歇被眼前陈余的真诚和忠心感动了，他扶起陈余，说："将军才是对我最忠心的人啊!"说着，几乎要哭了出来。因为自从迁入代地后，他就日夜思念着赵国，想回到自己的故乡。

赵王歇跟着陈余回到了赵国的都城襄国，重新做起了赵王。赵王见陈余劳苦功高，已经没有什么官爵足以报答他了，就把陈余封到代地做代王。

陈余虽然被封为代王，但是他并没有到自己的封地去，只派代国的丞相夏说驻守代地代为管理，自己则留在了赵国辅佐赵王歇。这表面上是陈余辅佐赵王歇，实际情况却是陈余把持着赵国的军政大权，赵王歇不过是任他摆布的傀儡而已。

张耳被陈余打败后，他心里十分气愤。于是他找到刘邦，对他说："大王，韩信大将军领兵轻而易举地就攻破了魏国。有了魏地作为后方，我们何不趁机平定代、赵等地。代王陈余与我有不共戴天之仇，我愿意去辅佐大将军挥军北上平定代地。"

刘邦看到张耳愿意去辅佐韩信攻打代、赵等国，心里十分高兴。刘邦对张耳说："你本是常山王，赵国应该是你的领地。现在我就派你带兵去和大将军韩信在西魏会合，共同领兵攻打代、赵两国。攻下以后，我就封你为赵王。"

张耳一听刘邦不但允许自己带兵去攻打代、赵两国，还许诺一旦攻下赵国就封自己为赵王。他大喜道："感谢大王的厚爱，我一定尽全力辅佐韩信大将军。"

韩信把在攻打西魏战争中活捉的魏王及其母、妻、子送往荥阳，交给刘邦发落，同时上书刘邦，请求增兵三万，信中说："臣请北举燕、赵，东击齐，南绝楚之粮道，西与大王会于荥阳。"

在这个时候，刘邦恰好在荥阳正面战场同楚军相持，又常常失利，正想不出对付的良策，接到韩信的报告，就请张耳到大营中，说道："当年你与陈余如同子侄，世人都称你们二人是生死与共的刎颈之交。可他在与你反目成仇之后，竟然夺你的王国，还要挟我用你的头颅换取他的合作。这个人实在是欺人太甚，现在该是替你惩治他的时候了。韩信已平定魏地，很快就要出兵攻赵，烦请你带三万军队，前去与韩信回合。"

攻无不取，战无不胜

之后，张耳就带着刘邦拨给他的士兵往西魏进发了。韩信得知刘邦派张耳带兵来辅佐自己攻打代、赵两国，急忙派人去迎接张耳。韩信和张耳两人一见如故，谈得十分投机。张耳握着韩信的手说："陈余与我有不共戴天之仇，请大将军一定要为我报仇雪耻啊！"

韩信早已听说张耳和陈余之间的恩怨了。他对张耳说："请您放心，我一定挥师北上、东进，消灭赵王歇和陈余，为您讨还公道！"

于是，张耳把刘邦拨给他的士兵也交给了韩信指挥。韩信立刻召集将领们商议攻打代国和赵国的事情。韩信对部将们说道："陈余袭击了张耳以后，就留在了赵国辅佐赵王歇，派夏说驻守代国。因此代国的兵力比较薄弱。我们应该先攻打代国，然后再从井陉口越过太行山，进攻赵国。诸位以为如何啊？"

将领们听了韩信的分析，都认为他说得很有道理。张耳说道："先攻破比较弱小的代国，巩固后方，然后再全力攻打赵国，这个方法的确比较好。不过代国地处北方，民风所趋，士兵们作战比较勇敢。以前我跟随项羽反秦之时，曾经带过代兵作战，他们一旦打起仗来，就会舍生忘死，不顾一切地冲锋陷阵。因此要攻打代国也不是一件容易的事情啊！不过，那里的士兵有一个弱点，就是单兵作战能力很强，但是不善于配合。我们只有利用他们的这个弱点才有取胜的机会啊！"

韩信听了张耳的分析，略作沉思，然后说道："看来要攻破代国，我们唯一的选择就是诱敌深入，要他们带兵抢夺我们故意放置的'战利品'，然后我们再出伏兵趁势猛攻，一举消灭他们。"

公元前204年是一个闰年，这一年闰九月。韩信和张耳在闰九月领兵大举进攻代国，代国的丞相夏说亲自领兵迎战，一场激烈的战斗就要开始了。

韩信派张耳率领几千士兵和夏说对阵。两军刚一接触，张耳就命令士兵们丢下武器、辎重等，往后撤去。代兵见张耳败北，满地都是战利品，就一拥而上，纷纷捡拾地上的物品去了。夏说见状，急忙阻止他们，命令士兵们继续保持队形。但是代兵队形已乱，他们一个个只顾着捡拾地上的物品，哪里还听得进夏说的命令。

韩信见代兵大乱，微微一笑道："现在时机已经成熟了，伏兵开始攻击。"于是，早已埋伏在代兵周围的汉兵如潮水一般把夏说和他的士兵们围了起来。夏说看到这种情况，急忙组织兵力迎战。这时，韩信又命令张耳带着士兵们杀了回去。

汉兵在张耳的带领下左冲右突，很快把代兵包围在了很多的小包围圈里。代兵们在小包围圈里奋力死战，但怎奈汉兵太多了，他们已经无法挽回失败的大局。夏说见大势已去，突然仰天长叹道："今日一战，我夏说就要成亡国之臣了!"突然，夏说丢下手中的武器，放弃了抵抗，他对着韩信大喊道："韩信，我已投降，你不要再杀伤我的士兵了!"

韩信远远地看见夏说投降了，就命令士兵们停止攻击，并接收了夏说的队伍。夏说被俘，韩信指挥军队迅速攻取了代国的都城，其他代国守城的将领见都城已破，丞相夏说投降，也都纷纷放下了手中的武器，投靠了韩信。于是，韩信占领了整个代国。

井陉之战

公元前 205 年，项羽在彭城大败刘邦，这使得许多诸侯纷纷背汉归楚，此时刘邦的处境十分困难。为了摆脱这一不利局面，在谋士张良的建议下，刘邦制订了正面坚守、侧翼发展、敌后袭扰的战略方针。

攻无不取，战无不胜

命大将韩信率军开辟北方战场，逐次歼灭黄河以北的割据势力，向楚军侧背发展，就是这一战略计划的重要环节之一。

韩信一路行军至太行山，千古天险太行山，果然名不虚传。它绵延数千里，山峰高耸，地势险要，悬崖峭壁，处处可见，成为分割晋冀的天然分界线。整个大山之间很少有关口通道，南北千里之地，只有八处险要谷地可以通行，这就是先秦时期就闻名于天下的"太行八陉"。它们分别是：轵关陉、太行陉、白陉、滏口陉、军都陉、紫荆关、飞狐陉、井陉口。这八处通道的出入口，都有险关相扼，真有"一夫当关，万夫莫开"之势，井陉口正是太行山不可多得的八个隘口之一。

韩信点将台

如果要想从代国到赵国去，必须经过这个井陉口。井陉口又称土门关，周围群山环绕。井陉关就建在陉山上，关前有一片谷地。四周均为陡峭的高山，谷地如同一口探井，故有"井陉"之名。井陉关北面，有一座小山。关前有两条河流。东面一条小河，从井陉县城流经井陉关前，向下汇入滹沱河，名为井陉河，它的下游也称祗水河。西面有一条较大的河流，名为绵蔓河。在井陉口的西面，有条长约一百里的狭窄驿道，地势险要，易守难攻。

在汉军营中，灯火通明，几案上摊放着一张地图，韩信和张耳、曹参等人，围着几案席地而坐，聚精会神地商议作战方略。

赵王赵歇和陈余统领二十万主力军，据险而守的消息，使得许多汉军将领目瞪口呆。当时，除地形对汉军十分不利外，在兵力上也很悬殊。陈余的二十万兵马已经在井陉口整装待发，气势恢宏；而汉军仅有几万人，远道而来，行军疲惫，又无精兵良将，在兵力上处于劣势；汉军在士兵素质上也不如赵军。赵军训练有素，汉军在训练上不能与之相比；何况汉军远道而来，陈余又以逸待劳，汉军更是处于十分不利的被动地位。三万汉军，再加上孤军深入，在异国作战，屡犯兵家大忌，在诸多不利条件下想要获胜，岂不是难上加难？

然而，众所周知，赵歇是个无能之辈，不足为惧。陈余虽是久历战场的一员大将，但他儒生气太重，满肚子的仁义道德，而且死读兵书，不善于从实战中总结经验，也不足挂齿。韩信最为担心的，是赵国的广武君李左车。此人深通韬略，善于用兵，擅长诈谋奇计。

众将注视着自己的统帅，都想听一听韩信的意见。只见韩信不动声色，传令说："继续侦察，赵军的一举一动，都要给我及时报来。"韩信又对众将说："陈余真是不懂兵法。用兵不在多，而在于精，他把全国军队都驻扎在井陉险关，真正交战时，能发挥作用的也不过是几万人。其他军队恐怕只能遥遥观战。我军只要一战获胜，赵军溃散，其他地区就可轻易地夺得了。"

韩信经过再三考虑，决定尽量利用赵军的弱点，以奇计制胜。他与张耳、曹参等人商量之后，大家也同意了，但心中却在嘀咕："一战获胜，自然全盘皆活。可这一场战争，我们能获胜吗？"

战争的阴云笼罩着赵国，人们惶惶不安地谈论着即将到来的这场战祸。

陈余部署各军布阵已毕，就率领几位将领，立马于井径关，观察战场形势。陈余指点着关前地势，对众将说："我军早已占据井陉雄关，筑垒设防。韩信纵然有神仙相助，也不能把我怎么样。大军齐集之后，我大营安扎在关前平地上。等汉军前来进攻，不等他逼近关前，我就命令大军开营迎战，井陉谷地，就是韩信的埋骨之处了。"说罢，陈余哈哈大笑，似乎早已胜券在握。随行赵将也随声附和，称赞陈余的英明。

但是，陈余虽然这样说，心里却并非一点都不担心的。毕竟这关

攻无不取，战无不胜

系到赵国的生死存亡啊！一天，陈余正在为如何迎击韩信苦苦思索，进来了谋士李左车。李左车见陈余愁眉不展，就说："按照您的用兵意图，我军恐怕要吃败仗。"李左车在赵将中以多谋善断而著名，陈余听他对自己的部署提出异议，心中有些不高兴，碍于情面，又不得不让李左车阐明他的见解。

李左车说："韩信渡过黄河，俘虏魏王豹，活捉夏说，现在又有熟悉赵地情况的张耳率兵增援，妄图一举消灭咱们赵国。汉军在离开大军很远的地方展开战斗，乘胜进军，士气旺盛，其锋锐不可当。韩信孤军深入，利在速战速决。我们在关前平地与汉军决战，正中韩信下怀，万一失利，我军势必陷入崩溃。咱们一定要利用有利的地势，用智才能取胜。"

李左车略微停顿，接着说："我想，从千里之外供应军粮，战士们必定面有饥色，等到打来柴草才能开灶烧饭，全军势必不能按时吃饱饭。他们千里迢迢转运粮食，给养十分重要。现在韩信沿井陉险路进军，军粮供应就成为他无法解决的难题。井陉道狭路窄，兵车不能并驱行驶，骑兵也不能排成队列，在这样的道路上行军几百里，粮食势必落在后面，慢慢跟进。因此，我希望您改变原来的作战计划，请您给我三万人马，作为独立作战的奇兵，让我从小道迂回到韩信大军的背后，去截取汉军的粮草，切断他们的粮运，断绝汉军的退路。"

李左车又接着说："您的大军则退守井陉关，深沟高垒，据险坚守，不论韩信如何挑战，您也不要同汉军交锋，使韩信求战不能，让他有力无处使，有智无处用。我再以奇兵从背后袭击，堵住退路，那样汉军就会进退两难，腹背受敌，在深山险谷之中，他们即便是想以劫掠来维持军粮供应，也没有东西可以抢劫。几万大军进退两难，粮尽援绝，不出十日，韩信、张耳两人头就可献至麾下。如果您不接受我的意见，仍按原计划用兵，恐怕我们都会成为韩信与张耳阶下之囚。务必请您三思而后行。"

李左车根据双方的实力状况所献的破敌计策是有道理的，而且也是比较可取的。李左车知己知彼，扬长避短，如果他的计策得到采纳，赵军可以立足于不败之地，并使汉军陷于困境。

但是，陈余是个迂腐透顶的书呆子，自以为熟读兵书，通晓兵法，自高自大。他常常把"正义的部队堂堂正正，不用阴谋诡计"这句话挂在嘴头上，并想方设法施行，根本不懂得"兵不厌诈"的道理。

听了李左车的这一建议，他连连摆手，不耐烦地说："我们赵军将士，是为了守卫本国领地而作战，是正义之师，自然就该堂堂正正地与来犯之敌决战，怎能用诈谋诡计取胜？我听说兵法上规定，兵力十倍于敌，就可以进行围攻，两倍于敌，就可以进行交战。现在，汉军号称有士兵几万人，实际兵力远远达不到这个数字，其实不过一万人。他们从千里以外来进攻我们，士兵已经疲乏不堪。虽有连战连胜的虚名，实际已经是强弩之末，不能有所作为了。我二十万大军云集险关要隘，以逸待劳，双方力量的对比相差悬殊。在这种有利的条件下，对手是这样弱小的敌人，我们倒躲避起来，不与他们交锋，要是以后再遇到更多的敌人，又如何战胜他们呢，真按照李将军的话去做，天下诸侯一定要嘲笑我陈余太软弱，都会耻笑我们赵军是缩头乌龟，胆怯畏敌，那样他们就都会随意地来进犯我国了。我的部署不变，就在井陉关前的谷地布阵，主动进攻，全歼汉军，打出我赵军的军威！"

说完之后，陈余就进入了内帐，根本不把李左车的计策放在心上。李左车见陈余不采用他的建议，愤然地扬长而去。李左车暗自叹息道："大军决战，岂能作此书生之谈？岂能如此意气用事？"

韩信是个天生的军事家，特别是他被刘邦拜为大将后，又先后经过智取二秦和破魏、代等战斗的实践，实战经验也比较丰富了。他面对井陉口的形势，深知敌我力量悬殊，不能猛冲直攻，只是把大军驻扎在离井陉口很远的地方，观察动静，研究对策，寻找战机。

陈余不重视李左车，但韩信却十分重视，经常派人打探他的动静。当韩信接到探报说李左车建议陈余改变原有部署一事，大吃一惊，立即传令继续侦察，他感叹说："赵军中有李左车这样深通兵机的将领，

攻无不取，战无不胜

真是不容小觑。如果陈余真的采纳了他的建议，我军将不敢沿井陉关方向进攻赵国。那样，战事势必旷日持久。"

不久，韩信知道陈余拒绝李左车献计的这个情况后，才放下心来，暗自庆幸："如果李左车的计策实行，不但汉军将全军覆没，我也要被陈余所擒，性命难保。"在反复核实情报无误后，韩信才领兵进入井陉险路。在井陉之战中，充分显示了韩信的勇与谋，他洞悉到刚愎自用且又迂腐疏阔的陈余却拘泥于"义兵不用诈谋奇计"的教条，认为自己兵少且疲，不应避而不击，断然拒绝采纳李左车的正确作战方案。此乃知己知彼，百战不殆也！最终，韩信在这场战争中取得大获全胜。

 背水一战

刘邦得知韩信已经攻破代国，心下大喜。因为这个时候项羽已从齐国战场把楚兵全部撤出，带到了荥阳一线，和刘邦对峙。刘邦没有韩信在身边，渐感吃力，就下令韩信把主力部队调到了荥阳，共同抗击项羽。

韩信的主力部队被调走后，他的部下们都十分着急。他们都纷纷对韩信说："大将军，如今代国虽破，但是还有更为强大的赵国等着我们去征服呢！如今大王把我们的主力调走了，我们拿什么和赵王歇和陈余大战呢？"

韩信见将领们都很着急，就安慰他们道："主力被大王调到了荥

阳也不用发愁。我们身处代地，我们可以重新征兵嘛!"

将领们听到韩信要重新征兵，都纷纷说道："大将军，所谓'养兵千日，用兵一时'，如果我们仓皇征兵，那如何与训练有素的赵兵作战呢?"

韩信笑着说："就算是一帮乌合之众到了我韩信手里，我也会把他们变成能征善战的士兵，何况我们的新兵都是英勇的代地人呢!"

众人见韩信如此自信，也都不便再说什么了。他们都亲眼看见过韩信用兵如神，因此他们相信韩信，也相信韩信一定有办法打败赵王歇和陈余。

随后，韩信在代地大举征兵。代地人都已听说韩信用兵如神，是一个能够成就大业的人，于是他们纷纷投靠韩信。韩信大喜，很快就组织起来一支四万余人的队伍。这些新兵在韩信的训练下，迅速成为一支纪律严明的队伍。

公元前 204 年 10 月，韩信留下一万余人镇守代地后，和张耳带着三万余人向井陉口进发了。赵王歇和陈余听到消息，立刻派了重兵在井陉口集结，准备迎战韩信。他们对外宣称，井陉口的赵兵足有二十万人。

由于陈余没有采纳李左车的建议，坚持在井陉口迎战韩信。韩信大喜道："天助我也，立刻命令士兵往井陉口进发，明天天一亮就发动进攻。"

韩信针对陈余盲目轻敌的心理，想出了一个以少胜多、以弱胜强的战斗计划。要用背水列阵之机，打垮赵军，全歼敌人。汉军艰难行进，在距离井陉口陈余所设军营还有 30 里路的地方，韩信下令安营扎寨，士兵休养生息，再周密进行军事部署。

部队遵命扎营，准备过夜。将士们劳累了一天，吃了东西，躺倒之后就酣然入梦了。正当大家睡得香甜，突然又传来"紧急集合，马上出发"的命令。部队很快集合好了。韩信从中选出轻骑二千，给他们交代的任务是：每人手持一面汉军所用的红旗，从东北方向迂回到抱犊山北面，潜伏起来，监视赵军营垒的动静，绝对不许暴露行踪。

韩信还对带队的军官说："明天我军要同赵军决战，先假作战败而后退，赵军如果看到我军主力部队后退，一定会倾巢出动追赶。到那时，你们乘赵军营垒空虚之机，立即攻进去，把赵军的旗帜全部拔掉，再把我们汉军的红旗插上。然后关闭军营，凭借敌人构筑的堡垒，阻击赵军返回大营，配合我军主力部队共同夹击赵军。"诸将不知道韩信葫芦里卖的是什么药，你望着我，我望着你，非常诧异。那些看不起韩信的人更是心中不服，等着看他的笑话。

紧接着，韩信又命令他的副将准备食物给士兵们吃，并告诉大家

说："先随便吃点吧，等打败了赵军，咱们再正式会餐!"战士们听到这样的军令，自然相信击破赵兵不必费太多周折，所以士气高涨起来，个个摩拳擦掌，准备奋勇杀敌。

背水之战古战场

那些了解敌我力量悬殊的汉军众将领，都觉得韩信的这道军令未免太过自信了，一顿早饭的时间，就能将二十万赵军将士打垮？但是，军令如山，他们又不便公开反驳，只好一面互相传递着疑问的眼神，一面敷衍了事地齐声回答："好，我们就等着胜利后大会餐!"吃完饭以后，这两千骑兵就按韩信的部署出发了。

实际上，韩信是个聪明人，对于诸将的神色自然都看在眼中。但是他不愿在此时揭破，他相信自己的谋略足以破敌，到那时汉军将领的满腹疑问，自然会化作衷心折服。

之后，韩信派遣一万名士卒，作为前锋。这一队前锋乘着明亮的月光，向井陉口进发，争取天明之前越过井陉口，渡过大河，在东岸背靠大河，也就是背水摆阵。在那里，扎下大营，摆开阵势。

不论从整个楚汉战争的全局考虑，还是从韩信自身面临的危机出发，对于这次攻关之战，韩信的选择只有一个，那就是速战速决。不战则已，一战必须全胜，击溃赵国主力，站稳脚跟，使其无法再对汉军构成威胁。不然的话，汉军不但不能击败赵军，还可能会自身难保。持久战和消耗战是汉军长途奔袭的大忌。如果项羽击败对手，抽出兵力同赵国合击，韩信就会陷入两面夹击的危险境地。

其实，韩信的担心并不是完全没有道理的。后来的战局发展也完全证实了这一点，韩信在平定赵国之后不久，果然遭到项羽的奇兵渡河偷袭。现在，天时、地利、人和，汉军能胜算几分？利弊得失权衡，韩信该如何量裁？大战在即，这场战役应该如何筹划呢？井陉关前的韩信，眉头紧锁，勒马望关，陷入沉思。

韩信知道陈余的胃口很大，想乘此把汉军一口吞掉，不会急于攻打这一万先头部队，就给这一万兵马的将领和士兵壮胆打气说："赵军已经占据有利地形，还构筑了营垒，陈余的意图在于围歼我军。所以，他们在没有见到我军大将的旗鼓出现之前，是不肯轻易地进攻我军的先头部队的。我们这一万兵马虽不是对手，但赵军知道你们不是汉军主力，又没设置大将旗帜，因而胃口很大的陈余是不肯来攻打你们的。我们恰恰可以利用敌军的这种心态派出一支人数众多的先头部队，占领一处地盘，构筑我方营垒。只要营垒落成，我军就有了立足之地，不怕优势敌军的进攻了。你们不要有什么顾忌，就大胆的去吧。"

这一万人马立即就出发了，直奔井陉口前的谷地，并依照韩信的吩咐，在绵蔓河的东岸，迅速构筑营垒。果然不出韩信所料，陈余没能阻击这支部队，这一万先头部队就顺利地开赴绵蔓河的东岸，背水建立了阵地，蓄势待发。赵军望见汉军背水为阵，这不是自绝退路吗？

攻无不取，战无不胜

汉军怎么连起码的军事常识都不具备呢？但是，又怕韩信耍诈，所以就赶忙报告陈余。

陈余听到报告，开始还不敢相信，便赶紧跑到壁垒上一看，发现情况属实，不禁哈哈大笑，轻蔑地对诸将说：“没有想到韩信这个无名小辈，竟然如此愚蠢，简直不读兵书，不学无术。从‘背水布阵’来看，他还不懂得兵家的大忌，看来关于他‘用兵如神’的传说，都是不可靠的了。刘邦重用这个人，真是天大的笑话！”

将士们也跟着哄笑起来。赵军上下都无形中产生了一种盲目轻敌情绪。

兵书《尉缭子》上说过：“背水阵为绝地。”只要是带过兵、打过仗的人，都知晓这个道理。背水列阵，又名背水阵，是兵法上的一种阵名，即沿河设阵，背靠大河，前临大敌，后无退路，以坚定战士拼死求胜的决心，从而夺取胜利。由于背水列阵危险性很大，稍不小心，就会全军覆没，因而一向为军事家所忌用。同时兵法上还说，布列阵地要右后靠山，左前临水，切忌背水列阵。

对于这个部署，不但韩信手下的诸将大吃一惊，就是张耳、曹参也感到奇怪。尽管大家心中不服，但也没有人敢出来违抗军令。同样，赵军也不知道这是韩信的计策，陈余这个书呆子也因此中了计，麻痹了起来。

等到天亮的时候，韩信命令士兵们竖起大将军的帅旗，擂起战鼓，往井陉口的赵营进军了。陈余见韩信亲自带兵前来挑战，哈哈笑道：“韩信啊韩信，你的死期到了！”说完，陈余就命令士兵们打开城门，冲出工事，和韩信的大军厮杀起来。韩信的队伍和陈余的士兵在井陉口狭长的山谷里展开了激烈地搏斗。战斗进行了许久，两军难分胜负。陈余看到这种情况，急忙把城里的士兵全部调了出来，和韩信大战了起来。

韩信看到所有的赵兵都已经走出城门，估摸着时机已经成熟，就下令士兵们丢下帅旗和战鼓，假装逃走。韩信带着士兵们往泜水边上陈列的一万士兵阵中退去。陈余见韩信和张耳带着士兵退到了泜水边上的汉军阵中，心中大喜。他对着士兵们喊道："诸位将士随我全力搏杀，把韩信和张耳杀死在泜水边上。"

赵兵们听到陈余自信的喊声，顿时热血沸腾起来，纷纷扑向水边的汉兵。韩信和张耳已经和泜水边上的汉兵会合，就立即返身和陈余军展开了殊死搏斗。汉兵们见自己的背后就是泜水，根本没有退路，如果后退，肯定会被淹死。他们纷纷想道："与其被淹死，不如和赵兵死战，说不定还能杀出一条血路，死里逃生。"这样想着，汉兵们更是拼命向前，死战不退。陈余见状，就把自己强大的兵力全部压了上去。虽然赵兵越来越多，但是汉兵们自知没有了退路，都不肯放过任何一个前进的机会。因此，赵兵虽然发动了多次攻击，但是仍然不能打败韩信的部队。

韩信见汉军士兵们殊死抵抗，心里十分高兴。这个时候，韩信预先埋伏的两千骑兵，忽然从小路冲了出来，驰骋着进入了赵国的营寨。他们一冲入营寨，就纷纷把赵军的军旗拔了下来，插上了红色的汉军军旗。顿时，整个赵营的上空就成了红色的海洋，汉军军旗插满了营寨。

陈余见汉军殊死抵抗，自己的部队不能取得胜利，又不能抓到韩信和张耳等人，就下令士兵们且战且退，退到营寨中去。韩信见陈余退却，估计自己的两千骑兵已经占领了赵兵的营寨，就指挥军队展开全面反攻，奋力掩杀赵兵。

赵军与汉军激战多时，陈余知道一时未能取胜，就命令后撤，准备坚守营帐。在多次冲击受挫之后，赵军将士也感到倦怠了，他们不得不暂且放下立功受赏的贪念，准备撤回本营，稍作休整，然后再设法进攻。

但是，赵军往后一看，只见自己的营寨里竟然插满了汉军的红旗，不由得军心大乱。兵士们纷纷溃逃，自相践踏而死的不计其数。赵王歇、陈余等人，因为脱离了大营，原有的指挥、通信系统都已经全部

攻无不取，战无不胜

失灵，面对着全军大溃散，竟然无计可施。赵军将领们虽然当场杀了不少逃兵，以正军威，严明军纪，然而仍旧阻止不了士兵的逃亡。更多的逃兵拥来，裹挟着他们一道逃走了。

韩信见自己的战略意图，已经开始实现，命令据垒苦战多时的汉军，乘赵军混乱之机全力出击，占领敌军大营的两千名精锐骑兵，也不失时机地策马杀出，形成了东西夹击的局面，赵军大败。井陉关守军也丧失了斗志，弃城而逃。

陈余见大势已去，便领着亲信保护赵王歇，骑马往包围圈外面全力冲去。韩信见陈余要逃，便对张耳说道："陈余要逃，你报仇的机会来了！"张耳见状，于是纵马追去。陈余见张耳追来了，便要回身迎战。所谓"仇人见面分外眼红"，两个有着不共戴天之仇的人，一旦接触便打得难分难舍。

此时，赵兵大半已经投降了韩信，只有一小部分还在做着最后的抵抗。韩信忽然想到了向陈余献计的李左车，于是他下令道："不论是谁遇到李左车都不能杀了他。谁要是能生擒李左车，我韩信赏他黄金一千两。"士兵们听了韩信的命令，一边奋力和赵兵作战，一边暗暗留意李左车的下落。

陈余见赵兵大半都已经投降，于是不再和张耳死战，骑着马逃跑了。张耳带着几名士兵紧追不舍。陈余逃到泜水河边，被寒冷的河水挡住了去路，只好回身再和张耳等人大战。张耳大骂道："陈余，你这个混蛋，我做我的常山王，和你有什么关系，你竟然串通田荣，攻破我的都城，害我成了亡国之君。今天我要报仇，你死定了！"

陈余也回骂道："你本是赵王的丞相，居然大逆不道地取代赵王，统治赵国。我不过是替天行道罢了！虽然我今日兵败，但就是死也要和你决战到底！"说着陈余拍马向张耳奔去，两人又展开了厮杀。

陈余一心求死，只攻不守。张耳见状，大笑道："陈余，你只攻不守，但求一死，我就成全你。"说着，张耳挥舞着手中的宝剑，往陈余的胸前刺去。陈余一个不小心，胸前被划破。于是，陈余急忙拍马往泜水冲去，他想冲过泜水，逃到对岸。张耳哪里肯放过自己的敌人！他立刻从背上取下弓箭，对着陈余的后心射去。

张耳大叫一声"中"，箭直奔陈余而去。陈余的马落入水中，受到水的冲击，无法及时躲闪。张耳的箭正中陈余的后心。他惨叫一声，落入了泜水，鲜血立刻把水面染红了，过了一会儿，陈余的尸体浮了起来。张耳看着尸体，喃喃道："大仇已报！大仇已报！"

张耳回过头来，看到赵王歇被几名汉兵围在包围圈里瑟瑟发抖，他便大喝道："把他绑了，带去见大将军。"士兵们得到命令，立刻把赵王歇捆绑了，带着去见韩信。

至此，在与赵兵的作战中，韩信以三万人打败了陈余和赵王歇的二十万大军，大获全胜。这就是历史上著名的"背水一战"。

尊重降将

自古英雄惜英雄，在井陉口之战中，韩信识得了一个人才，这人就是他的对手李左车。所以战后，他一直苦苦找寻这个人。

功夫不负有心人，韩信终于找到了李左车。一天，一名将领押解着广武君李左车来到了韩信的面前。韩信一见，大为高兴，亲自解开绳索，说道："李将军您受惊了，请起。"随后，韩信对押送的军士说："怎能如此对待李将军？"那位亲手捉到李左车的军士说道："此人向陈余献过对付我军的毒计，欲使我们进退不得，您传下命令，以千金重赏捉拿他，不就是为了一泄胸中之气吗？"韩信说："军中大事，岂是你辈可以妄自猜测的？你只管去领取千金奖赏吧。"

说完，韩信便请李左车东向坐在尊位，自己面对李左车，西向而坐，将李左车作为尊师看待。

韩信的这个举动，使李左车很纳闷。李左车在被俘之后，就自认为必死无疑，未曾想到韩信竟以师礼相待，顿时觉得手足无措，连连谦让，不敢坐居尊位。他心想：对我这个俘虏，为什么要这样优待呢？难道韩信有什么不可告人的企图？

韩信见李左车面露疑色，就劝慰说："今日之前，你我各为其主，不得不在战场上兵刃相见，对于先生的兵计谋略，我虽已久仰，但却无缘求教。今日在此相会，先生是我韩信的贵客，我还有重要事情当面求教，还请先生安坐，才可以从容交谈。今日之后，我们就是一家人了，这还要仰仗先生鼎力相助。"

李左车也只好半推半就地坐在尊位上，他还没有回过神来，就听韩信恭恭敬敬地拱手请教道："我欲北攻燕，东伐齐，如何才能成功呢？"原来，韩信受命开辟第二战场，从首战活捉魏王豹，攻占代、赵地盘，北方五个诸侯王国尚剩燕、齐两个未能消灭。为了消灭这两个诸侯王国，完成刘邦交给的剪除项羽的羽翼使命，韩信就想乘胜进攻燕国和向东讨伐齐国，但对如何才能取胜他尚有疑虑。

李左车谦虚地说："我听说，'被打败的将领不可以谈论勇敢；亡国之君的官员没有资格活下去'，今天我只不过是大将军的一个俘虏，有什么资格在您的面前谈论军机大事呢？"

韩信听到李左车的托词，急忙说道："我听说过，战国时期的百里奚居住在虞国，辅佐虞王的时候，虞国灭亡了，但是当他到了秦国，辅佐秦王的时候，秦国就称霸了诸侯。这并不是因为百里奚居住在虞国的时候很笨，到秦国就变得聪明了，而是看谁愿意重用他，听不听他的建议啊！如果这次陈余听从了老师的建议，我韩信现在已经成了赵国的俘虏了。正是因为陈余不愿听从您的建议，我才有机会当您的学生啊!"

　　韩信见李左车不说话了，就又说道："我是真心向老师请教的，请老师不要再推辞了!"

　　韩信这番话，开诚布公，推心置腹，绝不带任何战胜者的优越感，这使得李左车深受感动，倾心折服。李左车认为再没有必要顾忌自己败将和俘虏的地位了，一种前所未有的知遇之情，激励着他说出自己的韬略。

李左车雕像

　　李左车见韩信是真心诚意要尊自己为老师的，于是，李左车就不再谦辞说道："我听说'智者千虑，必有一失；愚者千虑，必有一得'，所以说'狂妄的人说的话，圣人也可以选择有益的'。即使我的计策大将军没有采用，我也愿意尽心尽力为您献计。陈余也是一个聪明的人，他之前作战也是计谋百出，百战百胜，当初他能够打败常山王就是一个很好的例子。

　　但是他由于这次错误地使用了计策，导致兵败身死。这就是不愿听从建议的结果啊! 如今大将军渡过黄河，攻破了西魏，俘虏了魏豹，灭了代国，生擒夏说，又在井陉口之战中用背水一战的战术在不到一天的时间内就打败了赵国的二十万大军，诛灭了陈余。大将军的威名早已在诸侯之间盛传了。可谓名闻海内，威震天下了!

　　天下的农民们没有一个不停下手中的农活，穿着光鲜的衣服，等着跟随大将军南征北战，建功立业的！这也正是大将军的长处啊！但是现在大将军的士兵连月征战，已经十分困乏了，实在是不能继续作战了。如果大将军带着困乏的士兵去攻打燕国的铜墙铁壁，恐怕不是一时半刻能够攻破的。燕国的士兵自然知道大将军的威名，他们恐怕也不会开城和您大战！这样一拖，时间就会很长。时间一长，大将军就无法在异国他乡保障充足的后勤补给，所以取胜的可能性很小。到时候如果燕国不投降，齐国就会加强兵力和大将军对抗！

到了那个时候，大将军就会陷入和燕国齐国的征战之中。刘邦和项羽现在又难以分出胜负！您陷入了战争就无法支持刘邦打败项羽了。这正是大将军的短处啊！我虽然很愚笨，但是也认为您现在要攻打燕国和齐国的计划不太可行啊！所以说，善于用兵的人不拿自己的短处去攻打别人的长处，而是用自己的长处去攻打别人的短处。"

韩信见李左车说得很有道理，又急忙问道："那我该怎么办呢？"

李左车接着说道："我为大将军考虑，最好的办法就是按兵不动，镇守在赵地，休整士兵，发展生产，取得民心。如果这样做，方圆百里之内的老百姓都会给大将军的士兵们送来牛肉和美酒，来犒赏他们。大将军再派一支强大的军队往北向燕国开进，同时派一个能说会道的人给燕王送去一封短信，把您的长处都说给燕王听。燕王肯定不敢不听从大将军的话，他一定会投降的。燕国臣服了以后，大将军再派一个使者到齐国去招降齐王，齐国见到燕国已经臣服，也不敢不臣服您。就算齐国有再聪明的人也想不出什么好办法了！大将军如果可以这样做的话，统一天下的大业就可以完成了。这就叫作'用兵之道贵在先声夺人'，然后再采取强大的军事行动！"

韩信听了李左车的一番话，心里顿时亮堂了。他对李左车说："老师果然高明，韩信自愧不如！"于是，韩信采纳了李左车的建议，一边派兵往北向燕国的边境进军，一边派了一个能说会道的人给燕王臧茶送去了一封短信。

韩信在信上说："燕国大王，我韩信渡过黄河，攻破了西魏，俘虏了魏豹，灭了代国，生擒夏说，又在井陉口之战中用背水一战的战术在不到一天的时间内就打败了赵国的二十万大军，诛灭了陈余。我实在不想和大王刀兵相见，然而无奈汉王有令，定要平定燕国，请大王三思!"韩信在信上虽然没有明说要燕王臧荼投降，但是字里行间的气势已经把臧荼镇住了。

臧荼看了信以后，满脸的冷汗冒出来，而且他听说这时韩信的大军已经接近燕国的边境。臧荼大惊，急忙盛情款待了韩信的使者，并投降了。韩信没有用一兵一卒就占领了燕国，他立刻派人去向刘邦汇报，并请求刘邦立张耳为赵王。刘邦得到韩信连战告捷的消息后，十分高兴，当即就答应了韩信的请求。于是，张耳被封为赵王，镇守赵国，发展生产。

韩信攻齐

刘邦命令张耳镇守赵地，封韩信为相国并要求他在赵地征召士兵，前去攻打齐国。韩信得到命令立即在赵地征召上兵。韩信的威名早已在诸侯之间传开，老百姓见他征召士兵，便纷纷把自己的儿子送到了他的军营。不久之后，韩信重新聚集起了几万人马，向齐国进发了。

齐王田广听说韩信领兵往齐国而来，急忙派大将军华无伤和田解领兵在历下 (今山东省济南市历下区) 阻击韩信。就在刘邦命令韩信在赵地征召士兵，准备攻打齐国的时候，郦食其对他说："大王，韩相

攻无不取，战无不胜

国领兵打仗所向无敌。他在一年多的时间内攻下了西魏、代国、赵国，招降了燕国，北方大部分地区已经平定了。放眼望去，整个黄河流域只有齐国还没有归顺大王。齐国田氏势力强大，齐国背靠大海和泰山，面向清济、浊河等，而且与楚国相邻，是一个军事要地啊！韩相国现在领兵征齐是决定胜败的一举啊！但是齐国人生性狡诈多变。当年田荣背叛项羽，项羽便率领数十万大军去平定齐国。

项羽用了几年的时间才打败田荣，但是田荣刚死，他的弟弟田横又聚集起士兵和项羽作战。如今大王派韩相国领兵攻打齐国。虽然韩相国攻无不克，战无不胜，但是如果两军一旦开战，我们必有伤亡，而且不知要用几年的时间才能攻下齐国。兵法上说：'要敌人举国投降是上策，带兵打败敌国就略输一筹了；（能够完整地保留敌国的军队，要他们投降是上策，打败敌国的军队就略输一筹了。）

郦食其的建议正合刘邦的心意。原来，刘邦本来就很担心韩信重兵在握。诚然，韩信一旦进军齐国，必定可以迅速占领。但是，这以后的事情就没有定数了，自立为王也不是不可能。虽然自己过去派亲信曹参，新近又派亲信灌婴率军前往，但他们只能监视，不能控制。韩信毕竟是大将，破赵以后在军中的威望猛增，甚至那些从前看不起韩信的人也对韩信佩服得五体投地。韩信领兵打仗的本领和在军队中至高无上的威望，让刘邦望尘莫及。与此同时，韩信也没有办法让刘邦对他放心。

所以，一方面，刘邦希望迅即占领齐国，从这里进攻项羽的后方；另一方面，他又希望占领齐国的大将不是韩信。在这种矛盾的心情下，刘邦就立即接受了郦食其的建议，派他前往齐国游说劝降。刘邦既不和韩信商量，也不通知韩信，把他蒙在鼓里。

齐国处在楚、汉之间，既要敷衍项羽，又要敷衍刘邦，现在汉王势大，加之韩信大军压境，更不能得罪。郦食其到了齐国的都城临淄，齐王田广、齐相田横都出来迎接，礼仪十分隆重。郦食其心中暗喜：齐人对汉王有畏惧结好之意，果然不出所料！

郦食其表面上不动声色，坐定后发问："大王知道天下最终会归谁所有吗？"对这个开门见山的问题，齐王不愿正面回答，虚应一句："我孤陋寡闻，不知道天下会归谁所有。"郦食其立即紧逼一句："时至今日，如果您知道天下将归谁所有，那么还有可能保住您的齐国，如果还不知道天下将归谁所有，恐怕您就无法保全齐国了。"

齐王反问："依先生所见，天下会归准所有？"

郦食其毫不迟疑地回答："天下归汉。"

齐王说："先生此言，有何依据？"

郦食其发挥他的游说才能，从容分析楚汉双方的优劣长短。

首先，他说：项羽名不正言不顺，而汉王则实至名归。当年，汉王和项王西向攻秦的时候，约定谁先进入咸阳，谁就在那里称王。后来，项王背弃约定，将汉王封到汉中。对于义帝，项王不但将他迁徙到长沙，还在途中加以杀害，由此可见其为人残暴，不仁不义。汉王倾蜀汉之兵，击破章邯等三秦王，出关以后，即声讨项王迁杀义帝的罪行，故而得到天下诸侯的拥戴。

其次，项羽刚愎自用，刘邦则善于用人。项羽爱财如命，为人吝啬，舍不得给立功的将士加官晋爵、赏赐财物。本来就刻好的官印，却放在手中反复玩弄，以至于把官印都磨损了，终究不肯把官印颁授下去。攻城所得的财物，堆积如山，也不肯赏赐给士卒。所以，项羽不得军心。而汉王收天下之兵，立诸侯之后，攻克一个城池，就封赐诸将为侯，得到的财物，也都分散给士卒，这是与天下同其利。所以，豪杰英才都乐于为汉王所用，这是大家有目共睹的事实。

再者，项羽虽然强大，不过是强弩之末。从全局战略而言，项羽已处于劣势，汉王最终获胜的局面已很明朗。汉王从蜀汉发兵，首先还定三秦，再挥军河东，擒灭魏豹，近日出师井陉，又诛杀陈余，这实为上天降福所致。如果谁打算到最后才归顺，等不到那一天，就已经为汉王所灭了。

最后，汉王在大将军韩信的辅佐之下，'明修栈道，暗度陈仓'，

攻无不取，战无不胜

一举攻下了关中，消灭了章邯。在随后的一年多时间里，汉王又派相国韩信迅速平定了西魏、代国、赵国，招降了燕国。韩信用兵如神，攻无不克，战无不胜，我料想大王的部下也没有人可以和他旗鼓相当。所以汉王能够有今天的成就不是人力可以得到的，是上天在帮助他啊！时下，汉王又已经派遣大军占领了敖仓 (今河南荥阳东北敖山)，把住了成皋的险要之地，扼守着白马津 (渡口名，今河南省滑县北) 和太行坂，据有飞狐口 (在河北涞源县北、蔚县南)，天下不臣服他的诸侯都已经灭亡了。你如果投降他，还可以保有齐国，继续做齐王；不然的话，齐国的灭亡之期就不远了。"

听到这里，田广惊出一身冷汗。他想："韩信带领教万大军浩浩荡荡地往我齐国赶来，华无伤恐怕不是他的对手。如果韩信攻破城池，我岂不是连齐王都做不成了？"想到这里，田广不再犹豫了，他急忙派使者去向刘邦投降了。田广向刘邦投降以后，以为韩信的大军必退，因此也就放松了戒备。田广为了感谢郦食其用一番话点醒自己，每天和他在宫殿中饮酒作乐。郦食其在齐国的生活过得不亦乐乎！韩信领着大军即将达到齐国的时候，听说郦食其已经说降了田广，田广已经派使者向刘邦递送了降书，于是想停止进军，退到赵国去和张耳一起驻守赵地。

韩信受命攻齐，领兵东进，还没从平原津渡过黄河，就听说汉王刘邦已经派谋士郦食其说服齐国投降，听到这个消息，韩信就想停止前进，不想再去攻打齐国了。

这时，范阳 (今河北定兴县) 人蒯通劝韩信说："将军受命攻打齐国，而汉王又暗中派了一位使臣游说齐国投降，难道有诏令制止将军吗？为什么停止前进呢？更何况，郦食其不过是一个书生，他乘车入齐，凭着三寸之舌，就轻易收复了齐国的七十余座城池。而将军您呢，率领数万人马，历尽艰辛一年多才攻取赵国的五十多座城池。难道当了几年的大将军，反倒不如一个书生的功劳大吗？"

蒯通的这一番分析，把韩信的心思说动了。

然而，韩信心中还是有所顾虑，齐汉之间已达成和约，毁约进攻，是否会受到人们的谴责？是否有损汉军的声誉？刘邦会不会责怪我，甚至降罪于我？

　　韩信的担忧并不是空穴来风，自然有他的道理。但是，他转念想到"兵不厌诈"。利用降约造成敌军的麻痹，然后奇袭破敌，这是战场上屡验不爽的取胜之道。之前，身为西征军统帅的刘邦，为了攻克秦兵重兵防守的武关而占据关中，不就采纳了张良的建议，派使臣携带重金去收买守关的秦将，假装与他们约定献关投降之后保证其富贵荣华，赢得了秦将的信任。而等到秦国守关将士懈怠之后，又来了个突然袭击，一举攻克了"一夫当关，万夫莫开"的武关天险，控制了出入关中平原的南大门？

　　如今的形势，与当年沛公破武关，何等相似？特别是，当年诱降秦将的人就是现在劝降齐王的郦食其。历史重现。为什么刘邦能够做的事情，我韩信就不能做呢，而且我做这件事情毫无私心，完全是为了帮刘邦打天下啊！

　　一想到这里，韩信心中豁然开朗起来。一个技艺真正高超的猎人，面对着酣睡未醒的猎物，难以悄然离去；一个精明干练的商人，面对着一本万利的经营良机，不会犹豫观望；同样的道理，一个深通兵法、善于发现战机的军事统帅，面对胜券在握的作战时机，怎能按兵不动？

　　最终，韩信听从了蒯通的建议，公元前 203 年冬天，韩信带着大军悄悄地渡过了黄河来到了齐国。驻守历下的华无伤见韩信的大军已到齐国，慌忙派人向田广汇报。田广得知韩信的大军并没有撤退，而是悄悄地来到了齐国，大惊道："韩信已到，这如何是好啊？"此时，田广身边的人说道："大王，我们在历下已经派驻了数万大军，眼下不得不令华无伤大将军和韩信死战，打退他们的进攻了！"

　　田广无可奈何地说道："这是唯一的办法了！"于是，田广下令要华无伤做好迎战的准备。华无伤得到田广的命令，马上召集部将们商量对策。田解对华无伤说道："大将军，韩信虽然被人们尊为'兵

攻无不取，战无不胜

仙'，号称用兵如神，攻无不克，战无不胜，然而我认为这些不过是传说罢了。又况且，韩信带兵远来，士兵们都已经疲惫了，我们以逸待劳，正好迎头给他们一击，打破韩信'兵仙'的神话。"华无伤虽然是齐国的大将军，但无奈田解是田氏一族的人，也就不好说什么。

他问田解道："将军可有什么退敌的好办法？"田解说道："大将军，我愿率领一支部队，出历下去迎战韩信，打破他'兵仙'的神话！"华无伤说道："将军果然勇猛，我明天就分给你一万五千人马，出城迎战。我带着部队在历下坚守。一旦您取得胜利，我就带着士兵们冲出去配合你，一举消灭韩信的主力。如果将军不幸战败，我就带着士兵出城接应你，以保万无一失！"华无伤和田解谋划已定，便各自准备去了。

第二天，韩信亲自率领大军往历下而去。将到历下的时候，侦察兵来报告说："相国，前面发现齐兵，大约有一万五千人马，带阵的将领是田解。"韩信大笑道："哈哈，天助我也，历下马上就可以平定了。"众人见韩信大笑，都知道他已经想到了迎敌的办法。于是他们纷纷问道："相国有什么妙计可以攻破历下？"韩信把几名将领叫到身旁吩咐道："田解是齐王田广的家人。而且他为人有勇无谋，十分骄傲自大。华无伤虽然是大将军，但是他也不敢和田解有冲突，更不敢让田解有什么闪失。因此，我们这次就在田解身上做文章。"说着，韩信指着一名得力将领说道："我拨给你五千人马，你正面和田解交锋。田解的部队有一万五千人，因此你不可恋战，只要一与齐兵接触就假装失败往后退，把他引入我们的包围圈。"韩信说完，又指着另外一名将领说道："你带着部队埋伏在田解追击的路旁，只要他进入包围圈，你就立刻带兵出击，杀他个出其不意。"韩信见将领们都等着自己布置任务，就说道："这次大战我们要一举攻下历下，所以每个人都有任务。华无伤见田解被围，一定会亲自带兵出城接应。你们待他们的士兵已经全部出城了就迅速切断华无伤和田解之间的联系，拖住华无伤。我亲自带兵趁机夺下历下，然后挥军配合诸位从背后掩杀华无伤。"

众人听了韩信的吩咐，都各自领兵行动去了。田解带着一万五千人马在历下城西二十里的地方遇到了韩信派出的疑兵。田解见韩信的军队只有五千人马，说道："区区五千人马也敢前来送死！看我把他们杀个片甲不留！"说着，田解便指挥部队向前掩杀。韩信派出的五千人马和田解厮杀一会，于是假装失败往后退去。田解见韩信的军队撤退了，哈哈大笑道："韩信号称'兵仙'，实际上也不过如此！如果他早些遇到我田解，'兵仙'的神话早已不在了！"

田解十分得意，不加丝毫考虑就带着军队往前追去。韩信派出的疑兵见田解已经进入了包围圈，立刻掉头和他再次厮杀起来。突然间，杀声四起，韩信埋伏在两侧的士兵一拥而上，把田解围了起来。田解的一万五千人马立刻慌作一团。汉兵们一个个就像下山的猛虎一般，冲进了田解的阵中。田解仰天长叹道："韩信啊，韩信！不想我田解今日误中了你的奸计了！"田解见自己的阵势被冲乱了，士兵们渐渐不支，立刻下令往东退去，以便华无伤来接应自己。田解这边往后退一步，韩信的大军就往前追杀一步。

齐兵士兵渐渐地都战死了，尸体很快就堆得像山一样高。鲜血从尸山流出来，慢慢地汇成了一条条红色的小溪。华无伤在城墙上看见田解被围，心下大惊！他想："田解虽然只是我的副将，但是他是齐王田广的家人啊！如果他有什么闪失，田广会饶了我吗！"想着，华无伤集合了城里全部的士兵，带着他们冲出城去接应田解。华无伤的士兵刚刚全部冲出历下城，韩信早已埋伏下的军队便一拥而上。

切断了华无伤和田解之间的联系。华无伤救田解心切，不顾一切地指挥军队和韩信的人军作战。韩信见华无伤已经出城，立刻指挥军队打开城门，冲了进去，迅速占领了历下。华无伤渐渐靠近田解。就在这时，田解大叫一声，被一名汉兵砍倒了。华无伤见田解被砍死，知道自己的性命也保不住了，他无心再和韩信的大军厮杀，便引着队伍往历下退去。韩信见华无伤往历下退去，立刻指挥军队在城门口拦截住他们。

攻无不取，战无不胜

华无伤见前有堵截，后有追兵，心想自己今天无论如何也是逃不过去了，便指挥士兵和韩信死战。韩信已经占了上风，根本没有把华无伤的残军放在眼里。，他指挥士兵把华无伤和齐兵们重重围在中间。齐兵们见已经无法突围，纷纷放下手中的武器，投降了韩信。华无伤见身边的士兵越来越少了，也放弃了抵抗。韩信见状，立刻指挥士兵冲了上去，活捉了华无伤。齐兵们见田解战死，华无伤被俘，再死战下去也毫无意义了！于是他们全部高喊着："韩相国，我们愿意投降！韩相国，我们投降！"齐兵们投降了，韩信占领了历下。齐国的西大门被韩信打开了。

当攻克历下之后，韩信策马在齐军大营的废墟中巡视一周。面对着追随在他左右的汉军将领说："如果项羽听说我们已经占领历下，不知他会有何种感想？"

众将纷纷回答："项羽此时一定是心惊胆战、寝食难安啊！"

韩信缓缓点头："我立马于历山，南下可以进取彭城，西进可与汉王会师中原，夹击项羽，项羽的后方与侧翼，全在我的掌握之中了，他还能有什么作为！项羽虽然曾经威风凛凛，锐不可当，现在也只不过是在苟延残喘罢了。他只是强弩之末，无可救药了！"

事实确实如此，历下之战无疑是西汉开国的重要奠基石。二百年后，东汉的开国皇帝刘秀就曾这样高度评价过这场战争的意义："韩信破历下以开基。"这绝非夸大其词，这场战争的确是楚汉战争的重要转折点。此后的项羽，纵然天纵神勇，怎奈已有利刃在背。想要有所作为，也是心有余而力不足了。

历下之战后，韩信并没有陶醉于胜利之中，而是立即挥兵东进，大军直逼齐都临淄。

韩信大军一路顺利行进，很快打到国都临淄（今山东淄博）。消息传来，犹如晴天霹雳！齐王田广既害怕又惊慌，他认为这肯定是郦食其欺骗了自己，将怨气全部都发泄在郦食其的身上。郦食其一听到韩信袭击齐军的消息，气得手指西方大骂："韩信你这个受辱胯下的无耻之徒，竟对我如此绝情，害我死无葬身之地了!"

田广和田横只气得火冒三丈，大怒之下，命令卫士架起了大锅，烧起熊熊大火，用一锅滚烫的开水将郦食其活活煮死了。

齐王田广、齐相田横知道临淄断难守住，于是就引兵东走，田广前往高密 (今属山东)，田横前往博阳 (今山东境内)，另一个齐相田光，前往城阳，将军田既驻军胶东，准备迎战。田广到了高密，立即派使者向楚霸王项羽请求援兵。就在这个时候，韩信大军顺利占领临淄。

临淄是齐地的中心城市，春秋战国时期就以人口众多、经济繁荣而闻名，谁人不知"蚕桑女红"、"冠带衣履天下"的临淄是全国首屈一指的大都会？秦末乱起，田儋、田荣、田横三兄弟相继而兴，成为令齐人敬畏的一方之雄，他们苦心经营临淄已有数年，发展经济、巩固城防自然是不在话下。在齐人心中，它应是固若金汤、坚不可摧的。

当年楚霸王项羽进攻齐国，虽然曾经一度得手，后来却在田横所坚守的城阳城下无法前进一步。项羽的实力那么强大却不能拿下临淄，不料却被韩信轻而易举地夺取了。这对齐地军民无疑是一个强烈的心理冲击。两相对比，齐人似乎意识到了，比起那位"力拔山兮气盖世"的楚霸王，眼前这位用兵如神的汉军统帅韩信，似乎更为可怕。真是想不到：当年靠乞讨为生，受尽胯下之辱的毛头小子，也会有今天这番作为，真是十年河东十年河西!

韩信刚进入临淄城，就派人探听郦食其的消息。当他得知郦食其已经被活活煮死时，他默默无语，垂泪相对，随后吩咐重礼安葬郦食其，向汉王通报。同时，还派手下火速给郦食其家里送去了数万银两，表示歉意。

攻无不取，战无不胜

潍水之战

韩信攻下齐国后，对齐国的防务稍加安排，就立即分派诸将，追击逃敌，扩大战果。韩信向东追赶齐王田广，一直追到高密城西，将田广围困在城内。田广受到汉军的尾追攻击，又与田横失去了联系，无力自保，极其无奈之下，只好派人向项羽求援。

这个时候，项羽正和刘邦在广武山对峙。项羽数次挑战，刘邦紧闭军营，拒不应战。项羽进退两难，这个时候彭越却在梁地屡次攻打楚国的守军，占领城市；韩信也已经平定了黄河以北的大部分地区；自己的军队却被刘邦牵制在广武山一带一年多时间了。

如果亲自带兵回救梁地和齐国，刘邦肯定会从背后偷袭自己；如果不救，韩信一旦攻下了齐国，就会和刘邦、张耳等对自己形成包围之势。项羽左右为难，最后不得不让大将司马龙且带领大军前去营救齐国。

司马龙且是一员猛将，性情粗犷，骄傲自大。司马龙且的这一自信，也不是凭空而来的。他以往确实有过辉煌的战绩：在歼灭秦军主力的"巨鹿之战"中，他紧随项羽身边，一马当先，奋勇杀敌，血染战袍。九江王英布叛楚附汉，他率军前去征讨，不过几个月的时间，就把素称骁勇、目中无人的英布打得全军溃散，只身潜逃，九江国的地盘很快就被平定。前不久，他随项王回师东上。扫荡在楚军后方骚扰的彭越，彭越对他望风而逃。项羽平时就对他分外信任，把军中大权就都交给了他。

卓著的战功让司马龙且对自己的信心分外坚定，同时对跟随自己多年的部队也充满了自信。这支部队长期追随他南征北战，出生入死，特别是其中有一支骑兵部队，不仅骑术精妙，而且射技高超，多次在战场上大展神威。从兵力而言，即便不计算齐王田广的部队，龙且本人所率楚军，也远远超过于汉军。所以，龙且认为这场战争一定没有什么悬念。

两军还没有正式交锋，就有人劝龙且："汉军远离家乡，又久经战斗，其锋锐不可挡。齐军、楚军则是在自己境内作战，士兵易于败散。您不如挖深沟，筑高墙，避其锋芒，不与交战，以拖为计，坚持到底。那些陷落在汉军手中的老百姓，听说自己的君王还在，又有楚国援救，必定一致起来反抗。汉军两千里远来，客居于齐，人地生疏，所有城池都起来反抗，他们一定连粮食都弄不到手。如此，汉军将不战而降。"

这是一条好计策——发动人民战争，又叫"人海战术"。虽然没有考虑韩信的能力，但是明白韩信军队是深入敌境，对汉军最为重要的粮食供应问题，同样也分析得头头是道。这个建议抓住了韩信军队最根本的弱点：孤军远征、敌后作战，军粮供应无法保证，只能速战速决，不能持久对垒。假如楚军坚守阵地，并且策反成功，那么韩信军队胜出也绝非轻而易举之事。同时，这个建议又把齐王田广潜在的作用，给予了充分的挖掘和利用。

无论是从对双方优劣的分析而言，还是从政治攻势与军事手段相互利用的战略思想而言，这个建议无疑都是正确的、深有见地的。

然而，龙且是一个十分骄傲的将军，根本没有把韩信放在眼里。听了这样的建议，龙且很不以为然。韩信"胯下之辱"的往事没有成为他的人生污点，反而成为与龙且作战的胜利的"法宝"。龙且反驳说："我一向了解韩信的为人，这人没有什么了不起，很容易对付。

攻无不取，战无不胜

当年在淮阴，从漂母那里乞食，连自身都无法养活，并且受辱胯下，无过人之勇气，简直就是个胆小鬼。他没有胆量，很容易对付，我如何能怕这种人？再说，我奉项王之命前来救援齐国，如果不经过交战，让汉军自己投降，我还有什么功劳呢？战而胜之，项王一定会将半个齐地封赏给我。我为何不战？为什么偏偏要停止前进呢？"

原来这个龙且有着自己的打算。他知道项羽不会随便封赏自己——由于陈平反间计的成功开展，所以他终于等到这个机会，借援救齐国之名而图私利，准备消灭韩信兵马后，再与田广争战，实现独霸齐国的野心。龙且执意要打这一仗，因此，战争在所难免。他立即传令准备迎战，隔着潍水与韩信的部队摆开了阵势。

好大喜功，往往会使人失去清醒的头脑。这个时候的龙且，不仅意在消灭汉军，而且还要吞并齐国的土地，野心可是不小。假若从齐楚联盟本来就是权宜之计来考虑，乘机削弱齐国的力量。确实有它的必要性。但现在的问题在于：如果不首先击败韩信，其他一切计谋智谋，都是毫无实际价值的。此时的龙且既然已决定速战速决进攻韩信，就无可挽回地钻进了韩信的圈套之中了。可能一个人的性格真的能够决定命运，龙且的莽撞和高傲最终断送了他的性命。

一天，韩信把属下的将领们都叫到营帐，对他们说："龙且是项羽属下的一员大将，他战功卓著，曾经率兵大败九江王英布，而且齐楚联合，实力强大。因此这是一场恶战啊！所以我们不可强敌，只有智取。现在敌我两军在潍水两岸列阵，龙且要想攻打我们必定要渡过潍水，我看这文章只有在潍水上做了。"

众人见韩信说得很有道理，就纷纷问道："相国，只是这潍水上怎么做文章呢？"韩信略作沉思，微笑着说："水淹齐楚联军！"众人见韩信说用水淹齐楚联军，都大惑不解，迷惑地看着他。韩信见状，就吩咐道："今天夜里，你们准备一万只袋子，悄悄地赶到潍水上游去，在那里往袋子里装满沙子，堵住上游的河水。然后你们就埋伏在那里。潍水上游被堵住了，下游的河水就会减少，渡河也就容易了。我明天亲自领兵渡过潍水去向龙且挑战。龙且必定带着齐楚联军倾巢而出，到时候我就假装失败，带着士兵退到潍水西岸。龙且见我们失败，一定会带着士兵追击过来的。你们看到龙且的士兵渡到河中央的时候，就掘开沙袋，放水淹齐楚联军。"众人听了韩信的吩咐，都佩服地说道："相国用兵如神，我们真是比不上啊！"说着，众人各自准备去了。

韩信的部队连夜做了一万多个大口袋，统统装满了沙子，堵塞了潍水的上游，把河水截住了。上游就积满河水，如同一个巨大的水库。当时已经是十一月了，山东半岛已进入冬季，潍水河处于枯水期，所以韩信派人堵塞上游河水并没有引起龙且的注意。

第二天日上三竿的时候，成竹在胸的韩信，擂鼓进兵。潍水上游的临时堤坝已建成几个时辰，两军对垒处的潍水河床已基本干涸，不用说骑兵，连步兵都可以淌水过河作战。韩信亲自率领约两万左右的汉军，越过潍水，向着齐楚联军的营垒冲杀过来。

龙且站在战车上，观察汉军动静。看到韩信率军抢渡潍水，进攻楚军。只见韩信的军队旗号不整，将士面带倦容，不由得微微冷笑：汉军连续作战，已成强弩之末，不堪一击！他当即下令，开营迎战，消灭汉军！

龙且自己跃上战马，带着精于骑射的楼烦骑兵，率军迎击。只见他一马当先，杀出大营，其他楚军将士紧随其后，如一阵狂潮，迎面卷向汉军，楚、汉两军展开了激烈战斗。交战没有过多久，韩信就佯装失败，命令后撤，引诱楚军追击。龙且一看高兴地说："我本来就知道韩信是个胆小鬼，他是不敢交战的，所以他又撤退了。现在，是消灭他的时候了。"于是，龙且立刻领兵渡潍水，追击韩信部队。他自己身先士卒，一马当先，带着先头部队紧急追杀。

韩信又怎会是失利而逃？他只不过是引诱楚军进入潍水河床。汉军后卫刚越过潍水回到西岸，龙且亲自率领的部分楚军精骑就到了潍河东岸。龙且见到潍水基本干枯，但由于求胜心切，竟没有起疑心。没有怎么多想，就策马跃下河床，直奔汉军阵营杀来。

攻无不取，战无不胜

韩信看见龙且中计，命令立即将沙袋决开。而这个时候，经过许多时辰所拦蓄的河水，已涨满了河床，与下游河道形成了巨大的水位落差，堤坝一毁，上流被堵塞住的潍水，当即呼啸奔流而下，湍急的河流如同山洪暴发一般，来势十分迅猛。满床的河水裹挟着巨大的能量，奔涌而下，直向下游河道冲去。刹那间，浊浪翻滚，水声震天。

龙且的先头部队追达西岸，后续主力军正在渡河，突然听到一阵轰鸣声由远而近，突然间激流排空，向着他们压了下来。在一阵惊呼声、哀鸣声之后，刚才还意气风发、布满河床向西岸冲锋的楚军就被狂怒的洪水所吞没，田野霎时变成了泽国。楚军的士兵都忙着和这突如其来的洪水做斗争，有的在水中挣扎着，有的高呼救命，有的则已经沉入水底，一命呜呼了，行动稍慢。还没有下到河床之内的齐楚军队，一方面暗自庆幸自己捡得了一条性命，另一方面也为冲锋在前的上万士卒的惨死而感到震惊，顿时士气锐减。

此时，龙且所谓二十万之众的军队，一下子就被潍水隔开了。站在东岸的齐楚联军，只能眼看着追随龙且最早攻上西岸的先头部队，陷入了重围之中，而无力相助。就在楚军目瞪口呆之时，韩信乘机立即回军反攻。楚军顿时乱作一片，龙且也慌了手足，不知如何是好。此时的龙且，才发现自己的一举一动，都早在韩信的算计之中。

冲上西岸的楚军不足万人，因为道路受阻，援军一时无法渡河，龙且由原来的绝对优势兵力，转变为绝对劣势兵力。正在谋划如何应急之际，又见西北方向，一支伏兵赶来，几位将领乘马冲在前头，旗号分明，原来是曹参、傅宽等人。龙且心想，不过是曹参、傅宽罢了，虽然我现在被围困，杀死他们还是力所能及的。想毕，龙且整理了一下军装，准备出战。

龙且哪里曾想，事情并不是龙且所想的那么简单。这个时候，从西南方向的一片丛林之中，又杀出了一支不下万人的骑兵，马如奔虎，箭似飞蝗，向着龙且的军队横扫过来，原来是灌婴所统领的汉军骑兵了。仅从这种突如其来的冲击态势，龙且就不得不承认，这支以原秦朝骑兵为骨干组建的汉军精骑，其战斗力实在不容小视。他手下素来认为是天下无敌的楼烦骑兵，在这里遇到了克星了。龙且心里又气又急：韩信这次真是计划周密啊，他一定是一心想置我于死地，所以才会摆出这个阵局。我真是太轻敌了，要不然也不会落得这样的下场啊!

龙且正想着，却看到正前方由韩信亲自率领的诱敌军队，也停止了撤退，而返身冲杀过来。龙且一面阻水，三面受敌，军心大乱，指挥失灵，渡河的楚军首先溃散。龙且看大势已去，但还是不甘心就此落败，还是号令士兵，向韩信的军队冲锋。

龙且自己一马当先，几次拍马冲杀，想要杀出一条血路突围而出，怎奈汉军合围上来，将能够突围的缺口堵得水泄不通。眼看突围已不可能，龙且对自己的轻敌冒进招致全军溃散后悔莫及。但是，已经于事无补。他早已把自己的生死置之度外，只是项王对自己的重托落空了，而且项王再也组织不起一支二十万人的军队，来与韩信争夺东方的控制权了。自己的轻敌致败，无异于把项王推向了四面受敌的困境。项王平时对自己恩重如山，自己却无力回报，实在是惭愧。

一想到这里，龙且万念俱灰，斗志顿失，唯愿一死以赎罪责。恰在此时，灌婴部下的骑兵偏将丁礼策马杀来，手起戟落，龙且应声落马。丁礼欣喜万分，割下龙且的首级，大喊着："龙且被我杀掉了! 龙且被我杀掉了!"

还在苦斗的楚军，一听到这一噩耗，目瞪口呆。平时骁勇善战的大将军都死掉了，自己还硬撑什么呢? 所以，楚军士兵纷纷弃甲而降。丁礼因有阵中斩杀龙且之功，后来被汉王封为乐成侯。楚军副将周兰，杀得筋疲力尽，又遇到骁勇善战的灌婴，被灌婴生擒活捉了。

这一场战役，韩信所布置下的曹参、灌婴两路伏兵，都获得了重大战果，仅灌婴所部骑兵，除斩龙且、擒周兰之外，还俘虏了右司马、连尹等楚军高级将领各一人，活捉了楼烦骑兵将领十人。可谓是大获全胜，战绩卓著。

一场激战过后，楚军大败，龙且本人也被杀死，楚军伤亡惨重。

攻无不取，战无不胜

在潍水东岸尚未渡河的楚军部队，看到他们的将军龙且被斩杀，诸位大将也害怕自己身首异处，就四散逃跑了。

齐王田广一看不妙，怕自身难保，也逃之夭夭，但仍被汉军所杀。在这种形势下，韩信认为彻底消灭敌人时机已到，便带领军队乘胜渡过潍水，挥军追赶楚军。

此时，田横听说田广已死，便自立为齐王，并率军迎战追杀自己的灌婴。两军一接战，田横就为灌婴所大败。他死命逃出后，藏在彭越那里。一年之后，田横逃亡到海岛上，被迫自杀。

不久，驻守千乘 (今山东高青) 的田吸、胶东 (今山东平度东南) 的田既，也分别为灌婴、曹参所击杀。至此，韩信全部占据了齐地，共七十余城。

在攻打齐国的战役中，韩信取得了绝对性的胜利。并且，这一役中韩信所运用的计策也广为流传。"韩信囊沙"、"韩信拥沙"的典故，就是由此传播开来的。

平定齐国的决定性战役就是历史上著名的"潍水之战"。在这场战役中，韩信再次发挥了他卓越的军事才能。所向披靡的韩信，使二十万的龙且部队瞬间成为俘虏，龙且也战死在潍水河边，身首异处。轻敌导致失败的历史教训历历在目，并成为后人引以为戒的实例。

与韩信对阵的，前有陈余，后有龙且。是否韩信一生所遇都是平庸之辈，所以成就了他的"赫赫威名"呢？陈余不是名将，没有什么谋略，也没有什么领兵打仗的本领，这一点早有定论。至于龙且，这人即使不是名将，但也曾经驰骋沙场，为项羽立下了赫赫战功，是项王点将时最为看重的人物，否则项羽也不会让他担任引兵救援齐国的将领。

至此，算上暗度陈仓取三秦，突破黄河之战灭魏豹，井陉口击杀陈余的背水之战，连同这次潍水之战，如果连荥阳地区的京、荥阳击楚军追击的战役，韩信已经有了五建奇功的骄人战绩。不出四年光景，韩信击败的敌军就超过了五十万。仅仅是井陉口之战和潍水之战每次都消灭敌军二十万人。

　　韩信在潍水一战中，用水淹齐楚联军的方法大获全胜。齐国的主力部队和项羽营救齐国的二十万大军顷刻之间就土崩瓦解了。随后，韩信亲率大军在城阳追上了田广的军队，田广被俘。一路上，楚国逃散的士兵也都纷纷被韩信收服了。整个齐国都在韩信的控制之下了。

汉代士兵图

攻无不取，战无不胜

战 无 不 胜

第五章

功高震主，留下隐患

功高震主，自古以来都是帝王的大忌。韩信自然也不会例外，更何况刘邦本是市井之徒，怎么能容得下用兵如神的韩信，只是面对项羽这一强敌，他没有能力对抗，所以只能利用韩信这位军事奇才。可是，看着韩信攻无不取，战无不胜，他每天都吃不下，睡不香，他最怕的就是韩信大权在握，反叛于他。

邀封齐王

公元前 203 年 11 月，韩信占领了齐国。齐国真可谓是一片膏腴之地，沃野千里，江山锦绣，兼有鱼盐之利，国富民强，是强国。

韩信与李左车、蒯通、曹参、丁复等并马同行，路上，韩信想起了何昌大哥，说："在齐国有一个人我忘不了。这个人叫何昌，是我的救命恩人。在东阿作战时，不幸被秦将所杀。当时我很悲痛，曾指问苍天：天地间为什么要有战争？"韩信说话时情绪很激动。他停了一下又说："现在好了，天下平定，我要亲自去东阿祭奠何昌大哥，为他立碑。"

蒯通说："现在，齐国平定，可以和和美美地过日子了。"

韩信说："但愿如此，实际却很难哪。楚军未灭，能说天下太平吗？"

蒯通说："楚国是楚国的事，齐国平定足以安居了。"

韩信说："只有消灭战争，海内一统，人们才能真正过上安定的日子。"

李左车说："这一天早晚会到来的，将是对死者最好的祭奠。"

韩信一行人一路走一路畅谈，来到了临淄城东门外。

蒯通指着一片空地说："这是齐王的赛马场。"

韩信问道："就是孙膑赛马的地方吗？"

蒯通说："正是。"

韩信想起小时候母亲讲的孙膑赛马的故事。在那个时候听来，好像很远很神奇，没想到那动人的故事就发生在这里。这个故事对韩信很有启示：做事要用心去做，只要用心做事，就没有做不成的事，所以对赛马的故事记得很深刻。

韩信骑马走在前面，城门两侧，整齐的汉军将士列队迎接大将军凯旋。临淄城高大威严，城门上边是巨石雕成的两个篆字：临淄。李左车说："临淄城也有千年历史了，齐太公姜尚封到齐国，就在这里建都，至今也有八百多年了。"

韩信听李左车提到姜太公，想起曾经听人讲的姜太公钓鱼的故事。自己后来也曾拜访过钓鱼故地，并向老前辈祈祷，今天果然成就大业。

韩信高兴，说："姜太公也是智者，在渭水河边钓鱼，竟引来周文王。姜太公钓鱼的地方我去过，那里清幽、宁静，的确是个好地方。当初，姜尚为大周王朝建立大功，封到齐国。他没想到，后来田氏竟篡权夺位。秦始皇灭齐设郡，田儋又复立齐国，谁能想到，齐国又为我韩信所得。如此看来，帝王将相从来就不是天生的。听说姜太公能看出前后五百年的历史，这千年的变化，他实在难以推断了。"

李左车感叹道："人世沧桑，历史沧桑。一代英杰写一方历史，哪有一成不变的道理呢。"

韩信他们一行人一路谈笑风生，骑马入城。城中军民夹道欢迎，都想一睹一仗打败二十多万联军的大将军韩信的风采。

韩信面对欢呼的群众举手示意，微笑应答，心里却不能平静：如果不是潍水的帮助，我韩信哪有今天的风采，说不定早已人头落地了。

韩信及随行将领来到齐王宫前停下来，王宫内外，还在戒严，有一将领跑过来报告了保卫王宫的情况。韩信说："从今天起，王宫解禁，齐王宫真正为我们所有了。"

韩信下马，邀请文武百官进齐王宫参观游览。众将领无不兴奋愉悦。韩信走在前面，眼观巍峨的建筑，脚踏光滑的玉阶，问道："当年五霸之首齐桓公就住在这里吧？"

李左车说："齐桓公小白被人一箭射中带钩，大叫一声装死，骗过管仲，遂得王位。后来称霸诸侯，成为一代豪杰。"

站在一边的蒯通说："齐桓公虽是一代豪杰，四方征战，最远只到山戎国。在那里，要不是老马识途，说不定把尸骨扔在荒野。而大将军纵横数千里，连灭魏、代、赵、燕、齐五个诸侯国。独得半壁江山，齐桓公哪里有这份本事，当年秦始皇也不过如此罢了……"

韩信忙打断蒯通的话，说："先生不能这样讲，齐桓公为五霸之首，历史公认，我韩信哪有那样的本领。只是路逢庸人，偶尔取胜而已。"

韩信嘴上这样说，心里却是美滋滋的。

韩信登上玉阶，首先进了王宫大殿。李左车说："齐威王一鸣惊人，就是在这个大殿里主持朝政的。他杀掉弄虚作假的东阿大臣，奖励埋头苦干的莒国大臣，然后亲自率大军击退侵略边境的赵、魏、楚国的军队，使齐国中兴，威立诸侯。"

韩信叹道："齐国历史悠久、人才辈出。孙武、孙膑、齐威王、晏婴，都是标榜青史的人才。"

蒯通在一边插嘴道："只可惜他们都不在了，当今世界，谁为尊？只有将军了。"

韩信又推却道："哪里，哪里，我怎能比得上他们呢？"说完，韩信笑了起来。

韩信率文武百官在齐王宫里庆贺三天，又大赦天下，齐民欢呼，无不高兴。一个月后，汉王给韩信送来贺信。

蒯通知道汉王来祝贺，问道："汉王送来贺信，还有别的吗？"

韩信说："只有贺信，没看见别的东西呀。"

蒯通看一眼韩信，说："将军攻城略地，连灭五个诸侯国，唯有齐国最富庶，人口最多，也最不好管理。齐王已经被杀，齐国无王怕难慑服天下，将军何不在齐国称王？只有这样才能镇抚四方。自古以

功高震主，留下隐患

来，齐国有爵位的人很多，如果将军名分太低，恐有不服。凭将军之功，要个王位，不算过分。请将军考虑。"

韩信这才明白蒯通的用意。韩信想，平定魏国设了三郡，代地设郡，赵王的位置让给了张耳，臧荼封为燕王，也顺理成章。唯有齐国，齐王已死，王位空缺，除我韩信功大，还能有谁可以取而代之呢？

想到此处，韩信对蒯通说："先生说得有理。可是，自己向汉王要官做，总不好意思。"

蒯通说："将军您立了那么多功劳，汉王本来应该主动封你为齐王，可他只送来一封贺信，实在小气。现在，汉王连封几个王位，哪个有你这样的盖世之功？汉王不主动封赏，一是军务繁忙，二是有不封之意。可是齐王除了将军你，谁有这个资格呢？汉王不封，我们可以向汉王请立，看看他的态度，再作打算。"

韩信想了想，感觉这个办法可行，然而还需要一个理由，于是就想出这么一个理由：占领齐国后，当地的贵族田氏，多年以来盘根错节，势力仍旧不小。他们对汉军的占领心中不服，不时起来捣乱。旧的齐王打倒了，总得另立新王来安抚百姓，镇压叛乱。

于是，韩信就派人向刘邦上书说："齐国狡诈多变，反复无常。齐国的南部边境紧靠着楚国，假如不设立一个暂时代理的齐王来镇抚，局势肯定不会平静下来。为了便于安定齐国，请允许我暂时代理齐王。"

那个时候，刘邦正和张良、陈平在一起。韩信的使者把书信呈上去，刘邦看过书信，不禁大怒，当即骂道："我和项羽在荥阳苦斗两年，正盼他带兵前来增援，不想他却坐享齐国，想要王位。不顾大局，私心太重，可恶……"

张良、陈平看刘邦怒不可遏，怕把事情弄僵了，这将会对正在进行的"楚汉战争"不利，于是暗中踩了踩汉王的脚，并附在汉王的耳边低声说："眼下汉军处境不利，怎能阻止韩信称王呢？不如趁机立他为齐王，好好对待他，让他自己镇守齐国，若要发生变乱，到那时，就不好了。"

刘邦醒悟过来，就故意对使者继续骂道："韩大将军平定了齐国，建立了赫赫战功，要当就当一个正式的王，当什么代理王!"刚开始，韩信的使者看到刘邦发了火，吓得脸色惨白，不知如何是好。听到刘邦又说了这句话，他的脸色才又由白变红，放心了。

使者走后，张良对刘邦说："主公怎么能当着韩信使者的面大骂韩信呢? 这样会引起韩信的反感，发生变故的。您想啊，韩信自入魏以来，一路旗开得胜，现在尽收齐国，实力已经超过主公，您还把韩信当作以前的韩信吗? 韩信举足轻重，切不可粗心大意。好在您把话收回来了，封韩信为齐王。"

刘邦听后默然不语。

实际上，刘邦不愿意加封韩信，但它的两位谋士同时认为不妥，他就没再坚持自己的想法。韩信拥兵自重，不让他三分不行!

刘邦虽然封韩信为齐王，但对韩信的戒备之心更重了。

韩信的使者回齐国以后，把汉王的态度原原本本地向韩信做了汇报。因为汉王发怒，韩信很不快活，但刘邦毕竟加封自己为齐王，弄不清汉王的意思哪是真哪是假。

韩信加封齐王后心里高兴，时间一长，也没把刘邦发怒的事放在心上。

韩信加封齐王的消息很快就传开了，许多人前来祝贺，但好长一段时间，也没有得到汉王的正式加封，弄得韩信很尴尬。韩信又不好去问，只好含含糊糊地应承着。这样，韩信封王的事，从初冬开始，直拖到春天。

其实，刘邦是故意把封王的事拖着不办，就是要观察韩信的心态。

就在韩信不满丛生的时候，汉王派张良到齐国主持授封仪式来了。

早春二月，杨柳吐绿，燕子归来，春风吹红了桃花，吹绿了青草。韩信经过冬天漫长的等待，终于等来一个春风和煦的日子。张良带着汉王赠予的王冠、王印、绶带，带着三十六个礼官先过赵国，再东渡

张良画像

黄河来到了临淄。

使者事先快马加鞭，提前向韩信报告了这个情况。

张良进城那天，韩信出城十里，迎接张良。

韩信和张良一见面，非常感动，拉住他的双手，久久不放。两人客套一番后，上马并行，从西门进入临淄城。

那天的临淄城像逢重大节日一样，城内城外打扫得干干净净，全城旌旗飞扬，张灯结彩，人们喜笑颜开。汉军将士都换上崭新的衣服，刀枪擦得锃亮，队列整齐，迎接张良。老百姓听说王官前要举行册封仪式，都争着来看热闹，只是士兵把守得严格，不让闲杂人等接近现场，老百姓只得远远在一旁观看。

册封仪式是第二天太阳升起的时候，在王宫前广场上举行的。

王宫前临时用木杆搭制一个三尺高的木台，台上红毡铺地，四周彩旗飘扬，台前悬挂着五个大红灯笼。文武官员分列台下两边。礼兵全副武装，精神抖擞。张良坐在台上，身边是封侯的韩信。

授封仪式开始了，张良手捧帛书来到台前，宣读汉王的册封令：汉大将军韩信，自汉中拜大将军以来，不辱使命，屡立奇功。攻城略地，所向披靡。定三秦，伐项羽，功不可没。特别是汉二年八月东渡黄河以来，擒魏豹，斩夏说，取赵地，定燕国，今天又力克强齐，平定东方。韩信大将军守无不坚，攻无不取，战无不胜，使顽敌闻风丧胆，望风披靡。为大汉事业建立了奇功。为表彰韩信大将军功绩，震慑齐民，特加封韩信为齐王。单独行使国王一切权力。希望齐王不辜负汉王一片心意，谦虚谨慎。戒骄戒躁，一心不二，忠于汉王，率领全军继续为汉王大业建立奇功，为天下一统再显神威。谨此加封！

册封令很短，张良一会儿就读完了，韩信双手接过帛书。接着是授王印，授绶带，授王冠，授王袍，无不热烈隆重，鼓乐喧天。台下将士无不欢呼喝彩。

册封仪式正好用了一个时辰，而后韩信与张良一同回王宫，文武百官随从。授勋台改为戏台，又上演大戏，军民共同观看，全城同欢。

晚上，王宫里举行了盛大的宴会，招待张良及随行官员。真是丝竹仙乐，美酒飘香，佳丽成行，灯红酒绿，天上人间。

临淄城庆贺韩信得王位，一连十余天，不知吃了多少肉，不知喝了多少酒，一切开销全部由王府支付。

张良在临淄城住了半月，韩信把张良奉为座上宾，把他招待得十分满意。临别前的那天晚上，张良和韩信作了一番彻夜长谈。张良说："汉王对授封仪式非常重视，要我一定把事情做好，不知你有没有不满意的地方。"

韩信说："我向汉王请立假齐王，完全是从齐国安定考虑的，没有一点私心杂念。主公心怀大度，加封我为齐王，高兴还来不及呢，哪里还有不满意的地方？"

张良听韩信的话，知道是解释引汉王发脾气的事，说："将军不要想得过多，那一时期，由于楚军攻打荥阳特别急迫，汉军吃紧，汉王的脾气总是不好，动不动就发火骂身边的人，不要把那事放在心里。"

韩信说："我从小家境贫寒，母亲死的时候，埋葬的钱都没有。后来参加楚军，不能受项羽重用，是汉王破格任用我为大将军，使我天下成名。知遇之恩，没齿难忘，我怎能因一两句话的小事，就记在心里呢？"

张良说："汉王对将军的军事才能非常敬佩，常常在众将领面前表彰你的功绩。汉王常说，如果没有大将军，大汉在军事上很难打开

功高震主，留下隐患

局面。汉王说的都是真心话。"

韩信说："我虽然打了几个胜仗，但都是众将士浴血拼命奋战所致，我不过出谋划策而已。常言说：'世无英雄，故使竖子成名。'我就是捡了这个便宜。"

张良说："将军过谦了。魏王魏豹、赵将陈余、楚将司马龙且，都是当世一流的军事人才，他们也曾有决战决胜的美名，但他们在将军面前却一败涂地，将军的才能非同一般。我来齐国前，汉王嘱托我：告诉韩将军，现在天下未定，项羽是头号强敌，务必要将军做好会战的准备，再建奇功。"

韩信说："我受汉王之恩，怎能不尽犬马之劳？我虽在齐国，但随时听从汉王的召唤，马革裹尸，誓死不辞。请汉王放心，我韩信虽为齐王，但也是汉王的齐王！"

张良听韩信说得实在，非常高兴，便从行囊中拿出一对玉龟，一只翡翠绿、一只玛瑙红，都是晶莹剔透，没有一点瑕疵。

张良把玉龟放在韩信面前，说："这是汉王给你带来的礼物。这对儿玉龟是稀世珍宝，价值连城，天下独有。龟的寿命绵长，永恒坚定，希望你能理解汉王的一片心意。"

韩信收下玉龟说："谢谢汉王送给我这么珍贵的礼物。龟有灵性，人更有灵性。人的坚定龟是无法相比的。"韩信说完，拿出一份王宫珠宝账册，说，"你明天走的时候，我也送给汉王一件礼物。账册上有的，只管选用，然后你自己也挑选一件。"

张良说："我向来和这些东西无缘，给汉王的，我还是要挑选一件。"

韩信和张良聊了很久，谈得很投机。

张良回到荥阳后，把出使齐国的情况详细地向刘邦作了禀报。刘邦听后也非常满意。

韩信被拜为齐王后，想用李左车为相国。

李左车推辞说："我老了，不堪重用，谢谢你的好意。赵国还有许多事要我做，我还得回赵国去。"

韩信说："看天下局势，还有一仗，你打完这一仗再走不行吗？"

李左车说："正因为这事，才想要离开你。下一仗就打项羽了。项羽对赵国有恩，我不忍心和他直接作战。"

韩信知道李左车原是儒学家，理解他的心情。想李左车自破赵归附以后，休兵备战，推荐蒯通，征服燕国，东破强齐，水淹联军，奇计百出，韩信舍不得他离开，只是无法强留。

临别那天，韩信给李左车准备了好多礼物，并亲自送他一程。临别时，李左车什么也没说，转身要走。韩信说："今天和先生一别，不知何时再能见面。先生还有什么话对我说吗？"

李左车转过身来，说："你喜欢《孙子兵法》，你知道孙武的故事吗？孙武把兵法献给吴王阖庐，又帮助吴王打败了楚国，然后北威齐、赵，使阖庐称霸诸侯，其功可算大了。可他后来却被吴王逐出吴国，死在深山。"

"先生的意思是……"

李左车说："没什么，随便说说。"李左车想了想，又说，"我在玉龙潭和老道人分手时，他送我几句话：'功成则退，君臣无猜。相安无事，可永葆名节。'这是至理真言哪！"

韩信再问，李左车什么也不说了，只说道别的话。临别时，韩信送的礼物李左车一件也没收，只带着两个随从骑马回赵国了。

韩信怅然良久，眼望李左车远去的身影，心情久久不能平静。

功高震主，留下隐患

 被夺兵权

就在项羽领兵东进，攻打彭越的时候，刘邦又带着军队到了成皋和荥阳一线。此时项羽除了他自己能领兵以外，已经没有大将可以任用了，没有办法，只好又亲自带兵回师荥阳。

到荥阳的第二天，项羽就带着士兵们向荥阳发动了猛烈进攻。汉兵们见项羽亲自指挥军队，斗志彻底崩溃了，纷纷放下武器投降。项羽攻下了荥阳，活捉了周苛、枞公。项羽对周苛说："你投降吧，我封你为大将军，食俸三万户。"

周苛骂道："你不投降汉王，还要我投降你？"他始终不从，于是项羽把他丢到了大锅里，烧水煮死了，并把枞公也杀了。

荥阳混战结束了，虽然表面上是项羽得胜。可是从此以后，项羽几乎成了真正的孤家寡人。钟离昧和周殷因为项羽的多疑，再也没有得到重用；范增因为项羽的怀疑，病死在东去彭城的路上。

荥阳混战之后，刘邦带着几十个随从一路往成皋逃去。他们一逃，一边聚集从荥阳逃出来的士兵。

刘邦逃出荥阳，到了关中，立刻组织兵力，准备到荥阳和项羽大战一场。这时，一个姓袁的书生向刘邦建议道："大王，我们和项羽在荥阳对峙已经不是一两年的事情了。从汉楚开战到现在，我们已经在荥阳坚持了好几年。这几年里，我们常常被项羽围在城里不能出来，

吃尽了苦头。我们和项羽正面交锋是不可能胜利的，所以只能想办法，把项羽支开。现在，大王可以带兵从武关出去，到南宛（今河南省南阳市）去。项羽看见大王去南宛，一定会带着军队追过去。大王就在南宛高垒深沟，不要和项羽开战。这样就可以让成皋和荥阳的战况暂时得到缓解。我们驻守那里的士兵也可以缓一口气啊！然后，大王再派韩信和张耳在河北（黄河以北，并非今天的河北省）攻下赵地，把燕国和齐国也攻打下来。项羽见赵、燕和齐被韩信攻下来，一定又会带着军队去解围的。到时候，大王再带着军队从南宛到荥阳也不迟。这样我们的士兵不但可以得到充分的休息，还可以让项羽东西不能兼顾，必定疲惫。项羽需要守卫的地方多了，兵力就会分散。我们还担心不能打败他吗？"

刘邦听到袁生的高论，大喜道："我将来一定重用你。"于是，刘邦按照袁生的建议，带着军队从武关到了南宛。刘邦一边行军，一边和黥布一起沿途招收士兵。

项羽得知刘邦已经带着军队逃到南宛，就带着军队追击而去。到了南宛，项羽派人挑战，刘邦紧闭城门，不和他正面接触。两军在南宛相持着。就在这时，彭越又在东方率兵渡过黄河，进攻东阿（今山东省东阿县）。守备东阿的楚将是薛公和项声。

项声和薛公不是善于用兵的人，根本就无法抵抗彭越的军队。彭越很快就攻破了东阿，杀了薛公。项声在城破之时，骑着马逃跑了。这时的项羽实在是分身乏术，因为整个楚军中除了他自己以外，已经没有可以带兵打仗的将领了。这种局面的形成和项羽多疑的性格有很大的关系。因为多疑，项羽不再任用钟离眜和周殷，范增也死了。其他的将领都是项家的人，而这些人都没有领兵打仗的才能。

项羽听说彭越已经攻破了东阿，薛公也兵败被杀了，大怒，立刻带着军队从南宛往梁地去攻打彭越了。项羽亲自领兵，自然攻无不克，战无不胜，他很快就把彭越打败了。彭越逃离东阿，继续带着军队在梁地进行游击战。

韩信破代、赵和降燕的消息传到楚军后，项羽有些恼火，本想派大军收拾韩信，但由于刘邦在正面战场紧紧缠住楚军不放，再加上彭越在背后游击，项羽为对付刘邦和彭越，只好抽派了少量部队作为奇兵，渡过黄河攻击韩信和张耳的军队。张耳和韩信亲自带领兵马迎战，在行军过程中，又把赵国那些还不够安定的城邑平定下来。

打败了楚军的进犯，韩信又抽出兵力前往荥阳去支援刘邦。但是，由于项羽把刘邦紧紧围困在荥阳，韩信的援军还未到达，刘邦又兵败逃奔成皋，楚军紧迫到成皋，并包围成皋。这年六月，刘邦才逃出成皋，向东渡过黄河，去修武 (今河南获嘉县) 投奔张耳。这时，只有滕公夏侯婴一个人还跟随着刘邦。

公元前 203 年，项羽带着大军往成皋追击刘邦。刘邦刚刚在荥阳被项羽打得落花流水，不敢出城迎战，就和夏侯婴从北门骑着马逃跑了。刘邦和夏侯婴从成皋逃出以后，渡过黄河往张耳和韩信的军中逃去。成皋的一些汉将后来趁项羽守备不严也逃了出来，又投奔刘邦去了。项羽见很多汉将都逃出了成皋，大怒，下令攻城。城中的汉兵哪里是项羽的对手，项羽很快就攻破了成皋。

刘邦和夏侯婴一路快马加鞭，径直往韩信大军的驻地修武赶去。一天下午，他们已经赶到了离韩信军营只有三四十里的地方。夏侯婴催促道："大王，还有三四十里路，只要我们快马加鞭，今天就可以见到大将军了啊!"刘邦沉默不语，一副满怀心事的样子，只是望着修武的方向发呆。夏侯婴见状，忙问道："大王是不是有什么顾虑啊?"刘邦说："现在我兵败荥阳，手中已经没有一兵一卒了，韩信则手握重兵，雄踞一方，如果他对我有异心，那我们就死无葬身之地了啊!"夏侯婴见刘邦担心韩信会谋反，就说道："大王，您也太多心了! 韩信虽然手握重兵。雄踞一方，但他是个多情重诺的人。他怎么会不接待大王呢? 只要到了大将军韩信的军中，我们就安全了啊!"刘邦叹了口气说："如今我们两人没有一兵一卒，韩信只要大吼一声我们就会没命的啊! 他手中拿着大将军的兵符和印信，军队就归他指挥啊! 我们要先想个办法，拿到兵符和印信，控制住韩信的大军。这样我才能放心啊!"说着，刘邦令夏侯婴找了家客店，休息去了。夏侯婴不解，但还是遵照刘邦的吩咐去做了。

第二天天还没亮，刘邦便起身叫醒夏侯婴赶路去了。夏侯婴问道："大王，我们只有三四十里的路程，为什么这么早就起身赶路了呢?"

刘邦笑而不答。两人一路纵马，很快就到了韩信在修武的大营。这时，天才刚刚亮。刘邦让夏侯婴去对哨兵说汉王有紧急军情，派使者来求见大将军韩信。夏侯婴遵照命令去做了。

哨兵急忙报知当日执勤的将军。执勤的将军忙出营来迎接"汉王的使者"。他们来到营前，刚要问有什么紧急军情，一见是刘邦，执勤的将军忙跪在地上说："不知道大王驾临，小人真是罪该万死啊! 大将军韩信和赵王张耳还没有起床，我马上派人去叫醒他们，要他们出来迎驾。"

刘邦挥了挥手说："不用了，他们连日用兵，想必已经十分困乏了。我们直接到大将军的营帐去吧。"此前，刘邦的心中忐忑不安，他担心没有机会取得兵符和印信! 现在听说韩信和张耳都在睡觉，还没有起床，他心中大喜。

执勤将军见刘邦如此体贴将士，自然是十分感动。他领着刘邦和夏侯婴直奔韩信的营帐而去。众士兵见执勤将军十分恭敬地领着两个人进来，也都十分恭敬地行礼。这时，执勤将军说："汉王驾到，快叫大将军出来接驾。"

刘邦忙说："不必拘礼，我亲自进去便是了。"众士兵见刘邦亲临，忙跪在地上迎接。刘邦则顾不上什么君臣之礼了，抢先上前去，闯进了韩信的营帐。他见韩信正在熟睡，心中大喜，急忙蹑手蹑脚地走了过去，从韩信的衣服上解下兵符和印信。然后又一言不发地退了出去。

刘邦把兵符和印信挂在身上，顿时意气风发起来了。他端坐在大帐中，命令执勤将军擂鼓集合将领。执勤将军哪里敢怠慢，急忙执行

功高震主，留下隐患

命令去了。

韩信、张耳起床后，才知道汉王来了，大吃一惊。二人连忙赶去后才发现，刘邦已高高在上调兵遣将了。刘邦见韩信、张耳匆忙赶到，竟当面责怪他们"纪律不严，防务松弛"。刘邦还夺取了他们两人统率的军队，命令张耳坚守赵国之地，并任命韩信为相国，让他收集赵国还没有发往荥阳的部队，去攻打齐国。他自己则统领营中的绝大部分汉军南下，与逃出成皋的汉军汇合，在巩县继续抵御楚军。此时的成皋也被楚军攻克了。

得到韩信部队的支援后，汉军终于在巩县站稳了脚跟，楚军再次受阻——从公元前205年五月刘邦退守荥阳，到公元前204年六月，超过一年的时间，楚军向西推进了不足一百里，可见这场"楚汉之争"的艰难!

从当时的天下大势来看，齐国雄踞东方，是独立于楚、汉之外的唯一力量，汉军一旦占有齐地，就形成了对楚的三面包围之势，项羽的失败也就指日可待了。但是，齐国在历下驻扎着二十万重兵。俗话说：一夫当关，万夫莫开。何况这还是二十万精兵呢？这对韩信来说，确实是个难题。

占领魏、赵、燕三国之后，韩信多次将收编的部队送往荥阳正面战场，现下最为得力的部队，又在修武被汉王刘邦夺走，其他分散驻扎在赵国各地的部队，还负有镇守地方的责任，可以供他征集用于东征的兵力，也不过几万人。以这点兵力，贸然渡过黄河去与驻守历下的齐军主力决战，一旦失利，恐怕汉军一骑一卒都难以逃回黄河以西。

韩信又何尝不想将齐国收入自己的版图呢？但是，兵力不足让他忧心忡忡。正由于这个原因，韩信的东进军队，迟迟没有渡过黄河。伐齐之役的战略意义，汉王刘邦同样洞悉无遗，韩信兵力严重不足的难题，刘邦也了然于胸。因此，他在利用韩信的精兵扳回了正面战场的劣势，恢复了僵持局面之后，毅然将一批精兵强将拨归韩信指挥，以求得尽快在项羽的背后打开局面。

史学家多有评论，说韩信善于带兵，刘邦善于领将。从刘邦的这一部署来看，的确可见一斑。刘邦命令曹参以左丞相的官职，率所部步兵，隶属韩信指挥；命令御史大夫灌婴，率所部精骑，东归韩信麾下；此外，傅宽、靳歙等将领，也受命率部回归韩信的作战序列。所有部队皆整装待发，准备向着齐国的领土开去。

韩信得此强援，心中大喜，遂以相国大将军的身份，统领着各部汉军，于九月底到达平原津渡口 (山东平原县南) 的西岸，随时准备渡河东进，摆出了与齐军决战的战略态势。此时，韩信的总兵力，预估不到十万人，但他自信可以击溃兵力双倍于自己的齐军。齐国驻扎在历下的守军，此时也已严阵以待，齐国的西部边境弥漫着大战前的紧张气氛。

项羽离间

项羽听说韩信已经杀了龙且，攻破了他的二十万大军，不由担心起来。战事的发展明显对汉军有利，而楚军却渐渐丧失战前的优势，而败势日甚一日。项羽为此坐卧不宁。当他得知龙且阵亡，十分恐慌，如果韩信再与刘邦夹击楚军，大局就很难挽回了。从现有兵力来看，他实在无法组建一支大军，再与韩信对阵；而且韩信的才能，确实是对楚国的极大威胁。因此，项羽非常恐惧。

之前，项羽也知道韩信打了许多胜仗，但总没有把他放在心上。没想到楚军在韩信面前竟血本无归。司马龙且也是楚军名将，此人战败，何人还能抵挡韩信？这时，项羽才回想起韩信在自己帐下做郎中时的种种往事。他没有忘记，韩信因军中大事多次提出谏议，项羽总以为他人微言轻，没有认真听取。韩信离开楚军时留下一封长书，自己看也没看就扔掉了。韩信走后，项羽一点也没觉得惋惜。没想到，他到汉军却被刘邦拜为大将。项羽开始还耻笑刘邦，汉军无人，任用韩信。哪里想到韩信在汉军中越来越显出非凡的本领，一直逼到楚军头上。楚军在荥阳三次大败以后，给项羽一霸天下的雄心泼了一盆冷水。那时，他对韩信只有恨，而今天，对韩信却是思念。

项羽非常懊悔，想当初，怎么没重用韩信呢？今天却成为自己的对手，这是多么不可思议的事呀！

就在项羽懊悔心焦的时候，楚军谋士武涉看出了刘邦与韩信之间的矛盾正在加深，便对项羽说："大王不必烦恼，我已为大王想出了一个好主意：策动韩信反汉归楚，斩断刘邦的一条臂膀！"

武涉是韩信当年在项羽帐下时熟识的朋友。项羽听了他的话，将信将疑。实际上，自从破齐以后，韩信已经成为楚、汉之间举足轻重的关键人物了。但是，韩信一向对刘邦忠心耿耿，一心想帮助刘邦成就大业，想说服韩信实在是太困难了。

武涉渴望的目光紧盯着项羽，继续说："如果大王您采用此策，我宁愿担当此任，即刻前往齐国！"

项羽知道，武涉的辩才在军中很有名气，见他自告奋勇出使齐国，非常高兴，说："如果你能说服韩信归顺楚国，我同样加封他王位；即使韩信不能归楚，能保持中立，也是你的功劳。这件大事就拜托你了。"

项羽一向为人强悍，天地不服，今天在韩信面前，却显得无奈。武涉从中看出项羽恳切的心情，知道这次出使责任重大。

这天，武涉带三五个随从，悄悄离开荥阳，来到齐国。这时，临淄城内的经济恢复得很快，城内很是繁华。大街上吹竽鼓瑟，弹琴击鼓，到处是悠扬的乐声。有的人寻欢作乐，不是斗鸡走狗，就是赌博踢球。道路上车辆互相争途，人们也彼此拥挤，真是"举袂成幕，挥汗成雨"。临淄城的富裕可见一斑。身为齐王的韩信，不但是手握重兵、威震天下的大将，而且是齐地七十余城的诸侯。不仅兵力强盛，而且富可敌国。以此时韩信的兵力和财力，与楚、汉争衡毫不费力。

武涉在齐国王宫见到了韩信，屏退左右后，武涉说："当初，天下豪杰并起，反对秦王朝的残暴统治，这是为了天下人生活安定。后来众豪杰推翻了秦王朝，霸王项羽分封天下，诸侯各得其所。诸侯本应守望自己的封地，过太平日子。然而刘邦却从中作乱，出汉中，取三秦，并吞诸侯，把黎民百姓又拖入战乱之中，这是天大的罪过。"

韩信说："天下动乱，过在项羽。当初，关中封王时，我就预料天下必乱。项羽不听劝阻，一意封王，这是根源。汉王并吞诸侯，一统天下，是长治久安之计。我跟随汉王，志亦在此，你怎能说汉王有罪呢？"

武涉说："刘邦是个包藏心机凶险不测的人。他为人奸诈，心毒手狠，不讲友情，不认亲情，儿女不顾，太公发妻不管，何况别人？你和他在一起不会有好下场的。刘邦还贪得无厌。他侵夺三秦大地后，还不满足，又出关攻打别国，竟打到彭城。项王仁慈，当初鸿门宴上放他 条生路，刘邦兵败彭城后，又放他一条生路。可刘邦却像一只癞皮狗，重整军队后再起祸端。他还身怀大恶。多年争斗，不知多少人死于战乱。百姓生活无法安定，流离失所，赤地千里。人们恨刘邦，恨不能寝他的皮，吃他的肉。"

武涉看了看韩信，又说："现在你为他打仗，还能保一时平安。将来仗打完了，你一定被刘邦所擒。封你为齐王，是迫不得已，是权

功高震主，留下隐患

宜之计。现在你认清这事实还来得及，待项王兵败以后，后悔就来不及了。当今天下，轻重在你一人。你投靠项王，则楚胜；投靠刘邦，则汉胜。项王思贤若渴，多次和我谈起你的才能，无不唏嘘感叹，后悔不已。项王说，如果你回到楚军中，仍加封你为齐王，掌辖燕、赵大地，并为全军元帅，一点不会折损你的尊贵。同样为王，一个凶而险，一个平而安，请问将军，你想走哪条路呢？"

韩信说："当初我在项王部下，多次向他提出谏议，也想干一番事业，然而终究没有得到项王的重用。项王言不听，计不从，致使我弃楚从汉。我怎能再回过头来背汉从楚呢？如果那样，后人一定骂我反复无常。我韩信虽然没读过诗书，但绝不能出尔反尔。先生过去待我好，我不能忘记，但先生也不能强夺他人之志，给后人留下骂名。"

武涉又劝道："将军不想归楚，君子亦不夺他人之志，但我不得不为将军的前途着想，只好为你谋划第二条道路。将军既不想投楚，也不必从汉，自立为王，三分天下，才能永保平安。如果天下成鼎足之势，互相钳制，也会出现稳定的局面。将军以为如何？"

韩信说："三分天下和百分天下有何不同？只有一统天下，才有太平。韩信披荆斩棘，为的就是一统天下！"

武涉说："对当今楚、汉二王的争斗，您起着极其重要的作用。偏右则汉王胜，偏左则项王胜。但是，如果项王今天为汉王所灭，那么明天就将换到足下了。您曾与项王有故交，为什么不及早地反叛汉王而与项王联合呢？现在，您如不当机立断，仍去效忠汉王，等到项王彻底覆灭了，到那时，汉王庆功登基日，就是将军您身首异处时！您想想这个可怕的后果吧！"

武涉的分析，合情合理，韩信无法提出批驳。但是，对武涉前面所说，刘邦为人的一贯无信，韩信与刘邦之间的矛盾，以及项羽灭亡后韩信自身的危机。韩信都听得进去，还甚为动心。但是，重提在项羽麾下的旧事，就激起了韩信心中的怒火。

韩信压抑住内心的怒火，深深地吸了一口气，微微一笑，语气坚定地回答武涉说："从前在项王那里，我的官位不过是个小小的郎中，只是一个执戟的卫士，职责就在于执戟值宿保卫项王安全。我提出的任何建议和谋略，都未得到过项王的采纳。所以才离开楚营而投依汉王。汉王和项王大不相同，他封我为大将军，让我带领数万兵马！他把自己的衣服脱下来给我穿，把自己的食物给我吃，我的建议他全部采纳，我的计谋他也认为很好。正是因为这样，我才有了今天的成就。人家对自己深为亲信，我却背汉联楚，这是内愧于心的，虽死也不能从命！

武涉说："如果不听我的劝告，以后必有后悔之日。还请将军认真考虑，不要痴迷。"

韩信说："我的志向已定，虽死不移。你回去替我谢项王，谢他没有忘记我。"

武涉旁征博引，数点历史，列举事实，一再强调陪伴刘邦的凶险，一再强调三分天下才安全。韩信见武涉还在喋喋不休，就对他说："你可以走了。要不是看在楚军旧情，我把你交给汉王，他会剥你皮、挖你心的。"

武涉不能说服韩信，只好告辞。他知道蒯通在韩信军中，想一想又来见蒯通。当年武涉游说天下时，和蒯通相识，二人志趣相投，无话不说。

武涉见到蒯通之后说："齐王韩信即将大祸临头了，你是他的幕僚，为什么不给他指一条生路呢？"

蒯通说："先生之言，骇人听闻。韩信刚刚拜为齐王，正是春风得意之时，为何说他大祸临头呢？"

武涉说："我听说，乐极生悲，物极必反。凡事到了极点，都会发生逆转，这是人力无法抗拒的。现在韩信虽然被拜为齐王，其实，汉王并不信任他。因为他掌有重兵，能决定天下大事，刘邦才封他为齐王的。你想，主不信任臣，臣会有怎样的下场呢？现在，项王在，韩信还能求得一隅平安，项王一旦兵败被杀，韩信就会大难临头。只是韩信身在事中，迷惑不解。你切不可耽误了他。"

不论武涉怎样说，蒯通只是发笑，不作回答。

武涉说："先生为什么只发笑？"

蒯通说："我听说，生死有命，富贵在天，凡事都有定数。齐王自有他的天数，你又何必远涉千里为他操心呢？"

武涉激动地答道："吃人家的饭，就要为人家做事；穿人家的衣服，就要替人家求暖。你在韩信帐下已经多时，韩信待你不薄。你怎能在主人大难临头之际，袖手旁观，座谈高论呢？"

蒯通又是发笑，说："先生不必操心，顺从自然，依托天道，天下事都有其归宿。你是楚军谋士，何必为汉军的事操心呢？"

武涉不能说服韩信，也没能说通蒯通，只好回荥阳，向项羽报告说："我实在无能，不能说服韩信，没有完成使命，请项王治罪。"

项羽说："我知道先生尽力了，只是韩信不念旧情，铁心跟随刘邦。待我有余力时，定要亲率大军教训韩信，到那时，韩信才能认识我项羽。"他叫武涉出帐休息，不必自责。

武涉不能说服韩信，韩信却正在威胁彭城。

楚国自司马龙且被消灭之后，彭城已无兵防守，韩信一旦率大军南下，直取彭城，后果不堪设想。

所以，韩信已经成为楚军心腹大患，让项羽昼夜寝食难安。

 **不争天下**

武涉前来临淄这件事，十分秘密，韩信也绝口不提，曹参、灌婴等人至多略闻一二。尽管如此，武涉的话的确分量很重，不得不让韩信陷入沉思之中。一连几天，韩信的心事都很重，诸将看到他心事重重的样子，以为他在考虑军事，没有觉察出有异样。但是，有一个人却猜出了韩信内心的不平静，这个人就是谋士蒯通。

在刘邦与齐国议和的情况下，劝说韩信攻打齐国的蒯通，并非凡人。他深谋远虑，足智多谋，为韩信平定齐国、称霸一方立下了汗马功劳。蒯通对目前天下形势了如指掌，对敌我实力也有独到见解。看到韩信和刘邦之间的矛盾加剧，蒯通自然从韩信的利益出发，为韩信出谋划策。

实际上，明眼人并不难看出，刘邦之所以忍气吞声，册封韩信为齐王，无非是项羽还存在的缘故。韩信英勇善战，正是对付项羽的绝佳武器。有了韩信，项羽只有防守的份，至于进攻别国的计划就会有所顾虑。然而，一旦项羽被消灭，韩信就将成为第二个被消灭的对象，蒯通对这其中的利害关系洞若观火。在其位为其主，为了成就韩信的大业，蒯通决定伺机向韩信进献思虑已久的"奇策"。

蒯通来到韩信的宫殿中，对韩信说："我曾经学过相法。"韩信以为蒯通在开玩笑，因为相处已久，从来没有听说过他懂得这种玩意。

于是，韩信漫不经心地问道："先生如何相人呢？"

蒯通郑重其事地回答道："人的尊贵与卑贱在于骨骼。忧愁与喜悦在于面色，成功与失败在于决断。从这三个方面加以验证，相一个人，是万无一失、十拿十稳的！"

他说得相当严肃，也有道理，不像是开玩笑的样子。韩信不由得产生了兴趣，接着问道："您说得倒挺好。请先生相一相我，看我怎么样呢？"其实，韩信知道蒯通话中有话，而且大有文章。但是，他也故意不去说破，想听听蒯通的意见。

蒯通看见周围站着不少卫士侍从，就说："等一下再说吧！"

韩信知道蒯通的意思，就叫左右的人都退出去。卫士退下去以后，就剩下韩信他们两人了。但是蒯通还是沉思不语，手摸着稀疏的短胡须，紧皱着双眉。

韩信对蒯通说道："现在侍卫们都已经退了下去，就剩下我们两个人了，你可以说了吗？"

蒯通顿了顿，说道："我相大王的面相，最高不过封侯罢了。但是我看大王的背后，却是贵不可言啊（言外之意，韩信如果背叛刘邦，就会拥有天下）！"

韩信问道："先生为什么这样说呢？"

蒯通当即口若悬河地说道："韩将军，您还记得当初天下起兵的时候吧？那个时候，英雄豪杰们纷纷树起自己的大旗，领头起来造暴秦的反。天下的穷苦百姓一致响应，飞快地集合在他们的造反旗帜之下。那时，起义造反的声势之大，就好比熊熊燃烧的大火，迅猛异常的巨浪。虽说当时起义的有很多路大军，但大家的想法是一致的，心情是一样的，目的都是为了亡秦。按理说，暴秦已被推翻了，目的达到了，战火应该熄灭了。然而，现在又开始了楚汉相争，天下无辜的百姓，死亡相继，不可胜数。"说到这里，蒯通痛苦地不禁潸然泪下。

韩信见蒯通言真意切，也有所触动，他若有所思地回答："我记得这些。"

蒯通透过泪眼，看了看韩信，看到韩信也有同样的感触，心中很是高兴。但是，他又不想表露出自己的心情，就继续声泪俱下地说："楚军起彭城，转战至于荥阳。虽然威震天下，但三年之间，项王被阻在成皋以西的山地再也不能前进一步了。汉王现在怎么样呢？他率领数十万之众，依靠险要的山河，与项王对峙。虽然一天要进行多次战斗，却得不到半点胜利，甚至连遭惨败。而且，他还不能自救，真是智勇俱困。由此可以看到，汉王的彻底失败似乎也是无法挽救的。当今百姓疲敝，怨声甚深，现在，应该想方设法赶快扭转这种形势，如果不能及时扭转。让战争继续下去，将士们的锐气就要彻底消磨干净啦！"

说到这里，蒯通又痛苦地抽噎起来了。韩信看到蒯通那副伤心的样子，不由得勾起一阵心酸。他问道："那么，你说我应该怎么办呢？"

蒯通回答道："据我所料，只有天下的贤圣，才能平息天下的祸难。现在，楚、汉两主的命运，都决定于你，您为汉则汉胜，与楚则楚胜。我愿竭其愚诚，献策于您，对楚、汉都有好处，双方都不受损害。但恐怕您不能采纳啊。"谈到这里，蒯通的目光直视着韩信，似乎要他立即点头同意。

但韩信却什么也没有表示，仍在认真地听着。

蒯通就接着说："如果能听从我的计策，既不为汉，也不与楚，和他们三分天下，鼎足而立。在当前这种举棋不定、胜负未分的形势下，无论是项王还是汉王，都十分小心谨慎，谁也不敢轻举妄动。而您呢，却不同了，以足下的贤圣，拥有众多的士卒，据有强大的齐国，联合燕、赵，引兵两向，以止楚、汉之争，为百姓请命，谁敢不听？"

"然后，您就可以分割大国，削弱强国，重新分封诸侯。这样，各诸侯就会感恩戴德，臣服听命于齐国。到那时，天下的诸侯都要相继到齐国来朝见了。我听说：上天所给不取，反受其祸，时机已到，不行反受其灾，愿您深思熟虑。"蒯通确实是掏出一片真心规劝韩信的。

因此，他的情绪异常激动。

尽管韩信与刘邦之间的矛盾日益加剧，几天来心事重重，韩信所考虑的，就是武涉所说的背汉联楚、三分天下这个重大问题，但他总是下不了决心。现在，蒯通再次提出，完全是为韩信着想，分析也很清楚，不像武涉那样，目的是为了解救项羽当前的困境。按理说，韩信是不应该再犹豫了。

但是，韩信却不想走上背叛汉王的道路。他说："汉王待我恩重如山，把他的车让给我坐，衣服让给我穿，饭菜让给我吃。人们也常说：乘坐人家的车，就要分担人家的灾祸；穿人家的衣服，就要分担人家的忧愁；吃人家的饭，就要肯于为人家的事情献身。我哪能为自己的私利而背信弃义呢？"

蒯通看出韩信心中仍有"忠义"二字在作怪，心情变化起伏不定，需要给他举些实例。针对这一点，蒯通继续说道："您自以为与汉王交谊很深，希望建立万世之业，我却以为是错误的。当年，常山王张耳和成安君陈余还是老百姓的时候，两人是生死之交，后来却因为权利和欲望变成了仇家。张耳为陈余所攻，抱头鼠窜，逃归汉王。他借兵东下，终于杀陈余于泜水之南，身首异处。

"想他们最初结交之时，真是天下的至好，最后却相互攻杀，陈余身亡，这是什么原因呢？由于人们的私欲没有止境，而人心又是难测的。在政治斗争中，只有暂时的相互利用，哪里有恒常不变的交情呢？那只不过是欺世盗名的鬼话罢了。如果说到您与汉王的交情，肯定不如当初张耳与陈余那样深厚；如果说到您对汉王的忠诚，肯定也不会超出于文种、范蠡对勾践之上。从这几个人的结局，足以预测您未来的命运了。请您一定要认真思考，慎重选择啊！"

韩信还要争辩，却被蒯通制止了，蒯通不以为然地笑笑，继续说服韩信："武勇谋略超出于君主之上而使君主感到震惊的人，自身就难以保全。功劳盖天下的人，绝不会得到君主的赏赐，这是人所共知的道理。我先简述大王您近来所建的功业：巧渡黄河、俘获魏王豹、活捉夏说、攻取井陉、阵斩陈余、镇抚赵国、威降燕国、制服齐国、击溃楚人二十万援兵、斩杀楚军骁将龙且，连战获胜。您只要获得了战斗的胜利，都派人向汉王报捷。您的计谋极高，功劳极大，是世上独一无二的。功劳之大已使君主觉得无法给以相应的赏赐酬报，您已经置身于进退维谷、难以自保的困境了。现在，您拥有超越国君的威势，又建立了无法封赏的功绩。您归顺楚王，楚王不敢相信您；您报效汉王，汉王感到害怕。以您目前的状况想到何处去寻找一个安宁的归属呢？这种形势下，我很为您的安全担忧啊！"

听着听着，韩信真的不寒而栗起来。蒯通所举的事例，韩信早就熟知，只是他从来没有把他们的悲剧与自己的未来联系在一起，而经蒯通说破，顿觉合情合理，丝丝入扣。难道自己忠心辅佐汉王，出生入死，东征西战，最后只能落个惨死的下场？韩信确实无法保持心理上、感情上的平衡，面对被杀的前景，他不能无动于衷。

他实在不敢再听下去，便打断蒯通的话，说："先生，您的这一番话就是您开始说的相面，高不过达到封侯的爵位，而且面临着危险。相背，却是贵不可言吗？您说的话的确是有道理，但是却太过极端了。先生请休息吧，我将认真考虑先生的意见。"

蒯通见韩信仍在犹豫不决，就退了出去。他心中暗想：韩信头脑中的条条框框太多了，这也许就是他不如刘邦的地方。须知，在决定前途大事时，被条条框框束缚，是十分危险的啊！想到这里，他不禁叹了一口气。

一连几天来，韩信独自思前想后。他第一次感觉到，自己的自信和魄力，在这复杂的选择中似乎力不从心了。在历次战役之前的决策，他都可以应付得挥洒自如，两军尚未交锋，他对战局已是了然于胸。他的预见，他的决断，使多少将领甚至包括敌手，为之倾倒。但现在，他犹豫不决了。汉王刘邦确实对自己恩重如山，器重有加。俗话说：士为知己者死。韩信能够得到刘邦的赏识，已经十分满足，哪里还有其他的什么不忠不义的想法呢？韩信为人耿直，又重义气，根本就不

功高震主，留下隐患

会做出那种小人的行为!

韩信对称霸天下没有太大的兴趣，他没有太大的野心，他其实只想在战争中展现自己的才华，用以报答汉王的器重，做汉王朝的开国元勋。但是，蒯通说的话也有几分道理。现在项羽在，所以汉王刘邦会重用我，很难预计项羽要是被打败以后，刘邦会怎么对自己了。难道真的会像蒯通说的那么凄惨吗？真的就没有两全其美的办法了吗？

韩信苦苦思索着，为自己，也为自己的君主刘邦。忽然间，他想到了辅佐周文王、周武王开国的姜子牙，不由得心头一亮。姜太公作为牧野之战的周军统帅，后来受封为齐国诸侯，一生荣华富贵，死后千古流芳。他的子孙在齐国世代传袭，绵延百年不绝。

姜太公尚且能够如此，我韩信所立军功，早已超出于姜太公之上，而且也被汉王受封为齐王。难道汉王将来做了天子，就不会允许我当汉朝的姜太公吗？我无意与汉王争天下，我一定会把苦战打下来的半壁江山，拱手交给汉王。汉王为人慷慨大方，还不至于吝啬到把已经封给我的齐国再给夺走吧？蒯通的话未免太危言耸听了吧!

想到这里，韩信才稍微舒展了紧皱的眉头。凡事要从好的方面去想，韩信做事一贯如此，这次也毫不例外。

过了几天，韩信尽管仍和蒯通见面，但好像从来没有发生过那次谈话一样。没有看到韩信采取任何行动，蒯通实在耐不住了，特地去见韩信。蒯通知道，对这件事，韩信仍在迟疑不决，缺乏决断。

他对韩信说：“听取意见是事情成败的开端，决定计谋是功业成败的关键。听取了错误的意见，只能办错事；听取了正确的意见，就能够转危为安，功成业就。一个人必须要有决断，迟疑不决是最为害人的。有人专门考虑一丝一毫的小事，却丢掉天下的大事。对事物的利害，不是不知道，却迟疑而不敢行，这真是最大的祸害呀!”

“俗话说，猛虎若是犹豫不决，还不如马蜂、蝎子能蜇人。千里驹徘徊不前，还不如劣马稳步走路。勇士的狐疑不前，不如庸夫的必定到达。虽有虞舜、夏禹那样的智慧，如果沉吟不语，那还不如聋哑人的以手比画。这些话的意思都是贵在行动。更何况，功业难以成功，而很容易失败；时机难以得到，而很容易失掉啊，时机今日一旦错过，就永远不会再来了！请您认真地考虑啊！"

听了蒯通这一番苦口婆心的劝说，韩信仍旧犹豫不决。但以对"义"、"利"之分的准则，韩信仍不愿背汉，并认为自己建立了这样大的功绩，尽管刘邦对自己愈来愈不信任，但称王齐地是不会有问题的。

韩信拒绝了蒯通的建议，并严肃说道："先生请告退吧！"说完之后，就立即起身送客。蒯通一看韩信不听规劝，冷笑一声，嘴里又絮叨起那句话："相您的面，高不过达到封侯的爵位，而且面临着危险；相您的背，却是贵不可言啊！"他一边念叨着，一边晃悠着身子走了，最后只说了一句话："但愿您以后不会对今天的决定感到后悔！"

韩信不由得一愣，心中想：我会后悔吗？我南征北战那么多年，不管吃了败仗还是打了胜仗，都从来没有后悔过。而且，这次是为了汉王刘邦，我一定是不会后悔的。

如果说，韩信拒绝项羽派来的说客武涉，或许并不难做到。那么，他拒绝了真心为他谋划的蒯通，那就是很难做到的了。如果说，韩信因为蒯通所言毫无根据而拒绝了他，或许并不足以表明对汉王的忠贞不贰，那么，韩信在认同了蒯通的分析是合情合理之后，虽有犹豫，但最终仍选择了义无反顾的路，那么，他对汉王的忠贞应是无可置疑的了。韩信的确没有背汉自立、最终统一天下的意念，他对汉王刘邦的忠心真是无可置疑。

蒯通两次游说韩信背汉，首先屏退左右的人，做得十分机密，曹参、灌婴等人无从知晓，不可能向刘邦报告。但是，韩信本人呢？他虽曾犹豫、动摇，最后仍然不肯背汉，真是所谓"只顾考虑细枝末节的人，甘愿给人充当臣仆的人，永远也无法产生当君主的雄心。"

现在，蒯通开始为自己的命运担心，如果哪一天韩信企图杀人灭口，自己所面临的，将是不堪设想的大祸。怎么办呢？这时，蒯通不是在为韩信，而是在为自己发愁了。他终于想出了脱身之计。

有一天晚上，蒯通收拾好简单的行装，乘夜深人静，悄悄逃离临淄。第二天，大家发现蒯通不见了，但看他的物件都在，也不加注意。过了几天，仍然不见蒯通的影子，才感到奇怪，但都猜不出他为什么要这样不辞而别。只有一个人心里明白，这就是韩信。

韩信深知蒯通潜逃的原因，虽然佩服蒯通的神机妙算，但是为了汉王刘邦，自己也就管不了那么多了。韩信为人慷慨大度，向来就宽厚待人。对于蒯通的劝谏，韩信虽然没有采纳，但也是心中有数，根本就没有杀人灭口的意图。

但是，蒯通不知逃往何方，韩信却不放心了。蒯通会不会泄露他们之间的两次谈话呢？要是被刘邦知道了，没有的事情也会变得很麻烦了，所以得让蒯通作证人。韩信派人四处寻找，始终没有找到，连一点线索也没有，好像蒯通这个人从茫茫人海中消逝了。时间一久，韩信也就不再放在心上了。

在韩信停止寻找蒯通后没有多久，齐国一个小地方就来了个服装奇异的男人。他衣衫褴褛，任由散乱的头发披在肩上。他身上散发着一股臭气，苍蝇们都嗡嗡地追赶着他，路上行人避之不及。他的举止奇怪，满口胡言乱语，声音嘶哑，也听不出是什么地方的人。起初，人们把他当作疯子。不久，大家注意到，这个人的胡言乱语有时还非常灵验。本来连续多天烈日高照，旱象已成，大家都在发愁，他却说，上天即将降雨，果然没有多久，就是一场倾盆大雨。这类事不止一次。从此，人们不再将他看作疯子，而是将他看作"神巫"。

实际上，这个人就是蒯通。为了能够活命，他不得不隐姓埋名，甚至装疯卖傻。但是，他又逃不出韩信的领地，所以只能在这个小地方生活下去，谁也不知道他的本来面目。曾经为韩信出谋划策位居众人之上的蒯通，竟然到了如此田地，确实可悲可叹！

第六章

天下大定，衣锦还乡

楚汉之争，最终以楚王自刎乌江，刘邦垂拱称帝而告终。在这场战争中，刘邦无疑是最大的受益者。面对曾经为他立下汗马功劳的大将军韩信，被他封为楚王，让其回到自己的故乡。韩信这下可算是衣锦还乡了，满载荣誉的韩信自然受到百姓故乡极大的礼遇。看到熟悉的山水、乡亲，韩信心中所有的不快都烟消云散了。

 刘邦背约

公元前 203 年 2 月，张良奉汉王之命，立韩信为齐王，项羽派武涉前去游说韩信，被韩信所拒绝。其后不久，韩信就从齐国向楚地发起了相当大规模的进攻，由于韩信从齐国派灌婴向楚地进兵，袭占了项羽的许多领地，包括他的根据地彭城在内，项羽知道形势危急，就派人向刘邦讲和。约定以鸿沟为界中分天下，一分为二：凡是鸿沟以西的地方，都归汉王刘邦，凡是鸿沟以东的地方，都归楚霸王项羽。显然，这是一个对楚方不利的停战和约。其一，鸿沟地处荥阳东南，和议达成，就意味着项羽要把苦战夺得的荥阳拱手送还汉王；其二，项羽送还刘太公与吕氏，刘邦不必再顾忌身陷楚营的老父与妻子，可以任意行事。

刘邦和项羽在广武山又对峙了几个月。项羽想到自己的军旅生涯：二十四岁跟随叔叔项梁在江东起兵，做了副将军；二十七岁做了各路诸侯的上将军，分封天下：如今已经三十岁了。六年的军旅生涯不但枯燥，而且充满了凶险。要知道，从二十四岁到三十岁正是人生中最美丽、最浪漫的季节。这个浪漫的季节正是适合谈情说爱的时候，可是我项羽却把人生中最好的季节都用来打打杀杀了。

项羽越想越感到疲惫，他是真的厌倦了打打杀杀的岁月。就在项羽对军旅生涯感到十分厌倦的时候，龙且在与韩信作战中兵败被杀的

169

消息传来。项羽听到这个消息后，对军旅生涯更加厌倦了。此时，整个楚国中真的再也没有可以为他带兵打仗的人了。项羽感到了前所未有的孤独！

刘邦从栎阳回来后，也开始想念自己的父亲和妻子。因为他在栎阳看到自己的儿子刘盈已经长大了，而且还得到了栎阳老百姓的拥戴。哪个做父亲的不愿意看到自己的孩子有所成就呢？刘邦此时此刻多想和父亲、妻子、孩子在一起聚一聚，聊聊太子的成就啊！可是，自从彭城之战开始，到现在已经有三年了。三年当中刘邦的父亲和妻子一直在项羽的营中。三年中，刘邦和父亲太公的唯一见面还是项羽要烹杀太公的时候。这是多么大的讽刺啊！

刘邦想："我已经拥有了半个天下了。可是拥有了半个天下又有什么用呢？与父亲妻儿不能团聚，我就是拥有整个天下又能怎么样呢？"刘邦越想越思念父亲和妻子了。

第二天，刘邦派陆贾 (汉初杰出的思想家) 为使者，去向项羽请和。结果，项羽把陆贾奚落了一通，拒绝了刘邦的请和。

刘邦见项羽没有答应自己的请和，就猜测到项羽肯定是霸王脾气又犯了。不过，刘邦毕竟老谋深算，他立刻又派侯公去劝说项羽与自己中分天下。侯公见到项羽，开门见山地说明了利害关系。他说："大王，中分天下对您是十分有利的。现在汉王的兵力强大，后勤补给充足。大王您的士兵由于多次跟着您往返东西两地，已经十分疲惫了。还有彭越在梁地出没，时常切断您的后勤补给，相信您军中的粮食已经不多了。而且，现在韩信已经平定了齐国，也在东方和楚国开战了。大王军中能和韩信一战的也只有您自己了，但是一旦您往东和韩信大战，汉王必定会从后方追击您。到时候，您东西不能两顾，必定会大败啊！"

项羽见侯公句句都说到了自己的心坎上，但是自己却不能够承认。于是，项羽说："我自从江东起兵至今，大小经历七十余战，从未输过。我料他刘邦也不是我的对手。我想刘邦向我请和，也不过就是要接回自己的父亲和妻子。刘邦一定害怕我不善待太公。当年，我曾和刘邦在楚怀王面前约定为兄弟，他的父亲也就是我的父亲，我怎么会不善待太公呢！太公如今年龄大了，我也该让他们父子团聚，享受天伦之乐了。我答应刘邦的请求，明天就派人把太公和刘邦的妻子吕氏送回去。

出于担心汉王毁约，项羽提出汉王必须派出一位亲信将领来楚军作为人质，才能归还刘太公与吕氏。项羽的这个条件提出以后，刘邦很费脑筋，派谁去做人质实在难以决定。这时，早年间跟随刘邦起兵于沛县的周缲，自告奋勇，前往楚营充当人质。

周缲多年来追随刘邦，鞍前马后，不离左右。无论刘邦如何身处险境，他都寸步不离，他与刘邦的亲密关系，不仅汉军里人人皆知，就是楚军也有耳闻。周缲只身来到楚营，项羽当面问他："你来此处换回刘太公与吕氏，万一汉王毁约进兵，你就只有死路一条了。"周缲听后淡淡一笑，昂然说："我早已经将生死置之度外，而且我也已经将自己的身体交给汉王了，赴汤蹈火，在所不辞。项王何须多言？"

项羽不得不暗自感叹：前有以身代死的纪信，现在又有一个知险而进的周缲，看来刘邦本人虽无武勇，但确实能笼络人心让人们甘愿为他拼死卖命。平心而论，在这一点上，我的确不如刘邦啊！也许，汉王能成为我的劲敌，原因就在此处？真是造化弄人啊！

侯公回到汉营把项羽已经答应中分天下的消息告诉了刘邦，刘邦大喜：一家人终于可以团聚了。随后，刘邦和项羽约定，楚汉两国以鸿沟为界，鸿沟以西是汉的领土，鸿沟以东是楚的领土。项羽也派人把刘邦的父亲太公和妻子吕氏送了回去。两军见项羽和刘邦已经达成和平协定，以为以后再也不用打仗了，都高呼"万岁"。

项羽是个多情重诺的人，他见楚汉双方既然已经达成了协议，就领兵往东向彭城进发了。但是刘邦会遵守承诺吗？

刘邦同项羽讲和以鸿沟划界之后，项羽和刘邦双方罢战，各自领兵退回。当项羽东归后，刘邦也想西归。刘邦目送楚军渐渐远去，不由得长叹了一口气，不管将来如何，目前却可以睡个安稳觉了！

见项羽东归后，刘邦也想和自己的家人带着汉兵回到关中。此时，张良和陈平来到刘邦的帐中，问他道："大王，我们听说您要领兵回到关中。不知可有此事？"

刘邦听到张良和陈平这样说，感到很奇怪，他反问道："我已经拥有了大半个天下，现在想和家人一起享受一下天伦之乐有什么不妥吗？"

张良说："大王，如今汉已经拥有了大半个天下，而且赵国张耳、齐国韩信和彭越等天下的诸侯都已归顺您。但是项羽却兵乏粮少，也没有可以信任的将领了。这正是上天要灭亡楚国啊！不如趁机消灭项羽，占领楚国的领土。如果您现在不背约，不从背后攻打项羽，那是养虎为患啊！将来项羽的元气恢复了，到底谁会拥有天下，还说不定呢！"

刘邦见张良和陈平说得很有道理，便沉默不语，思考了很久。他权衡利弊以后，决定接受他们的建议，带兵攻打项羽。

公元前 202 年，刘邦带着军队追赶项羽，来到阳夏南面的时候，汉军停了下来。刘邦想联合韩信和彭越共同攻击项羽。

此时，项羽的军队由于两年多的征战，已经十分疲惫了。所以项羽带着军队边走边停，以便士兵们能够沿途休息。项羽认为自己既然和刘邦中分天下了。以后便再也不会有战事了。只要一到彭城，他就要遣散军队。让士兵们都回到家乡和亲人团聚。这天，项羽的军队刚好在固陵 (今河南省淮阳县西北) 休息，士兵们都充满了期待，似乎日思夜想的家乡就在眼前，他们欢天喜地地互相谈论着自己的家乡。

然而就在这时，哨兵匆匆忙忙地冲到项羽的营帐中，气喘吁吁地对项羽说："大王，刘邦带领大军往固陵来了。"

项羽闻听刘邦带领大军往固陵泉，大惊道："刘邦怎么不遵守约定呢！难道我项羽注定要一生戎马？"说完，项羽下令马上集合部队。

士兵们听到集合的命令，都感到莫名其妙。他们想："项王和刘邦不是已经中分天下了吗？怎么还要集合部队？又要和谁打仗？"

士兵们边猜疑边集合起来。项羽全身披带盔甲，站到阵前，对着士兵们大声道："我们在广武已与刘邦约定，以鸿沟为界，中分天下。现在刘邦背约，偷偷地从我们背后追来了。我们该怎么办？"

项羽的几句话立刻把士兵们的斗志调动了起来。士兵们举起手中的武器，齐声答道："刘邦背约，定要他有来无回，死无葬身之地!"楚兵们此刻的心情极其激动，只要项羽站到阵前，振臂一呼，他们定会置生死于度外，跟随项羽去拼命的。况且，刘邦背约，从背后追赶而来，这让他们回到家乡的梦想又一次破灭了。他们如何能不恨刘邦呢! 所以每一个楚兵都想把刘邦碎尸万段。

因为刘邦首先提议的中分天下的协议，在项羽撤兵之后不久，就由刘邦君臣一手撕毁了。人们可以从道义上对刘邦的行为提出谴责与批评，但从军事战略的角度而言，无疑是一个高明的决策。有道是"兵不厌诈"，刘邦撕毁和约的行为虽然算不上是"要诈"，但是项羽也早就该想到这一点。

刘邦和张良、陈平等人在决策毁约进兵时，都只字没有提到那位前往楚营作为人质的周缫。与其说这是一时的疏忽，不如说是故作糊涂，要争夺天下，连父亲的安危都可置于不顾的汉王，怎能因为一个忠诚的部将而束缚了自己的手脚？可怜对刘邦忠心耿耿的周缫白白送了自己的性命，成了刘邦手头的一件工具。

项羽得知汉军尾追而来的消息，自然十分恼怒，但他不想株连无辜，何必再多杀一个无足轻重的周缫呢？于是下令释放了周缫，周缫平安返回汉营，仍然不改对汉王的忠诚。后来，刘邦封他为蒯成侯。当然，这是后话了。

刘邦赶到固陵，远远地看见项羽已经带着士兵们摆开了阵势，心下大惊。他想："项羽是怎么知道我要从背后偷袭的呢？"项羽见刘邦的军队越来越近，就纵马跑到他的阵前，对着刘邦大喊道："刘邦，我们已经约定，以鸿沟为界，中分天下了。你为什么背约来偷袭我？"

刘邦嬉皮笑脸地回答道："成大事者不拘小节。我刘邦为了夺取天下，岂会在乎和你这个小子的约定？"项羽大怒道："那我就让你有来无回，死无葬身之地。"

刘邦哈哈大笑道："我会有来无回吗？项羽，你的末日已经到了。"

项羽闻听，大笑起来。他对着刘邦高喊道："刘邦，看是我的末日到了，还是你的末日到了！"说完，就挥军向刘邦的阵中掩杀过去。楚军有项羽亲自指挥，个个都以一当十，向汉兵冲杀过去。汉兵早已领略过项羽军队的厉害。他们见项羽带兵冲杀过来，便纷纷抛下武器，回头逃去。

项羽指挥军队一路掩杀，一直赶到刘邦的军营前。刘邦带着军队逃入阳夏城中，紧闭城门不敢出来。项羽见刘邦逃走，以为他再也不敢追击自己，就又带着士兵往彭城进发了。

另一方面，刘邦下令各诸侯会合后，韩信和彭越却迟迟不来，眼下兵力不够，刘邦一下子也不知所措。

这时，刘邦心急如火，求计于张良。他对张良说："诸侯不来，怎么办呢？"张良回答道："项羽即将覆亡，韩信、彭越二人还没有正式分封疆土，他们不来是不奇怪的，大王如果能够跟他们共分天下，就可以促使他们领兵前来会师，如果不能共分天下，事情就难说了，现在，如果能将睢阳以北直到谷城，都封给彭越，从陈县以东一直到大海，都封给韩信。那么，他们两人都将尽力作战，楚军就容易消灭了。"

刘邦是最清楚轻重缓急的人，思前想后，同意张良的点子，并立即派使者前往告诉韩信和彭越："请你们立即发兵，合力消灭楚军。楚军消灭之后，从陈县以东直到大海的领地，全封给齐王韩信，从睢阳以北到谷城之间的领地，全封给相国彭越。"

其实，刘邦与项羽的这场反击战争，早在韩信的预料之中，并且早有了主意，只是最近与刘邦产生了一些分歧。

北举燕、赵，东击齐国，最后在荥阳会师，消灭项羽，这本是韩信的既定战略。但是，在逐步实现的过程中，韩信和刘邦却因为两件事产生了矛盾。汉王事前不与韩信商量，事后也不通知，就派郦食其说降齐国，韩信很恼火，感觉自己不被重视，于是不理睬刘邦的决定，按原计划攻占了齐地。在这个问题上，韩信不高兴，刘邦当然更不高兴，这是第一件事。第二件事就是韩信请求刘邦封他为代理齐王。虽然张良奉命前来立他为真齐王，但韩信知道，这是张良、陈平的计策，并不是出于刘邦的真心。在这个问题上，刘邦不高兴，韩信当然更不高兴。刘邦畏忌韩信的才能，对他既要任用，又不放心，韩信想到这些事情，总是怒火中烧。

但是，韩信又对刘邦心里的真实想法了如指掌。其实，韩信一直都在关注着刘邦与项羽的战况，他对刘邦虽有防范之心，却也是赤胆忠心。刘邦与项羽在广武相持，楚军粮尽，韩信就派灌婴攻占项羽的后方，对战事的胜利起了很大作用。

现在眼看项羽就要被消灭，自己的计策即将全部实现，韩信心中十分高兴，日夜都在考虑如何与刘邦会师的问题。但是，突然有一天，探子报告："汉王决定与项羽讲和，楚、汉中分天下，以鸿沟为界。"韩信大为震怒，心想这岂不是放虎归山，现在，关键时刻已经来到，消灭楚军已是指日可待，刘邦竟会用此下策，功败垂成，这是为什么？

韩信心急如焚，不过头脑里隐隐约约出现了这样一个想法。是不是刘邦畏忌自己的才能，深恐消灭项羽以后，自己将转过身来，把矛头对准汉军？想到这里，韩信苦笑了。他本来是项羽身边的人，后来背楚归汉，不能不怀疑啊。尤其是魏豹一而再再而三的背叛，使刘邦变得多疑。最近项羽又派武涉前来，游说他反汉与楚，尽管遭到严词拒绝，监视他的曹参、灌婴等人，还能不知道汉王对此的反应？

如今，汉王放走项羽，是不是企图利用他来牵制自己？想到这里，韩信不再是苦笑，而是震怒了。"野禽殚，走犬烹，敌国破，谋臣亡"，韩信突然想起这句古话。越王勾践和文种的故事。这时也浮现在脑际。汉王的举动，对韩信说来，是一个大疑问，韩信不由得叹了一口气，无奈啊！

韩信虽然身在兵营，但仍时刻关注着外面的动态，不久又收到探报，得知项羽引兵东归的时候，刘邦毁约追击，这才放下心来。后来打听到，这个计策原来是陈平和张良两人为刘邦谋划的。他知道，刘邦要他会师的命令快要来了，他想试探一下刘邦。

果然，刘邦命令韩信率军到同陵会师。韩信接到命令后，不加理睬。刘邦急了，就按照张良的计策，将陈县以东一直到大海的原来齐国的疆域，封给韩信。尽管又打听到，这是张良的主意，也非出于刘邦真心，不过韩信还是消释了心中的一些疑问和怒气，毕竟完成统一天下的意愿是他的梦想。

不久，韩信随即传令发兵。刘邦见诸路兵马如期而至，心中大喜，当下命韩信为总统帅，指挥各路大军，又命萧何、夏侯婴运输粮草，供应前方。

不过，话说回来，有了这一番曲折，汉王刘邦对韩信的疑忌更加重了一层，因为在关系楚汉兴亡的关键时刻，韩信一定要等到汉王明确划分封地范围之后，才亲自率兵参战，确实有乘势要挟之嫌。而这对于韩信而言，绝非明智之举。

# 垓下之战

最后决战的时候到了，刘邦正在苦恼如何一举打败项羽。这时，他的谋士张良建议道："如果大王能够把陈 (今河南省淮阳县，因春秋之时此地为陈国，故名陈) 以东一直到东海的广大土地都封给韩信，把睢阳 (今河南省商丘市睢阳区) 以北一直到谷城 (今山东省平阴县西南) 的领土都封给彭越，让他们为了自己的土地和项羽作战。那么，我们打败项羽就会容易多了。"

刘邦想了一下，便对张良说："好。"说完，刘邦立刻派使者去见韩信和彭越。使者把刘邦要封地的事情告诉了他们，韩信和彭越听到后大喜，立刻告诉使者说："你回去吧，告诉汉王，我们一定会带兵出战，为了自己的领土和项羽大战。"

使者回到军营，把韩信和彭越答应出兵的消息告诉了刘邦。刘邦大喜。不过，刘邦还是担心韩信、彭越再加上自己的军队也不是项羽的对手。他立刻派使者去见大司马周殷。此时，周殷也已经背叛了项羽，领兵驻守在舒 (今安徽省庐江县西)。周殷接到刘邦的命令，立刻带着军队从舒出发，攻打六县去了。周殷攻下六县后，立刻合并了九江王的军队，往彭城南面的垓下进发了。

韩信很有头脑，他没有领兵直接西进，与项羽交锋，而是首先从齐地南下，与先期纵横于淮北的灌婴骑兵会合，以绝对优势兵力，压

向守御力量不足的彭城。楚军集中主力精骑在南平阳县 (今山东省邹县北) 布阵迎战，灌婴的骑兵不费吹灰之力就一战而胜，楚军溃败。韩信顺利地攻占了楚都彭城，俘虏了替项羽留守根据地的项佗。项羽的根基已经遭受了严重的打击，现在的战局对项羽来说，已经是无法挽回了。

此后，汉军又乘胜追击，招降了留 (今江苏沛县东南)、薛 (今山东滕县南)、沛 (今江苏沛县东)、酂 (今河南永城西)、萧 (今安徽萧县)、相 (今安徽濉溪县西) 等县城，攻占了苦县 (今河南鹿邑县)、谯 (今安徽亳州市) 等地，占领了项羽的大后方。

垓下之战

韩信认为自己不能低估楚军的力量，他认为楚军虽数量远逊汉军，却是百战之余的劲旅，在项羽率领下，又都抱有必死的决心，不可轻敌。如果指挥不善，汉军的优势将会转化为劣势，胜负之数是不可知的，还须先计而后战，出奇制胜。经过反复思考，韩信的作战方略已定。

这天夜里，微风轻拂，星光灿烂。汉王帐内，各大将领都意气风发，准备商量作战计划。刘邦南面席地而坐，大将韩信坐在一旁，诸将朝北环立。汉王就当前形势说了几句，便把目光转向韩信，请他提出作战方略。韩信微微点头，开始说出自己的计策。首先说明的是他对楚、汉双方的估计，接着说道："这次决战，如大王从前所说，只能斗智，不能斗力，应该出奇制胜，用计谋克敌。我愿率领齐军三十万，首先迎战。"

"这三十万之众将分为三军，我自居中军，请孔荣、陈贺两位将军分领左右二军，作为两翼。"刘邦点了点头，表示赞同。

韩信又接着说："我率领中军首先出击，孔、贺两军埋伏在左右两侧。我军一交战，就佯败后退，诱敌追击。我败一阵，退一阵，使楚军误认为汉军不堪一击，更加紧追不舍。这样，项羽和楚军诸将必定骄傲轻敌，士卒则疲惫怠惰，乘他们骄兵惰之际，孔、陈两将军伺机夹击。到那个时候，我们的各路大军只要一会合，项羽就插翅难飞了。"

说到这里，韩信露出笑容，高兴地对刘邦说道："大王必定料想得到，这样一来，楚军措手不及，定被拦腰截为几段，前后不能相救。"刘邦思索了一下，点点头。诸将也都称是。

韩信最后说道："攻其无备，出其不意。乘楚军混乱之际，我回师反击，三军合围，项羽的胜负，大王也是可以料想得到的。"

刘邦等人听了韩信所谋划的计策，都十分佩服，本身是军事良才的张良也对韩信的这一招佩服得五体投地。韩信又说："大王处在我军的后面，周勃和柴武两位将军所率部队又在大王的后面。"周、柴两人的部队是在后，当项羽大举迎战之时，他们可以绕道进击楚军的后背，与汉军主力配合作战，这样布置使计策更加周密了。说完后，刘邦拍手称赞计策周密，下令立即实施。

而此时，项羽已经带着军队回到了彭城，驻军彭城南边的垓下。他见刘邦领着各路诸侯往垓下进军，也已经做好了战斗的准备。决战时刻来临，项羽显得异常平静，他已经厌倦了这种生活，暗下决心：垓下大战之后，一定要尽诛诸侯，然后就遣散军队，和爱妻虞姬过逍遥自在的日子。自从虞姬在下邳跟随自己到现在，虽然随军左右，但是自己总是在战场上拼杀，一直冷落了她。想到这些，项羽更加内疚起来。所谓"自古英雄爱美人"，项羽这个大英雄自然也不能例外。直到厌倦了战争，他才发现自己有多爱虞姬，有多么想和虞姬一起享受幸福快乐的简单生活。

项羽知道刘邦、韩信、彭越和周殷等人带兵到达了垓下。刘邦任命韩信为诸侯联军的统帅，负责指挥军队和项羽作战。此时，诸侯联军的兵力有五六十万人。韩信把众位将领召集在一起，部署道："我自己带三十万人作为先锋部队，与项羽正面作战。大将孔将军和费将军带兵分别在项羽的左右埋伏。请大王带兵在韩信之后列阵。绛侯、柴将军等带兵在大王的后面保卫大王。"部署已定，韩信隐隐感到项羽的末日到了，想到自己毕竟曾经跟随项羽南征北战，如今项羽就要兵败了。心里无比惆怅！

此时，正值公元前202年12月，气候格外寒冷。楚军正被迫作困兽之斗，汉军将士虽然都已知道这将是灭楚的最后一战，但项羽的神威却是任何人都不敢忘记的，大战前夕的紧张气氛，弥漫在方圆百里的战场上空。

经过多年的战争，项羽的兵力仅剩下十万人了。项羽带着十万人和韩信的三十万大军对峙着。项羽骑着马站在阵前，大声问道："刘邦、韩信等人率领五六十万大军来和我们作战，你们怕不怕？"楚军阵中异口同声地回答道："区区五六十万军队有什么可怕？彭城之战中，我们三万铁骑就可以摧毁刘邦五十六万大军，何况我们现在有十万人！"楚军的喊声直冲云霄，在垓下的天空回荡着。

韩信听到楚军的呼喊声，一阵胆寒。他暗想："这到底是一只什么样的军队啊！十万人对阵我们五六十万大军，还能发出如此的豪言壮语！"

项羽把楚军分作三个大营，分别由他本人及大将季布、钟离昧统领，排列成"品"字形，严阵以待。

日上三竿，韩信擂鼓进军，他亲率三万人马前去挑战。士兵服从韩信命令，冲着楚营高喊："人心皆背楚，天下已归刘。韩信屯垓下，要斩霸王头！"项羽一听，气得七窍生烟，率众冲杀出去。垓下之战就此开始了！

遥想当年，一个是将军，一个是将军身边的侍卫，这次在战场上相逢，却是敌我两方，你死我活了。韩信成竹在胸，按预定的计策行事，项羽仍旧猛打猛冲，奉行他的一贯战法。项羽手持长戟，催动胯下乌骓马，迎头向汉军杀来。楚军将士尽管已是连年征战，现在又处于粮尽援绝的困境之中，但他们仍然奋勇力战，无不以一当十，紧紧跟随着他们心中仰慕的英雄，在汉军的四面包围之中，左冲右突，有进无退。

两军相接，刚刚交战一次，韩信就佯装失利，挥军后退，项羽不知是计，命令楚军急追。楚军人人奋勇，在汉军后面紧紧追赶。两军相接，交战几个回合，韩信且战且走，把项羽引进了包围圈。项羽还不知道是计，非常高兴，认为韩信斩陈余，杀龙且，从来没有遇到过对手，这次可遇到劲敌了。他准备大破汉军，活捉韩信。

楚将虞子期怕中埋伏，打马追上项羽，劝道："韩信多谋，汉军势众，主公不必急于追杀，待我江东援兵赶到，汉兵粮草空虚，再杀他也不迟。"此时的项羽早已经怒不可遏，如何能听进这些话，他狠狠瞪了虞子期一眼，全不把汉军放在眼里，一直杀奔过去。

楚军认为胜利即将到手，从项羽到诸将，都越来越骄傲，同样也越来越疲惫。突然，杀声四起，汉军伏兵两路杀出。汉军漫山遍野而来，原来楚军是遭到了孔荣率领的左翼军的袭击。楚军措手不及，即被拦腰截为两段。正当两军混战之际，陈贺率领的右翼军也乘机杀出，这一来，楚军更被截作数段，彼此失去照应，乱成一团。

项羽气得血往上涌，一心想要抓住韩信，径直追去。接连汉军伏兵四起，十面埋伏，一起杀出，将楚军团团围住。项羽方知中计。余气未消，身心疲惫，只得奋力杀开一条血路，带领残部退回垓下大营。

项羽退回军营以后，闷闷不乐。他想："难道上天要亡我大楚吗？"

十万楚军经过几番厮杀，最后剩下的已不足两三万人，垓下被围，岂能动弹？一晃几日过去，粮草断绝，外无援兵，楚军不禁陷入一筹莫展的苦境。

 **项王自刎**

刘邦见韩信大败项羽，心里十分高兴。他把韩信、张良等叫到营帐中，说："将军真是我的福将啊！眼下楚军已经退回军营，我们要怎么样才能彻底消灭他们呢？"

韩信说："大王，自从我们进入楚国，已经招收了不少楚国的士兵。如果我们让这些楚国士兵教会全军唱楚国的民歌，要他们在深夜的时候在项羽军队的四周唱这些歌曲，项羽的士兵一定会思念故乡的，项羽也会以为我们已经占领了整个楚国。到了那个时候，我们就可以不战而胜了。"

刘邦听到韩信的建议，大喜道："大将军真可谓足智多谋啊！这算得上十面埋伏、四面楚歌了啊！"韩信不答。因为他的心里在想着项羽，一种深深的同情和英雄间的惺惺相惜之情占据了他的整个身心。刘邦采纳自己的计策，项羽一定会兵败的，那么如何面对这位自己曾经的将军呢？

第二天，刘邦就派楚地的士兵去教全军唱楚国的民歌。很快，全军的士兵都学会了。深夜，韩信派这些士兵到项羽营地的四周唱起歌来。

项羽也在睡梦中听到了歌声。他大惊道："刘邦已经占领了楚国全境了吗？为什么这么多的楚人唱着这么悲伤的歌呢？"

项羽的士兵听到家乡的歌曲，都开始思念家乡了。自从江东起兵反秦以来，四年的时间过去了。在这四年时间里，他们一直跟着项羽南征北战，一刻也没有停止过。家乡的亲人都怎么样了呢？他们还好吗？想着想着，很多士兵暗暗抽泣起来了。楚军的将领们也都听到了歌声，他们的心里也都十分悲伤。不过，此时还不是悲伤的时候，刘邦的联军就在营外等着他们呢！

他起身端起酒杯，一饮而尽。接着走出营帐，看到很多士兵都在偷偷饮泣，心里就像刀割一样难受。这些士兵早该回到故乡和自己的亲人团聚了。就是因为他和刘邦两人的混战，导致这么多的人要跟着自己南征北战，漂泊在外。

想着想着，项羽仿佛看到了自己的失败，他走回营帐继续喝起酒来。正在项羽愁眉不展的时候，他的爱妻虞姬来到了营帐中。虞姬见到项羽，迎上去说："大王回营了。"项羽见到虞姬，更加难过起来。他端起酒杯，轻轻哼唱道："力拔山兮气盖世，时不利兮骓不逝。骓不逝兮可奈何，虞兮虞兮奈若何！"骓是项羽坐骑的名字。多年来，项羽骑着它南征北战，经历七十余战从未失败过。但是在垓下，它就是跑得再快，也不能带着项羽走向胜利了。

项羽反复吟唱着发自内心的悲歌，泪流满面，心若刀割。项羽原本是性情中人，感情真挚，秉性坦荡。

忽然，虞姬抽出项羽腰间的宝剑，架在自己的脖子上，对项羽说："大王，贱妾不愿成为您的累赘，请您带着士兵们冲出去吧！"说着，虞姬轻轻一抹，鲜血就从她粉嫩的脖子上渗了出来。鲜红的血，顺着她的脖子慢慢地流，一直流到她雪白的衣衫上。在鲜血的映衬下，虞姬就像一朵盛开的玫瑰花一样，美得让人心痛！

项羽见虞姬自刎而死，心里非常悲痛。他想："我项羽一生南征北战，不料今日要身死垓下了！"想着，项羽忽然捡起落在地上的宝剑，向虞姬的脖子抹去。项羽割下虞姬的人头，往自己的腰间一挂，就走出了营帐。

这时的楚军将士早已被自己楚国的民歌引动了思乡之情，他们已经无心再战，纷纷逃散，连跟随项羽多年征战的将军们，也暗地里不辞而别，就连项羽的叔父项伯也偷偷离去了。自此，军心大乱，一夜之间，项羽身边只剩下了千余人。

这时，天已快亮了。项羽召集了士兵，对他们说："我项羽今日就要兵败垓下了。我带着大家从江东起兵。四年里南征北战，历尽艰辛，不想大事未成，我就要身死此地了。你们有愿意跟着我拼死一战的，就跟着我去和刘邦大战最后一场，然后痛痛快快地死去。如果你们想回家，我也不勉强你们。想回家的，现在就放下武器，去向刘邦投降吧！"

士兵们见项羽双眼布满血丝，头发蓬乱，腰间还挂着爱妻虞姬的人头，都热血沸腾起来，他们大声回答道："愿随大王与刘邦战最后一场！然后痛痛快快地死去！"

于是项羽率兵渡过淮水，八百多名亲信壮士仅剩下一百多人。项羽来到阴陵 (今安徽定远西北)，迷失了道路，向一个农民问路，农民骗他说："向左走。"项羽信以为真，往左面走，最后陷入大沼泽中。后世有人说，那农民就是韩信故意安排在那里，设计让项羽误入歧途的。

道路泥泞，沼泽陷没马蹄，项王知道受骗，想着回军另走他途。谁知汉军已经追上，一轮混战立即就开始了。项羽不愧号称是"楚霸王"，他组织战士突围时，勇猛异常、无人能敌，让汉军士兵目瞪口呆。项羽以其神勇，威慑敌胆，竟从东城突围出。突出重围时，项王回头看了看自己的部队，只剩下二十六名骑兵，而汉军追上来的有数千人，霸王叹息一声，知道自己绝对没可能逃出包围圈了，他抱定了必死的决心。

项羽回头看了看来势汹汹、越来越近的汉军追兵，此时他的脸上已经没有了焦急的神态。他对二十六名勇士说："我起兵反抗暴秦，到今天足足八年了！八年来身经百战，从来没打过败仗，于是称霸天下。想不到如今竟然被困这个地方，这是上天不给我生路，要亡我，并不是我指挥作战上的过失啊！今天，我决定和敌人决一死战。大家跟随我多年，对我忠心耿耿。我知道你们一定会同我血战到底，就让我来为大家进行一场痛快淋漓的决斗吧！如果我能够突出重围，并斩杀敌军主将，又砍倒敌人的军旗，这种胜利都能够一一实现，那就是说明这是上天要我灭亡而不是我的错误！"

此话说完，项羽用青筋暴露的手紧紧握住手中的战刀，又用力拉了马的缰绳。指挥二十六骑从高处四面出击，约定到对面山坡的三个地方集合。于是，楚军最后的二十七名（包括项王）勇士呼啸而下。项王身先士卒，迎面就将一名汉军斩杀下马。这时，有一名叫杨喜的汉军骑将追了上来，项王怒目圆睁，厉声大喝。杨喜人马顷刻惊慌失措，狼狈退避到几里之外。因为二十七名骑兵分路出击，汉军不知道何人是项羽，于是兵分三路，紧紧追赶。汉军再次包围项王二十七人，项王纵马奔驰，又斩杀一名汉军将领和数十名汉军士卒。等到与楚军再次会合时，只是损失了二名骑兵。项羽大声说："你们觉得怎样？""大王说的一点也没有错！"剩下的骑兵佩服地点头回答。

项羽再次带着二十四骑，一路冲杀，向东南方撤退到长江西岸的乌江（今安徽省和县境内），终于到达乌江地区的长江北岸。面对着滚滚长江，项羽百感交集。项羽看见大势已去，就对身边的骑兵说："我自从起兵到现在已经八年了，身经七十余战而未败，遂霸有天下。今困于此，这是天意亡我啊。"

正在此时，乌江亭长驾着一只渡船过来，请项羽渡江，以后卷土重来，再争中原。

此时此刻，项羽悲伤而又十分矛盾的心情，让他踌躇不前。乌江亭长已驾船等待，并催促道："江东虽小，地方千里，百姓还有几十万人，完全可以在那里称王。大王，请您赶快上船。现在，仅我有船，汉军虽到，是无法渡江的。"

项羽苦笑道："天要亡我，何必渡江？想当年，我与江东子弟八千人渡淮北进，今天无一人一骑归还，纵然江东父老可怜我，仍尊我为王，但我还有什么脸面再见他们呢？他们虽然不说什么，我难道能不内愧于心吗？"说罢，七尺男儿落下了伤心羞愧的泪水。

他将自己的坐骑送给亭长，命令骑兵都去马，手持短兵器交战。项羽大呼，激战汉军，又杀死汉军几百人，自己也受了十几处伤。他举头一望，突然看见汉军骑将吕马童，便大声说道："你不是我的故人吗？"吕马童指着项羽，回头对另一骑将王翳说："这就是项王！"项羽又说道："我听说汉王悬赏千金、封邑万户要我的头，现在成全你吧！"说罢，就举刀自杀。项羽一死，楚军遂被消灭干净了。一世英雄，就这样血洒乌江，时年三十一岁。

项羽死后，汉军纷纷上前抢夺项羽的人头，想回去请功邀赏。王翳首先抢到项羽的人头，几十个人也奔上前来，互相争夺项羽的身体，杨喜、吕马童等四人各抢到项羽身体的一部分。后来，这五个人全被刘邦封为列侯。刘邦这样做，颇具戏剧性。长达五年的楚汉战争，以刘邦取得最后胜利而结束。

然而，当时还有效忠于项羽的势力。他们不是在江东，而是在"鲁"这个地方盘踞。刘邦自然不会忍受项羽的残余势力还在自己的地盘上存在，他开始派兵猛攻。项羽的旧部坚决抵抗，汉军一时难以拿下。

但是当项羽的人头挂在汉军的阵前时，"鲁"终于投降了！由于当年楚怀王曾封项羽为"鲁公"，而最后为他效忠的也是"鲁"人，所以，刘邦将项羽追封为"鲁公"，并以公爵的礼仪在济北谷城安葬了西楚霸王项羽。安葬时，"汉王为发丧，哭临而去。"刘邦这样的做法让人很难理解，不知道是发自内心的感慨，还是欲盖弥彰、笼络人心的幌子。这只有他自己知道了。

相传，还有效忠项王的最后一个势力——"临江王共尉不降，遣卢绾、刘贾击虏之。"刘贾等人将共尉俘虏而回。项羽的兄弟、伯叔等四人也没有被杀害，反而被赐姓为"刘"，封侯爵。其余被俘虏的垓下楚军大营的士卒都释放回原籍。

之后，刘邦发出王朝第一号诏令："楚汉战争持续了很久，大汉军士八年以来都得不到休息。战争对老百姓所带来的苦难是无法估量的。如今，天下尽归于一统，百废待兴。为了宽待百姓，将在全国范围内进行皇恩浩荡的赦免——极端死罪的除外。"

在整个垓下之战中，韩信先激怒项羽，使其误入十面埋伏之阵，后用"四面楚歌"之法，致使项羽的八千子弟肝肠寸断，战斗力荡然无存。这是韩信采用的心理战略的成功战例，充分显示了韩信卓越的军事指挥才能。

韩信作为项羽的克星，又该如何评说？只能借用明代学者茅坤的话，称之为"兵家之仙"了。"成者为王，败者为寇"，韩信没有做上皇帝，自然也就难以被人歌功颂德了。

从此，刘邦统一了全国，长达四年之久的楚汉之争结束了。刘邦也感到了一种前所未有的寂寞。他忽然发现，自己内心其实是尊重项羽的。因为楚怀王曾封项羽为鲁公，项羽死后，鲁地又是最后一个投降的，所以刘邦就按照鲁公的礼仪把项羽安葬在了谷城。刘邦亲自为项羽发丧，并在他的坟前痛哭了一场才离去。当刘邦为项羽痛哭的时候，他的心里到底想了些什么，至今不为人所知！此时有一个人比刘邦更加伤心，更加寂寞。他就是韩信。韩信在项羽的帐下虽然没有受到重用，但是他依然敬佩这位顶天立地的男子汉。

只是，在项羽灭亡后，韩信的处境就岌岌可危了。刘邦嫉妒韩信，害怕韩信夺权，这已经很明显。这次攻打项羽，韩信没有主动参战，又让刘邦更加耿耿于怀。自认为劳苦功高、应当安享富贵的臣子，遇到了一位老谋深算并把他视为潜在对手的主子，韩信的历史悲剧就不可避免地产生了。

天下大定，衣锦还乡

再夺兵权

打败项羽后，面对韩信的军权愈来愈大，威望愈来愈高，刘邦极为忧虑。怎么办呢？想来想去，最后刘邦又打起了"夺权"的主意。

一天，刘邦一行人打着汉王旗帜来到韩信军营门前，要进大营见韩信，守门将士却把刘邦挡在了门外。刘邦见韩信大营旌旗严整，军纪严明，营内将士严阵以待，极为惊叹。

张良见守门将士挡住刘邦，驱马向前说："我们是汉王的使者，来犒劳将士，放我们进营。"

守门将领说："我们是军人，只听军中的命令。没有军令，任何人不得入营。"

张良说："阻拦汉王使者，你知道是什么罪过吗？"

将士说："莫说汉王使者，就是汉王亲自到来，没有军令也不得入内。"

樊哙在一旁大怒，驰马上前道："汉王亲自到此，谁敢阻挡？"说完就要动武。

将士答道："我们奉命守营，不认识汉王，只服从大元帅的军令。"说着拔出兵器，隔门对峙，要与樊哙格斗。

韩信在将军帐听到报告，驱马到大营门前一看，果真是汉王，急忙下马，拱手施礼道："不知主公到此，将士有犯主公神威，是我的罪过，请主公宽恕。"

刘邦没有下马，只在马上微微答礼道："守门士卒够厉害的。韩元帅治军有方，将士只听元帅命令，何过之有哇？"

韩信听出汉王有不满之意，只装不知答道："谨听大王的教诲。"

刘邦说："治军我不如你呀！上马一起走吧。"

刘邦在众人面前给韩信来了个下马威，韩信心里很不是滋味。看刘邦骑马已进营门，随后便也上马，跟在刘邦身后回了大营。

刘邦先叫身边人把带来的礼物交给韩信，然后在大营巡视。刘邦一边走，一边说："战争连年不断，将士们出生入死，都很辛苦，该让他们歇一歇了。"

韩信听出汉王有裁军的意思，说："谨听主公的命令。"

刘邦问："营中有多少人马呀？"

韩信答道："各级将领、后勤和作战将士，合起来有二十五万。"

刘邦问："这么多人每天耗费多少粮食呀？"

韩信答道："四千多石。"

"如果让他们种地，能打多少粮食呢？"刘邦仿佛是在闲聊天，但韩信已经听出汉王的用意。

刘邦一边走，一边问，在各营中转了一个时辰，然后走进定陶城。

刘邦对定陶城一点不感兴趣，直接进了将军府。

此时，将军府中只有韩信、刘邦、樊哙、张良、周缧等七八个人，其余将士都守在府门外。

刘邦首先开口，说："现在楚国已灭，天下平定，没有大的战争了。这是全军将士浴血奋战的结果，来之不易啊！这几年来，由于楚汉相争，老百姓受了不少苦，土地荒芜，人民背井离乡。如今天下平定，百姓终于盼来了休养生息的日子。我想要将士罢兵回家，耕作农田，发展生产，将军以为如何呢？"

韩信说："主公以天下疾苦为重，是天下人的福分。韩信率军打仗，为的就是这一天。当初汉中拜将时我曾发誓，随主公一统江山，如今事遂人愿，大业已成，天下事只听大王安排。"

刘邦没想到，韩信竟如此通情达理，又问："你身为齐王，又统率全军，这些年难为你了。现在天下已定，你就专心做齐王，好吗？"

韩信以为汉王在征求自己的意见，便道："齐王虽然权高位重，但叫我选择，还想留在军中。我只会领兵打仗，别的……恐怕做不好。"

汉王不高兴了，看一眼韩信，说："军中事务，一并上收，暂由我管理。然后让将士们罢兵回家，与家人团聚，不挺好吗？"

韩信说："现在天下虽定，但北方匈奴不断南侵，烧杀掠抢，威胁着大汉江山。如果马放南山，刀枪入库，匈奴入侵中原时，必成大患。就天下形势看，和匈奴早晚有一战，请主公考虑？"

刘邦听出韩信不想交出兵权，很不满意说："匈奴蛮荒之地，不足忧虑，要紧的是休养生息，让天下人享受太平。韩将军你说是吗？"

韩信这才明白，汉王的话不是商量而是指示，于是答道："谨听主公的命令。大将军是主公所赐，齐王是主公所封，主公要我做什么就做什么。"

刘邦看韩信答得挺爽快，说："将军以天下为重，通情达理，很好。

韩信答过以后，想了想，把大将军印绶、尚方宝剑等器物拿出来交给汉王。

刘邦叫人把东西收好，说："将军战功卓著，有目共睹，不是一般人能比的。还请将军戒骄戒躁，修明政治，再立新功。"

刘邦又对韩信说："楚地已定，义帝又无后，现在为了安抚当地百姓，需立一个王。齐王韩信熟悉楚地的风俗，今改立他为楚王，封以淮水以北的地方，都于下邳。"

自此之后，韩信就离开齐国，从齐王改为楚王。韩信的心绪是难以平静的，但是，他又不愿意公然顶撞刘邦，只能接受现实。

就在韩信改封为楚王之后，由他带头，还有韩王信、淮南王英布、梁王彭越、故衡山王吴芮、赵王张敖 (张耳的儿子)、燕王臧荼等，秉承刘邦的意旨，上了一道奏疏，拥立汉王做皇帝。刘邦假意谦辞一阵，就登上了皇帝宝座，建立了新的封建王朝，国号仍称为汉。最初建都洛阳，不久迁到长安 (今陕西西安西北)。中国历史上的西汉王朝，从此开始了。

实际上汉王对韩信的改封，有着一层鲜为人知的阴谋。首先，齐国的地理位置比楚国更为重要。自战国年间以来，人们就把东方的齐国和西方的关中看作为天下的两个重心，齐有山海盐铁之利，经济富裕。国力强盛，实在是难得的风水宝地。后来有人对刘邦说：齐国方圆两千里，有百万雄兵，远离朝廷千里之外，又有泰山、黄河、渤海等地理险阻，是必须严密控制的地方，除嫡亲子弟之外，不能封他人到齐国为王。刘邦听后连连称赞。由此可见，当时人们对齐国地理位置的重视程度。即使从今天的战略部署来看，这种想法也是十分正确的。

这话尽管是说在韩信受骗遭擒之后，但以刘邦的政治眼光，齐地的特殊地位，他早已是洞察无遗。他自然不愿意让有军事才能的韩信在齐地为王。

其次，齐地是韩信亲自征服的，齐地军民对韩信有一种敬仰崇拜之情，假若继续让韩信在齐地为王，他就有可能利用民心所向的条件，抗命于朝廷，这自然对刘邦大为不利。而把韩信改封到楚国之后，就不存在这样的潜在危机。韩信的故乡虽在楚国，但在当地却没有号召力可言，他如果想起兵造反，就很不容易争取到楚人的拥护。如此长远的眼光，也体现了刘邦的深谋远虑!

最后，原属韩信指挥而留守齐国的部队，随着韩信的改封为楚王，自然就断绝了与韩信的隶属关系，这就大大削弱了韩信的军事势力。兵权历来是刘邦关注的焦点，在曹参和傅宽两人隶属关系的转移上，就可以看出刘邦对兵权的重视程度。他们二人原来都是韩信的部将，在韩信率兵参加垓下之战时，受命率军镇守齐国，等到韩信改封楚王之后，两人都脱离了韩信的领导，而成为新封为齐王的刘邦长子刘肥的相国。他们二人所率领的部队，自然也是如此。

就是这些原因，促使刘邦将为自己立下赫赫战功、扶助自己登上皇帝宝座的韩信打入了冷宫。

韩信被诬

汉五年正月，诸侯王和文武大臣联名上书刘邦，请求刘邦称皇帝："楚王韩信、韩王信、淮南王英布、梁王彭越、故衡山王吴芮、赵王张敖、燕王臧荼，共同请求大王陛下：秦王朝因行无道之政而被天下人推翻。大王先入关中，得秦王子婴，平定三秦，功盖天下，安定万民，救败继绝，功大德厚，又施恩惠于有功劳的诸侯王，使他们能设立宗庙社稷。现在对天下诸侯的分封已结束了，而大王您与诸侯王的位号相同，没有上下的区别。所以，大王的伟德就无法广布于后世。请求大王称皇帝尊号。"

面对诸侯王的上疏请求，刘邦推让说"据说帝是贤者的称号，只是徒有虚名并无其实者，不能用。现在诸侯王都推选我，这怎么敢当呢？"于是，一帮诸侯王再次上奏说："陛下以一介平民起义，灭乱秦，声威震动海内；又从僻陋的汉中之地出兵，行威德，诛灭不义之人，平定四海，立下大功。大王的恩德已广传四海，诸侯王的王号已不足道之，愿大王登皇帝之位，以顺应民意，造福百姓。"刘邦说：

"诸侯王既然以为称帝号有利于天下百姓，那就这样定了吧!"。诸侯王、卢绾等大臣三百余人，与博士叔孙通一起选择良辰吉日，定于二月甲午日，拥戴刘邦加皇帝尊号。公元前202年2月，汉王刘邦在汜水之阳（今山东定陶境）即位，定国号为"汉"，史称西汉。汉王刘邦称了帝，王后吕雉便被尊称为皇后，太子刘盈被尊为皇太子，刘邦已经死去的母亲被追尊为昭灵夫人。而且，刘邦也很快封了韩王信、赵王张耳、楚王韩信等七个异姓王。

天下平定后不久，刘邦越发感到这些跨州连郡而又拥有重兵的强大异姓王的威胁，对刘氏政权的巩固是很大的威胁。于是，他开始着手来铲除这些心腹之患。兵多地广，最善于用兵的是韩信，同时，刘邦最不放心的也是韩信。所以他选择的首要目标，便是铲除功高盖世、智勇兼备的大将军韩信。

其实，早在韩信为大将军后，刘邦便对韩信有所疑忌。他一方面巧妙地利用韩信攻城略地，为汉王朝的开创立下了赫赫战功；另一方面，待自己羽翼丰满、实力雄厚之后，就开始一步步地排挤、贬低韩信。

在楚汉战争中，当韩信在北线破魏平赵、收燕伐齐后，之后虚抚韩信，封他为齐王。等待汉军兵围楚军于垓下、最后消灭项羽后，刘邦随即改封韩信为楚王，使其远离根基深厚的齐地。

韩信的改封，是刘邦为了防范韩信而采取的一个重要步骤，汉高祖刘邦对于韩信的猜忌之心，并没有随着韩信到楚国就封而有所松弛，他自己当年不就是先去汉中就封，麻痹了项羽，然后才起兵争天下的吗？所以，他暗中派人潜入楚地，密切注意楚王韩信的一举一动。

只是因为韩信的未曾深究而忽略了这一重要的信号。

公元前201年的一天，一个人来到刘邦的宫殿，悄悄对他说："皇上，韩信要谋反。"

刘邦本想找机会除掉韩信，但是一直苦于没有借口。一见有人来告韩信谋反，虽心中大喜但他还是装作若无其事的样子说："韩信贵

天下大定，衣锦还乡

为楚王，你不要胡说八道啊！"

这人跟随刘邦多年，深知刘邦的为人，说道："皇上，臣有真凭实据才敢说韩信谋反的。"

刘邦假装不信的样子，说道："楚王是我大汉的功臣，怎么会谋反呢？我想是你搞错了。你倒说说看，你有什么真凭实据啊？"

这人听了刘邦的话，一边在心里暗骂刘邦老奸巨猾，一边说道："皇上，项羽的部将钟离眛是伊庐（今湖北襄阳市西南）人，他和韩信的交情非常好。项羽兵败垓下以后，钟离眛就投靠了韩信。"

刘邦听到钟离眛投靠了韩信，心里十分气愤。钟离眛是项羽属下的一员大将，他曾多次带兵和刘邦对阵。刘邦在荥阳混战的时候就吃过钟离眛的亏，所以他十分痛恨钟离眛。不久前，刘邦听说钟离眛逃到了楚国，勃然大怒，下令韩信全力缉拿钟离眛。当时钟离眛就藏在韩信的宫殿中，韩信假装不知，派人告诉刘邦说："钟离眛已经逃走了，臣没有抓到他。"刘邦无奈，这件事也就不了了之了。

今天，刘邦突然听说钟离眛就藏在韩信的宫殿中，于是大怒道："这个韩信竟然敢欺骗我！看我怎么收拾他！"刘邦说完，又对告密的人说："你倒是很注意钟离眛和韩信啊！"

告密的人神秘兮兮地说道："皇上，韩信用兵如神，号称'兵仙'，这可是您的心腹大患啊！皇上的心腹大患，臣怎敢不用心观察呢？这个钟离眛多次和皇上对阵，皇上对他恨之入骨，他是皇上的敌人啊！皇上的敌人就是我的敌人。"

刘邦见告密者的马屁拍得叮当响，就点头道："你小子很有前途，将来我一定重用你！不过，单凭这件事情还不能说明韩信有谋反之心啊！你还有什么证据啊？"

告密者接着说："皇上，韩信在楚国出入郡县的时候，总是有成队的士兵在左右保护。他行事非常张扬，简直比皇上的派头还要大，如果他没有谋反之心，为什么要带着那么多士兵出入呢？"

刘邦点头道："你说得很有道理，既然韩信敢随意调动军队，我也就有理由认为他谋反了。不过，我看这件事情要做得正大光明也不容易。不如你回去写一封检举信递给我，我也好有物证啊！"告密者见刘邦要收拾韩信了。自己升官发财的机会也到了，就高高兴兴地回到家里。连夜写了一封检举信，在第二天早朝上递给了刘邦。

刘邦拿到告密者的检举信，假装生气地说："楚王乃是我大汉王朝的开国功臣，他怎么会谋反呢！你一定是搞错了。"虽然嘴上这样说，但是他已经暗暗在心里谋划着如何对付韩信了。

陈平献计

刘邦想对付韩信，可一直苦于没有好办法。而且这时，刘邦的金牌军师张良因为担心刘邦取得天下以后，会对身边的开国功臣不利，就装病在家，不再见刘邦了。所以，刘邦每每遇到头疼的事情，总喜欢把陈平找来，给自己出出主意。

于是，他找来陈平，向他述说自己头疼的事情。陈平皱紧眉头，好一阵子不说话，突然问韩信是否知道这件事，刘邦答复说不知道。陈平这才眉头舒展，问道："陛下的兵之精比起楚国如何？"

刘邦答道："这是不能超过的。"

陈平接着又问道："陛下如果用兵，有人能够敌对韩信吗？"

刘邦答道："没有谁能赶得上韩信。"

陈平当即说："是啊！现在，我们的兵不如楚国精，我们的将也不及楚国强，而要发兵进攻，那不是促使韩信举兵谋反吗？我为陛下感到危险。"

刘邦急忙问道："那怎么办呢？"

这个时候，陈平胸有成竹地说："古代的天子经常利用巡行视察的机会。召集诸侯前来朝见。南方有个云梦泽 (今已不存，其地相当于湖北武汉市、沙市及湖南益阳市一带)。陛下可以假装出游云梦泽，会诸侯于陈县。陈县是楚国的西界，韩信听说天子出来巡游，势必前来拜谒。陛下就可以利用这个机会活捉韩信，何须兴师动众，只要有一个强壮有力的武士就足够成事的了。"刘邦听了不由得拊掌大笑，赞叹说道："妙计！妙计!"

刘邦照计行事，随即派遣使者遍告诸侯："在陈相会，我将南游云梦泽。"

使者一出发，刘邦也就跟着动身，一路向云梦泽方向而去。伴驾随行的文武大臣有陈平、樊哙、夏侯婴、灌婴、靳歙等人，全是刘邦的心腹亲信，还有东茅侯刘钊、阳义侯灵常等战将随同前往，势力之强大，足以发起一场大战。

话说这个陈平，他也是一位谋臣，曾经为刘邦出过六次"奇计"，计擒韩信，就是其中之一。当时，这个"奇计"是十分秘密的，知道内幕的人很少。为了袭取韩信，刘邦假装游云梦泽，为什么要带上夏侯婴、灌婴、樊哙等人？樊哙是"壮士"，又是当年跟随刘邦起义的，而且是吕后妹妹吕须的丈夫，刘邦带他到陈，是容易理解的。樊哙充当的是计擒韩信的"武士"的重要角色。刘邦这样计划不能不说是十分高明的。

夏侯婴担任的是诱惑韩信的任务。前面说过，当韩信背楚归汉以后，曾经犯法当斩。在刑场上救他性命，并且把他郑重推荐给刘邦的，就是这个夏侯婴。夏侯婴是韩信的大恩人之一，在汉军当中，韩信除了对刘邦，就是对他最为尊敬。刘邦利用夏侯婴和韩信的旧日关系，命他劝说韩信到陈县来，并为韩信的安全做出口头保证。灌婴是韩的多年旧部，他担任的，应是夏侯婴的助手。所有人员安排，都应该是陈平这次"奇计"的重要内容。

韩信被贬

此时的韩信不仅背上了包庇敌将嫌疑，更是有人上书诬告韩信"谋反"。这完全是出于望风捕影的诬告，可能是告发人洞察刘邦对韩信的疑患之心，想投其所好，邀功请赏。刘邦接到举报之后，因有先入为主的偏见，自然容易信以为真，或者说他明知是出于诬告，能出现这样一个借口，收拾了韩信，除掉心中时刻不忘的一个隐患，又何乐而不为呢？韩信已经是有口难辩，况且刘邦所有的准备工作都在秘密中进行，韩信并不知晓具体情况。

楚王韩信听说刘邦快要到达，心中充满疑惧。他反复考虑，自己确实无罪，如果发兵，反而证实了"造反"的罪名，如果到陈县拜见刘邦，又很可能被当场擒拿。正在韩信不知如何是好的时候，有人来求见韩信。韩信忙把那人迎入了宫殿。那人见韩信愁眉不展，就问道："大王为何愁眉不展？是不是因为皇上游历云梦泽，在陈大会诸侯的事情？"

韩信点头道："我正为这件事情烦恼呢！建国伊始，百废待兴，皇上不在洛阳治理国家，发展生产，忽然要游历云梦泽，在陈大会诸侯。陈在我楚国的西边边境上。皇上此举分明是冲着我来的啊！"

那人也说道："我也是这样想的。莫非是朝中有小人向皇上进谗，诬陷大王？"

　　韩信道："我对皇上赤胆忠心，日月可鉴。皇上怎么会听信小人的谗言来设计捉拿我呢？"

　　那人笑了笑说："大王，所谓'狡兔死，走狗烹；飞鸟尽，良弓藏；敌国破，谋臣亡'。现在大王已经替皇上扫平了天下，稳定了四方。皇上见大王用兵如神，号称'兵仙'。他是担心大王对他的帝位有威胁啊！所以不管大王有没有过错，皇上都一定会找借口把大王杀了的！"

　　韩信见他这样说，低头想了想，就接着说道："我领兵帮皇上平定了天下，功勋卓著，他怎么会借机杀我呢？是你多虑了吧！"

　　那人见韩信并不相信自己，就接着说道："如今皇上最担心的就是你们七个异姓诸侯啊！皇上在二月登基称帝，分封了七个异姓诸侯。七月，燕王臧荼就起兵反抗皇上。皇上急忙派兵镇压，足足用了九个月的时间才平定了燕地啊！臧荼兵微将寡，也没有什么能力，皇上平定他尚且用了九个月的时间，如果其他诸侯起兵反抗，那他要用多少时间啊！如果大王起兵呢？以大王用兵如神的能力，稳居七大诸侯之首，如果大王起兵，皇上是您的对手吗？我想皇上一定不是您的对手。因此皇上很担心您起兵反抗他，夺了他的帝位啊！不管如何，皇上都会找借口抓住大王，把大王杀了啊！请大王慎重啊！"

　　韩信知道他分析得很有道理，就问道："那我该怎么办呢？"

　　那人道："大王与其等着皇上设计来捉您，不如起兵，一举攻破皇上的大军，自己登基称帝，然后再逐步削弱其他诸侯的实力，稳固四方。"

　　韩信见他这样说，惊出一身冷汗，忙说道："这话说不得啊！这可是要诛灭九族的大罪啊！"

　　那人见韩信没有起兵的心思，又说道："大王，危险就在眼前啊！如果您犹豫不决，皇上就会把您抓住啊！到时候一切都晚了！"

韩信实在心里矛盾极了，他想到了很多很多，他想到了自己少年时衣食无着的窘境；他想到了自己在项羽帐下的默默无闻；他想到了刘邦对自己的知遇之恩。想到这些，韩信更加不忍心起兵反抗刘邦了。如果没有刘邦，会有我韩信的今天吗？

韩信沉思了半天，叹着气说道："请你不要再说了。皇上对我有知遇之恩，我实在不忍心起兵，和他兵戎相见啊！而且自从投靠皇上以来，我一直对他忠心耿耿，为他出生入死，打下了半壁江山。我想皇上不会不念及这些，就听信小人的谗言，设计捉拿我的！"

那人见韩信始终不肯起兵反抗刘邦。就焦急地说："大王糊涂啊！您一生聪明，料敌如神，怎么就看不透皇上的心思呢？请大王慎重考虑啊！这件事情已经迫在眉睫了！"

陈平献计

韩信无力地挥了挥手，示意那人下去，自己则呆呆地坐在椅子上，一句话也不说。

夜里，韩信辗转反侧，左右为难，不知该如何处理这件事情。第二天一早，韩信一个人静静地坐在宫殿里发呆。一个比较聪明的部下见韩信愁眉不展，就走上来问："大王为何连日来愁眉不展啊？难道是为了皇上要游历云梦泽，在陈大会诸侯的事情吗？"

韩信点了点头，看着他问道："你有什么好办法吗？"

部下说道："大王为何不起兵？大王一旦起兵，皇上自然不是您的对手。到时候，何不杀了他，自己登基称帝。"

韩信见又有人向自己建议起兵，就说道："我是断然不会起兵反抗皇上的，皇上对我韩信有知遇之恩啊！如果我起兵，皇上肯定不是我的对手，但是我就会落下个不仁不义的骂名啊！"

部下急忙说道："大王啊，所谓'成王败寇'。一旦您登基称帝了，只要善待天下的百姓，他们谁还会骂您呢？"

韩信于是叹了口气，说道："请别说了，我是不会起兵的。你还有什么别的办法吗？"

部下见韩信不愿起兵，又说道："大王，臣还有一计，皇上肯定是听了小人的谗言，说钟离眜在大王的宫中，才认定您要谋反的。钟离眜多次带兵和皇上对阵，皇上深恨此人。如果大王把钟离眜杀了，把他的人头献给皇上，皇上一高兴，说不定就没事了。"

晚上，韩信来到钟离眜的房间。两人是多年的朋友，根本不用多说什么，就能了解彼此的心思。钟离眜见韩信愁眉不展的样子，就说道："大王为何愁眉不展？是不是因为刘邦要游历云梦泽，在陈大会诸侯？大王今天晚上到我这里来，我想我的性命到头了。如果不是大王，我早被刘邦抓到了。我的这条命是大王救的。大王今天若想用我的性命换来暂时的平安，我就成全您。"

韩信握着钟离眜的手说："好兄弟！当年我和你一起在项王的帐下当兵，亲如兄弟，情同手足。我杀你不义啊！但是刘邦对我有知遇之恩，如果我起兵反抗刘邦，就是不忠啊！所以我也左右为难啊！"

钟离眜见韩信真情流露，也哽咽着说："大王，我临死之前，还想给您一个忠告啊。大王用兵如神，号称'兵仙'，而我钟离眜曾经在项王的帐下领兵，对兵法也略知一二，只要我为大王死战，刘邦也没有必胜的把握。刘邦之所以不敢大张旗鼓地领兵来进攻大王，是因为他没有必胜的把握，担心被大王打败，失去帝位。大王如果把我杀了，把我的人头献给刘邦，会得到暂时的平安。但是我今天死了，大王的死期也就不远了啊！"

韩信听了钟离眜的话，心中若有所思。他对钟离眜说道："兄弟，你别怪我，我也是被逼无奈啊！"

钟离眜见韩信坚持要杀自己，不愿起兵反抗刘邦，就骂道："你不是一个忠厚的人啊！枉我钟离眜和你相知一场！"说着，钟离眜回身从墙上取下宝剑，缓缓把剑从剑鞘中抽出，往脖子上一抹，就倒了下去。

韩信看到这种情况，万种滋味一起涌上心头，他垂泪说道："兄弟，你别怪我啊！形势所逼，我也无奈啊！你一死，我的死期也就不远了。请兄弟在九泉之下等我！"

韩信见钟离昧已死，于是垂泪让人割下他的脑袋，提着到陈县朝见高祖，借此表明心迹。这时，韩信的心是坦然的，情绪是轻松的。他想，钟离昧已死，这不正说明我对高祖刘邦的一片忠心么？刘邦一定不会怀疑我的。

此时，刘邦已经带着陈平等人来到了云梦，各路诸侯也带着随从到了云梦泽来参见刘邦。刘邦见各路诸侯都到齐了，就差韩信一个，心里暗惊道："韩信不会在准备起兵的事情吧！如果他要起兵，我可怎么办呢？"

正在刘邦心中犯嘀咕的时候，士兵来报说："皇上，楚王带着几个随从骑快马往这里来了。"

刘邦听说韩信只带着几个随从就来了，心里大喜，忙道："快把楚王请进来，我要和他好好叙叙旧。"士兵得到命令，忙出去等候韩信了。

韩信到了刘邦的离宫，翻身下马，对卫士们说："请通报皇上，韩信求见！"士兵们忙说道："大王，皇上已经令我们在这里等候您多时了。请大王跟随我等去见皇上吧！"

韩信跟着士兵们来到了刘邦会见诸侯的大厅。刘邦高高地坐在中间的椅子上，看见韩信走进来，忙假惺惺地走下来，迎上去说："楚王一路奔波，辛苦了！"

韩信忙跪在地上，低头说道："皇上，韩信见驾来迟，请大王恕罪！"接着，韩信从腰间取出包裹，双手擎起来，对刘邦说："皇上，臣知道钟离昧多次带兵和您对阵，实在是罪该万死！前些日子，皇上要臣捉拿此人，奈何让他跑了。这次臣亲自带人，总算杀了钟离昧。钟离昧的人头在此，请皇上过目！"

刘邦本来还担心韩信只带着几个随从来见自己不过是诱饵。韩信可能已经要钟离眜在楚国边境上布置了重兵等着自己。他见韩信已经杀了钟离眜，就放心了，顿时换了一个口气说道："韩信，你好大的胆子，竟然串通项羽的余党，准备谋反！我已经接到大臣的检举信，说你违抗我的命令，不但不抓钟离眜，还把他藏在家里。出入郡县的时候，你竟然带着成队的士兵，比我的派头还大，这难道不是要谋反吗？"

韩信见刘邦不但没有感谢自己杀了钟离眜，还诬陷自己要谋反，心里十分委屈。他想到了部下和钟离眜对自己的忠告，可是这个时候已经晚了。韩信慢慢地站起来，对刘邦说："果然是'狡兔死，走狗烹；飞鸟尽，良弓藏；敌国破，谋臣亡'啊！现在天下已经平定了，也该是烹杀我的时候了。"

刘邦立刻吩咐属下的武士把韩信捆绑起来。刘邦见韩信已被擒，游历云梦泽的任务也就完成了。于是下令道："马上准备回长安。"韩信被刘邦五花大绑，锁在囚车里，一起往洛阳而去。

那个时候，到云梦泽来朝见的诸侯，还有淮南王英布、梁王彭越等人。陈县诸侯会无果而终，有人连皇上的面都没见到，人们无不猜测这次诸侯会的目的。不久，人们听说皇上捕捉了一个大猎物，那就是韩信。又过几天，人们得到准确的消息，说韩信密谋造反，被皇上逮捕押回长安。

各路诸侯郡守、朝中官员听后无不大惊，私下议论纷纷——

"韩信怎能造反呢？"

"楚王很富贵了，人不知足，必取其辱。"

"韩信根本没造反，他受人诬告，被陷害了。"

"韩信造反，是皇上捏造出来的。现在天下已定，功臣没有用了，皇上开始诛杀功臣。你们看吧，下一个不知轮到谁倒霉呢？"

有人推测，皇上是冲异姓王来的。打天下时，为了笼络人心，封功高者为王。现在是刘氏天下，还需要异姓王吗？第一个拿燕王开刀，第二个是韩王，接着就到楚王头上了。

总之，韩信被抓，人们无不惊讶：有这样大功的人，说抓就抓，别人更不在话下了。人们议论纷纷，有褒有贬。曹参、灌婴、樊哙、周勃等主要将领，也是胡乱猜测，倍加小心。陈县诸侯会虽然没做什么，但上下臣属上都成了惊弓之鸟。

　　刘邦回洛阳以后，没过问韩信的事，灌婴却郁郁不乐。

　　韩信自从东渡黄河以来，灌婴长期在韩信身边作战，他看到，汉军每一次大的胜利，都在韩信的指挥下打出来的，直至最后追杀项羽到乌江边上。灌婴在韩信身上学到了很多带兵打仗的本领，有先生加兄弟之情。韩信造反，毫无事实，只凭一个举报，能无冤情吗？

　　韩信大难临头，无论是情还是理都应替他说句话!

　　灌婴找了个机会，面见皇上，说："韩信造反，并没有兴兵作乱的事实，会不会有冤情呢？韩信是三军主帅，功高盖世，影响很大，请陛下谨慎审理。"

　　灌婴是全军最年轻的高级将领，他不敢深说，也不能浅说。

　　那一天，皇上的心情很好，见灌婴提起韩信的事，反问道："你跟随韩信多年，不怕牵连进去吗？"

　　灌婴听完皇上的话，顿时不知所措，吓出一身冷汗，但又一想，反正已经说了，干脆就说到底，便鼓起勇气又说："古人讲：明君伐心，昏君杀人。陛下是明君，不会滥杀无辜，更不会毫无根据地牵连别人。"

　　刘邦听灌婴的话很顺耳，问道："照你看，韩信会不会造反呢？"

　　灌婴说："我和韩信在一起时，他时常说起陛下的知遇之恩。退一步想，韩信如果有反心，做齐王时手有重兵，那时谋反易如反掌，为什么他那时不反呢？"

　　刘邦说："韩信即使不谋反，也有二罪。第一抗旨不遵；第二私养军队。韩信虽然有罪，但有灌将军说情，其罪名再议。"

　　灌婴没想到，皇上竟这样给他面子，千恩万谢，离开了刘邦。

　　其实，刘邦对韩信有限制之心，并无杀害之意。刘邦知道，韩信谋反毫无证据，他只是想借这个机会削一削他的势力。

那一天，诸侯聚会朝见，独不见楚王韩信，大家都感到奇怪。忽然，钟鼓齐鸣，皇帝出来了，英布、彭越等人都匍匐在地，不敢正视。乐声一止，诸侯开始向皇帝朝贺，举头一望，只见刘邦满面怒色，侍立在旁的樊哙也杀气腾腾，大家面面相觑，知道楚王韩信必定凶多吉少。虽然刘邦对韩信不满，但是大家对韩信还是很敬佩的，只是为了明哲保身，只能闭口不言。

紧接着，一个宦者打开皇帝的诏书，大声宣读。英布、彭越等人一听，果然是韩信出事了。楚王韩信的罪名是：没有皇帝的旨意，在楚国"擅发兵"。现在已被缉拿审问，等押到洛阳以后再定罪。大家寻思，当今诸侯谁不拥有自己的军队，谁发兵不是遵照皇帝的命令，这不过是收拾韩信的借口罢了，同时，也是给拥有重兵的英布、彭越两人一点颜色看看。宦官读罢诏书，刘邦一句话也不说，就起身进去了。英布、彭越的心上像是压着一块大石头。

回到长安以后，刘邦也听到一些风言风语，有些大臣、将领思想上产生了波动，私下里议论说："有韩信的今日，就有我们的明日。"看来，这韩信是不能轻易除掉的。他又想，韩信的造反，只是传闻，毕竟还没有成为事实。要是把他办成重刑，肯定人们不服。

这时，有人也暗暗地劝汉高祖："看在韩信过去的功劳上，给予他从宽处理吧！这样办，也好让别的功臣们安心！"

在左右权衡之下，刘邦赦免了韩信，再次将他贬职。降了一级，由"王"降为"侯"，改封为淮阴侯，不用说，兵权也被刘邦夺去了。自此，韩信被软禁在京城长安。

 **楚王还乡**

　　刘邦登基后，又封韩信为楚王。实际上对于韩信来说齐王也好，楚王也好，都是人上人。国中能有几人佩戴王冠呢？韩信出身贫寒，能在一国称王，也算得上荣耀至极了。韩信把家眷聚在一起，连同家臣、佣人、侍卫共五百余人，浩浩荡荡，风风光光，向楚国而来。楚王也有王驾，前边有一百多武士骑马开路，接着是鼓乐队，旌旗队、楚王的家眷、最后是护卫队，前呼后拥的很是气派。楚王家眷所乘各式彩车有三十余辆。身边有佣人、侍女供他们使用。楚王车驾一路光彩，所到之处，人们无不驻足观看，赞叹不已。人生有此风光，足矣。

　　下邳是个繁华的城市，人口多，民富足，韩信先到下邳。

　　下邳县令早就接到报告，出城十里迎接楚王。一切所用之物，县里早就准备好了。县令把自己的县衙腾出来，留给韩信做临时王宫。县衙没有齐王宫气派，但在下邳城也算得上是最好的建筑了。

　　韩信在下邳只住了一天，然后把政务交给县令处理，自己率众人回了淮阴城。

　　淮阴人听说韩信做了楚王，要回乡省亲，不禁奔走相告，都想一睹楚王风采。淮阴县令为家乡的父母官，占有地利，深为荣耀。要不然，头戴王冠的人请也请不到的，于是接待楚王十分用心。县令专门组织县衙官员以及乡绅、知名人士等组建一个礼宾机构，把接待工作从头到尾安排得详细而周到。

　　韩信到淮阴的那天，县令率县衙官吏出城三十里迎接。城中的男人们听县衙的号召，都出城迎接楚王回乡。妇女、孩子也跑出来了，淮阴城万人空巷，人们都想看看热闹。在他们的眼里，淮阴还没来过这样大的官，所以县衙一号召，他们就出来了。在孩子们眼里，王驾就是热闹。他们在人群中钻来钻去，追逐着，呼喊着，又增添许多喜庆气氛。

　　韩信见到迎接他的官员以后，下马和县令及县吏见面。一阵寒暄之后，和县令并骑走在队伍的前边。后边是锣鼓队、唢呐队，鼓乐喧天，非常热闹。各种头面人物之后，是淮阴民众，人们拥挤着，呼喊着，都想一睹楚王风采。在人群中，有许多人认识韩信，但是现在在他们的眼里，韩信再也不是以前的那个样子了。人们谁也没有想到，当年流浪在街头的干瘪乞儿，今天却富丽堂皇地变成了楚王，纷纷议论着——

　　"韩信小的时候，就和别人不一样，有大志。"

　　"韩信是东海蛟龙下界，误落淮阴，有此一难。"

　　"韩信少年身遭劫难，磨炼了意志，后来才成就大业。"

　　"韩信祖坟的风水好，压在龙脉上，所以做了大官。"

　　不管怎么说，都是称赞之辞，龙种、龙脉、蛟龙转世，不一而足。也有人后悔，如果知道韩信能做一国之王，当年他乞讨时，何不好好地招待他？积点阴德，今天也会有个近身的机会。

　　淮阴人热烈欢呼，像过大年一样，把韩信接进了淮阴城。

 **回馈乡里**

公元前 201 年正月，刘邦下令："齐王韩信本是楚国人，现在改封他为楚王，统治原来的楚国。定都下邳 (今江苏邳州东)。"随后，刘邦仿照秦国，在全国设立郡县，登基称帝，建立了西汉王朝。

韩信得到改封的命令，虽然无奈，但是依然带着自己的亲信回到楚国衣锦还乡了。韩信回到故乡，看着故乡的一花一木是那样的亲切。几个月下来，称王于故乡的韩信，还是很春风得意的。

韩信回国后不久，就派人整修他母亲的坟墓。在大队护卫和诸侯仪仗的簇拥之下，他来到修缮一新的母亲坟前，恭恭敬敬地叩拜祭奠。众乡亲听说昔日的落魄浪子，今日以楚王之尊荣，返乡祭墓，都纷纷前来围观。不过这次多的是谄媚之态，当年的鄙夷眼神已荡然无存了。

韩信满面春风地与众乡亲作揖问安，共同回忆着当年的一件件趣事，不时引发出一阵哄堂大笑，当然那笑声多是附和之声。那些当年曾经讥讽韩信一贫如洗却选择宽敞高地为母亲修墓是张狂之举的人，内心暗自惭愧。他们看着整修之后的墓地呈现出庄严肃穆的气氛，不由得感叹：大英雄虽然身处贫困之中，也不失英雄本色。韩信的远大抱负今日变为了现实，而我们当年却对他那样鄙夷，只能说我们是有眼无珠，不识落难中的英雄，只能说自己没有做大将、享受荣华富贵的福气了。

韩信从他们敬畏的眼神中，已洞察了他们的心意，顿时，惬意的感觉涌上心头。是啊，自己奋斗了那么多年，今天总算是有所回报了。

韩信是个说到做到、知恩报恩的人。当他功成名就，特别是又回到家乡任职为王，决心好好报答曾经给他分食的老大娘的恩德，实现他当年的诺言。因此，韩信一到任，就派人前往淮阴寻找那位赠予他饭的老妇人。

韩信派的人找到了那个曾经给自己送饭的老妇人。韩信对老妇人说："您还认识我吗？"

老妇人看了看韩信，平静地说道："当年淮阴城下钓鱼的公子，老妇怎么会忘记呢！"老妇人之所以这样，是不愿意当众说出韩信当年不能自立的窘境。

韩信倒是满不在乎自己的过去，他说道："多亏老妇人当年给我送饭啊，不然我早已饿死了。我要好好感谢您的大恩啊！"说着韩信就让人送给老妇人一千两黄金，以表达自己的谢意。

老妇人说道："大王，我当年送饭给您，并没有想得到您的报答，您还是把黄金收起来吧！"

韩信见老妇人不愿接受自己的感谢，就说道："我并不是感谢您给我送饭，而是感谢您有一颗善良的心啊！"

韩信继续说道："您是我的救命恩人，如果没有您的热心帮助，哪有我韩信今日的荣华富贵？感恩图报，是大丈夫本色，我会让您的后半生安享清福，会像儿子一样侍奉你终老的。"他以千斤黄金为谢礼，送到了老妇人家中，并派人服侍老妇人的饮食起居。

后世人为纪念漂母济人之德和韩信受恩报恩的美德，还在今江苏省淮安县城西门外运河堤岸修建了漂母祠，在韩信当年钓过鱼的运河堤岸旁的松柏林中修建了"韩侯钓台"，并保存至今，供人游览。

当年的南昌亭长听说这件事情以后，十分高兴。他回到家里对妻子说："楚王当年落魄的时候，曾经来家里吃饭。虽然你后来没有好好对待他，我们也总算对他有恩啊！他赐给那个给他送饭的老妇人一千两黄金，也应该赐给我们一千两黄金啊！"亭长的妻子说道："当初我们虽然有恩于他，但是也曾经冷落了他。现在他已经是楚王了，如果他怪罪下来，我们恐怕连命都没有了！你还想着一千两黄金呢！"亭长听了妻子的话，心里十分害怕，整天待在家里不敢出门。韩信听说了这件事情，就笑着说："那两个人也不是坏人啊！"于是，韩信派人去把南昌亭长找来，对他说："你不过是一个小人罢了，做善事不能善始善终。我也不怪你当初冷落了我，你也不必害怕了。"说着，韩信送给了他一百个铜钱。

韩信又传令召见那个曾经侮辱他的无赖。那家伙听说韩信传他，吓得面色如土、魂不附体。心想，那位亭长因为拒绝招待韩信吃饭，就被当面责骂羞辱，我迫使韩信当众受辱，韩信必定怀恨在心。得罪了韩信，今日能保住一条性命就该是侥幸了。

他被带到楚王府，见到韩信，惊恐万状。他两腿一软，"扑通"一声跪倒在地上，嘴里连连求饶："大王饶命吧！大王饶命吧！"韩信微微一笑，命令道："起来吧！"那无赖惊慌地爬了起来，两眼不敢正视新到任的楚王，哆哆嗦嗦地站在那里，怀里就像揣个兔子一样，惴惴不安。

韩信手下的人，看到眼前这个曾经仗势欺人、侮辱楚王的无赖，气愤极了，都跃跃欲试地恨不得马上亲手砍下他的脑袋。韩信爽朗地大笑起来，阻止了他们。并且当着大家的面说："我喜欢这个人，不是因为别的，是因为你促成了我的成就！"众人一听，丈二和尚摸不着头脑，这是怎么回事？受辱了还感谢？

只听韩信继续道米："当初你强迫我钻胯裆、百般侮辱我的时候，我难道不能杀死你吗？但我想，杀死了你，我也活不成，也就不会有什么成就了。所以，我忍受了一时的侮辱，把胯下之辱铭刻于心，时时用它来鞭策自己，警告自己，要立志实现抱负，洗雪这不光彩的一页。所以，这胯下之辱，倒是我成就今天这功业的动力，为感谢你对我成就功业的帮助，我任命你做楚国捕捉盗贼的中尉！"

天下大定，衣锦还乡

大家听了楚王这一番话，你看看我，我看看你，才明白了过来，齐声答："大王深谋远虑，不是一般人能比的啊！"

那位恶少感动得涕泪横流，他做梦也没想到，今天落到韩信手里，不但没有丧命，而且高居王位的韩信，却下令任命他为中尉。他情不自禁地再次趴在地上，连连磕头谢恩。

其实有人猜测，韩信是想利用这件事，向刘邦转达这样的信息：我韩信对于当年当众污辱我的人，都能以德报怨。对于重用过我的皇帝，自然更不会有任何不敬之心了，希望刘邦大可不必多作猜疑了。

韩信宽容对待曾经羞辱过自己的人的美名很快在楚国传开了，老百姓纷纷称赞韩信的大仁大义！

经过一年多的时间，韩信在楚国的威名越来越大，刘邦对此感到十分不安，他始终担心韩信等异姓诸侯会威胁到自己的统治。

第七章

兔死狗烹，将星陨落

飞鸟尽，良弓藏。狡兔死，走狗烹。敌国灭，谋臣亡。越王勾践被灭国后，被迫到齐国做奴隶，卧薪尝胆，后采用文种之计灭掉齐国，但是勾践在吴灭后，嫉文种的才能而怀疑他造反，文种最终被赐死。李牧善于用兵，帮助赵王不被强秦所灭，后被赵王杀害……自古以来，有功之臣，总避免不了兔死狗烹的结局，韩信，自然也不能幸免。

软禁长安

　　成为淮阴侯的韩信被刘邦软禁在长安，以便就近监视他的一举一动。韩信住在长安一个很不错的院子里，据说之前这是一位将军的宅子。院子很大，有几十间房子，后边还有一个大花园，四周有围墙，院中心有一棵大槐树，比淮阴城里的那棵还粗还大。

　　韩信受侯爵待遇，一切饭食车马都由朝廷供应，生活不缺什么。韩信清闲自在，只是不愿上朝。自己过去的部下都远远地站在前边，和他们相比不免自惭形秽，所以心情不畅快，时常托病不出。

　　皇上对韩信也不深究，但一年来韩信在朝堂上一言不发，皇上倒想追问一下。一天，上朝事情不多，皇上看韩信站在后边，问道："淮阴侯上朝一年来一言不发，为什么呀？"

　　韩信听皇上叫到头上，急忙跪下来向皇上磕头，说："臣有事，但难以开口，不敢和陛下说。"

　　"有什么事呀，说出来叫朕听听。"

　　韩信说："陛下，臣想请假回淮阴为老母守坟。"

　　刘邦笑了笑说："为老母守坟是假，放浪山水是真，对吗？"

　　韩信没想到，皇上已经看出自己的心思，便诚实地答道："陛下圣明。臣出生村野，常年从军，放浪形骸散漫惯了，所以，在京城闲居很不踏实。"

　　刘邦说："我也想游猎山林，垂钓河边，可是天下大事谁来管呢？

现在我们都是国家的人，应当为国家出力，为老母守坟的事，先放一放再说吧。朕想问你对国家有哪些建议？"

韩信想了想，说："北方匈奴正在强大，不断南侵，实为心腹大患。匈奴离长安最近处七百里，骑快马一天一夜即可到达。如果匈奴突然发动袭击，后果将不堪设想。"

刘邦没想到，韩信又提起匈奴的事，想了想说："匈奴看起来凶悍，实际上外强中干。自古以来胡人就没进过中原。待我腾出手来，把他们赶回河套就是了。"

韩信看皇上信心十足，没有再谏。

散朝以后，刘邦对身边人说："你们知道韩信为什么又提匈奴的事吗？"

身边没有人有回答。

刘邦说："当初我在定陶接收他的兵权时，他说大汉早晚和匈奴有一战。他是用匈奴做借口，不想交兵权，今天他又借匈奴想讨要兵权。"

身边也有人看出匈奴对大汉有威胁，但为了讨好皇上，谁也没提异议，只捧着皇上说话。

一年多的时间，韩信只提了这一条建议，还被皇上否定了，于是更加快快不乐，觉得上朝无聊，时常托病在家，偶尔上朝也一言不发，更失去了上朝的信心。

樊哙也觉得匈奴对大汉有威胁，这天散朝回来，绕道来到淮阴侯府，要见韩信。

樊哙是吕后妹妹吕须的丈夫，论起来和刘邦是连襟兄弟。樊哙前来拜访，韩信有很多疑虑，但樊哙拜见韩信却非常认真，见面后先跪下来给韩信磕头，说："我是真心拜见大将军的，请勿见疑。"

韩信见樊哙跪在地上磕头，非常诧异，大有受宠若惊之感，急忙把樊哙扶起来，连声说："怎能这样，怎能这样？将军如此大礼，我怎能承受。"

樊哙起身坐在韩信身边，说："在汉军中我也算是名将，但我还是佩服大将军。你的军功不在勇，而在智。我只是一介勇夫而已，你不愧为智勇双全的大将军。"

韩信看樊哙的态度真诚、坦率，很受感动，说："此一时，彼一时也。除了打仗，我什么也不会做，现在天下太平，我只能做个闲人了。"

樊哙想起捕捉韩信的事，有些惭愧地说："当初我受皇上的指令捕捉将军，实在惭愧。但我去楚国调查，没有查到将军谋反情形，都如实地向皇上报了。"

韩信见樊哙提起那段不愉快的事，急忙说："将军为人光明磊落，非常难得。当时，你能如实向皇上报告楚国的情况，不但救了我，也救了我的全家。要不然，我死也不能瞑目。韩信在此感谢了。"韩信说完起身向樊哙施礼。

樊哙又起身还礼说："当初，在汉中拜你为大将时，我心里还不服。后来看你指挥若定，用兵如神，攻无不克，战无不胜。我才打心底里佩服你，甘心做你的部下，至今依然。今天我来见将军，是想请教匈奴的事。其实，我与你有同感，大汉早晚要和他们开仗。"

韩信说："实际上，皇上不一定看不出匈奴的威胁，但皇上以为我借口匈奴威胁索要兵权，非也。匈奴发展由来已久，冒顿单于夺取王位后，重视学习中原政治军事，发展很快，早在秦时，就已经很强大了。始皇帝修长城，也足见对匈奴的重视。秦末以来多年战乱，中原不但没有发展，还倒退许多。匈奴南下掠夺，是看到大汉实力奈何不了他。所以说，匈奴是大汉王朝的心腹大患。"

樊哙说："依将军看，怎样处理和匈奴的关系呢？"

韩信说："内修政治，外联邻邦。内修政治就是使大汉强盛起来，这是战胜匈奴的根本。至于安邦，一在外交，二在军事，两者缺一不可。没有实力的外交，是空洞无力的，不足以让敌人折服。单纯的军事，将耗费更多的物力和财力，弄不好还会把事情弄糟。而大汉刚刚

兔死狗烹，将星陨落

一统天下，急需休养生息，不足以和匈奴对抗。"

樊哙听得入迷，说："韩将军谈军论道，高人一等，的确超群。我将向皇上陈述你的观点。我们都是为了江山社稷。"

韩信说："有樊将军理解我，足矣!"

樊哙没有想到，韩信把匈奴问题想得这样细致，这样周到。两人谈匈奴，想国策，一直谈到太阳偏西，樊哙这才告辞。临别时，韩信拉住樊哙的手说："带兵打仗我还能说几句，在政治上我实在半黑半白，半懂不懂，更不知其中的变化。樊将军为人坦荡，忠勇可敬。我一生能和你这样的人交朋友，知足了。"

樊哙觉得韩信讲得有理。第二天专门和皇上谈了匈奴的事。解释了韩信的本意。刘邦不以为然，未置可否。

 白登之围

韩王信出身旧贵族，祖上为战国时期的韩襄王。秦末的时候，汉高祖率军征战于河南，韩王信投奔汉军。刘邦占领关中后，拜他为太尉，让他率军攻打韩国故地，并在不久后赐封他为韩王。但是，韩王信在荥阳战败后，投降了楚军，很快又逃回汉营。刘邦并没有计较，而是再次赐封他为韩王。此后，韩王信追随刘邦东征西战，功劳卓著。刘邦称帝后，韩王信被封在颍川。

后来，刘邦认为颍川是军事重地，担心韩王信日后反叛，便借口

防御胡人，将其封地改为太原。韩王信上书刘邦，请求把都城定在马邑，得到批准。

不久，匈奴的冒顿单于带领大军包围了马邑。面对匈奴大军，韩王信自认无法抵挡，便向冒顿求和。

一天早朝，刘邦突然得到紧急情报："太原郡守韩王信率军反叛朝廷，与匈奴合兵一处，正在南下，来势凶猛。"

刘邦大惊，骂道："韩王信，勾结匈奴、叛国投敌。罪该万死，我将亲率大军讨伐他。"

韩王信是刘邦消灭韩王郑昌后，封的第一个异姓王。韩王信是韩国人的后代，破韩有功。刘邦封韩国人的后世为王，给六国贵族很大影响，导致六国贵族心向刘邦，形成了大好的局面。但是，天下平定以后，刘邦开始革削异姓王，灭燕王臧荼，流放韩王信到太原，捉楚王韩信……韩王信被流放到太原以后，对刘邦极为不满，当冒顿单于攻打太原时，他就投降了匈奴，然后与匈奴率军一路南下，给刚刚建立的汉王朝带来极大的威胁。

有人说匈奴来自蛮荒之地，马瘦兵弱，不善于战法，不足忧虑。

也有人说匈奴人强马壮，凶勇剽悍，又有韩王信做前导，不可轻举妄动，要设法和解。

刘邦大怒道："食肉寝皮之辈，居无定所之徒，有何惧哉？更可恨的是，韩王信卖国投敌，罪不容诛，岂有和解之理？"

皇上要打仗，谁敢反对？对匈奴用兵，谁为大将？朝中文武百官议论纷纷。樊哙主张起用韩信为大将军，刘邦却没有答应。

刘邦不仅不想让韩信掌握兵权，更重要的是他没把匈奴放在眼里。刘邦决定用樊哙为大将军，陈平为谋士，自己亲自随军督战。樊哙想推辞而力举韩信，但他又怕皇上有想法，只好应承了。

等到选定良辰吉日，刘邦统领率三十二万大军御驾亲征，北击匈奴。

汉高祖刘邦亲率大军出征，很快便击败韩王信，韩王信逃至匈奴

兔死狗烹，将星陨落

人那里。其部将曼丘臣和王黄拥立赵国后裔赵利为赵王，继续率领韩王信的残兵反叛。冒顿派左右贤王领骑兵与王黄军联合，驻扎在广武以南至晋阳之间，企图阻止汉军北进，但被汉军打败。随后，又在离石被汉军击败。不久，汉军再次战胜匈奴军。

见汉军数次大败匈奴军，刘邦便准备北进，一举消灭匈奴。为了做到知己知彼，刘邦派出特使侦察敌情。特使回来报告说，敌方都是老弱残兵，不堪一击。刘邦仍不放心，再派娄敬前去观察。娄敬回来说："我看到的全是老弱残兵，但陛下想想，如果真是残弱不堪，他们怎么可能出兵呢？可见，他们是要引诱我们攻击，然后伏兵四起。

汉武帝反击匈奴之战

所以我认为对匈奴绝对不可采取军事行动。"刘邦不认可娄敬的分析，认为此时敌兵羸弱，正好乘势攻击。但娄敬坚决反对出兵，于是，刘邦便下令将娄敬下狱。

果然不出娄敬所料，冒顿故意把老弱残兵暴露在外，而将精兵隐蔽起来，就是为了引诱汉军出兵。汉高祖以为敌军都是老弱残兵，他率领先锋军到达白登山时，汉军主力尚未赶到。然而正在这个时候，冒顿率领十万精锐骑兵突然杀出，把汉军重重包围。

汉高祖刘邦被围七天七夜，汉军内外不能接济，当时正值冬季，寒风凛冽，汉军冻伤、饿死者甚多。此时，陈平探知冒顿的王后十分受宠，于是决定利用她。他派使者带黄金、珠宝去密会王后。王后见到如此多的奇珍异宝，马上沉醉其中。

紧接着，使者又拿出一幅美女图，请王后转交给单于。王后见画上女子十分美貌，马上心生妒意，问使者："此是何意？""汉朝皇帝被困在这里，想和单于化干戈为玉帛。我此番前来，就是想让王后在单于面前多多美言，但又担心单于拒绝，于是准备将我大汉最漂亮的女人送于单于。但此女尚未赶到，所以将其画像先行送上。"使者巧妙地答道。

王后闻听气愤不已，说："单于根本不会喜欢此女，你们不用献。"使者说："我们皇上说，如果将我朝第一美人献给单于，就可能使单于不再宠爱王后。但是，我们不这样做，就无法脱离困境。当然，如果王后有办法让我们突出重围，那我们就绝不会把美人献给单于。"王后害怕失宠于单于，便答应了汉使的请求。

于是，王后对冒顿说："据说赶来救驾的汉朝大军明天就会到。"单于有些不信，问："此事当真？"王后说："当然，我们将汉朝皇帝困于白登山。汉军必会前来救驾。如果到了那个时候，即使大王大败汉军，占据其城，也会因不适应当地生活而撤军；而大王若败于汉军，汉军内外夹攻，我们必死无疑。"说完恸哭不止。单于见状便犹疑起来，问："那本王该怎么做呢？"王后道："汉军困于此处已经七天，但却毫不混乱，汉朝皇帝必然是有神灵保护。大王若逆天而行，困死汉帝，就会受到上天惩罚。现在，我们让他活命，就可以可避免灾难临门了。"次日，冒顿便下令弃守一个城角，汉军才脱围而出。刘邦回到军营后，马上特赦娄敬，并加封他为关内侯。

刘邦没有料到，这次出征却大败于平城，自己被匈奴包围在白登山上，饿了七天，冻了七夜，多亏陈平用计才逃离死难。

平城一战，刘邦看到了匈奴的实力。刘邦无法战胜匈奴，回关中以后，采用和亲政策，给匈奴多送礼物，暂时稳定了与匈奴的关系，但根本问题仍然没有解决。事实虽然证明了韩信的远见卓识，但刘邦仍然不肯重用韩信。

兔死狗烹，将星陨落

韩信点兵

韩信，这样一个指挥过百万之众的大将，为西汉王朝建立过特殊功勋的将才，现在却降为淮阴侯，心情当然是极其恶劣的，不久就生病卧床，不能出门。

此时的长安城内，到处都散播着不利于韩信的流言蜚语。有人说韩信的病是伪装的，因为他不愿意朝见皇帝，更不屑与绛侯周勃、颍阴侯灌婴等列侯排在一起。传言说得有鼻子有眼，让人不得不相信。有人还说韩信有一次去拜访樊哙，樊将军对他很客气，自称为"臣"，称呼他为"大王"，跪拜迎送，十分尽礼，但是韩信却骄傲非凡，讥笑樊将军说："我一辈子都没有想到，现在会与樊哙这样的人同列，真是可悲啊！"

人们也不细想，樊哙是在云梦泽亲手捉拿韩信的人，韩信不可能去拜访，即使去拜访，樊哙那个骄横的将军，也不可能那样谦卑客气。但是墙倒众人推，韩信既已身败名裂，别人也不会去想他从前是如何了。

实际上，这些流言蜚语刘邦也有所耳闻，在刘邦内心深处，对韩信的夺王贬爵，也时常有内疚之感，只是出于预防雄才大略的韩信可能发起的叛乱，以确保刘氏天下的稳定，他才不得不以非常手段软禁韩信，达到防患于未然的目的。

韩信的快快不乐，甚至口出怨言，刘邦自然也一清二楚，但他仍然能够理解韩信的情绪，无罪而遭捕贬爵，试想这世间又有哪个人能够安之若素，无动于衷呢？或许是为了安慰韩信，以减轻自己的内疚之感，刘邦在闲暇时，也传召韩信入宫面谈，而楚汉之争自然成了他们之间兴趣相投的话题。

一天，刘邦与韩信从容交谈，评论各位将领的才干，韩信一分为二地评说了各位将领的长与短，兵家论将，如同醉翁论酒，自然是乐在其中，谈兴勃发，他们进入了物我两忘的境地。刘邦也时常发表褒贬评论，二人的见解每当出现不谋而合时，就拊掌大笑，气氛非常融洽。

忽然，刘邦当面请教韩信，像当年登坛拜大将那样问道："如我这样的人，能够指挥多少士卒呢？"

韩信不假思索地说："陛下不过能统十万兵马。"

刘邦不觉得一愣：这家伙是直言相告？还是有意贬辱我？他用带着几分不快的语调又问："那么你呢？"

韩信十分骄傲，自信地说："我嘛，大将点兵，多多益善！"

刘邦心中又添了三分不悦，勉强说："将军如此大才，我很佩服。现在，我有一个小小的问题向将军请教，凭将军的大才，答起来一定不费吹灰之力的。"韩信满不在乎地说："可以。"韩信心想：我都带兵这么多年了，还有什么问题能够难得到我吗？

刘邦看到韩信满不在乎的神气，狡黠地一笑，传令叫来一小队士兵隔墙站队，刘邦发令："每三人站成一排。"队列站好后，小队长进来报告："最后一排只有二人。""刘邦又传令："每五人站成一排。"小队长报告："最后一排只有三人。"刘邦再传令："每七人站成一排。"小队长报告："最后一排只有二人。"

如此这般站了几次队，一旁的人都不知道刘邦要干什么。这时，刘邦却转脸问韩信："敢问将军，这队士兵有多少人？"

韩信脱口而出："二十三人。"

刘邦大惊，心中的不快已增至十分，心想：此人本事太大，留他在迟早是个祸患。我得想法找个由头把他杀掉，免生后患。

一面则佯装笑脸夸了几句，并问："你是怎样算的?"

韩信说："臣幼得黄石公传授《孙子算经》，这孙子乃鬼谷子的弟子，算经中载有此题之算法，口诀是：三人同行七十稀，五树梅花开一枝，七子团圆正月半，除百零五便得知。"

刘邦听了以后很是惊奇，自己这个皇帝从来都没有听说过的事情，韩信却知道。想杀韩信的欲望，在刘邦胸中愈演愈烈。

刘邦听了韩信自信的答复后，觉得自己挺丢脸，为了挽回一点面子，就讥笑韩信说："你这位自称统兵多多益善的人，又那么深谙算法，怎么却被我这个只能指挥十万军队的人活捉呢?"

韩信觉察到刘邦说话的语气不对头，意识到自己那一番话刺痛了这位傲慢的皇帝。而刘邦的这句话，也深深地刺痛了韩信，使他猛然意识到他的一时失言，韩信只得说："陛下不能指挥兵，却善于指挥将，这就是我为陛下所擒的原因，而且，陛下是上天授予的，不是人力呀。"

韩信这么圆场，刘邦自然就不便再穷追不舍，于是，他就转怒为喜，"哈哈"大笑起来，那眉头上的疙瘩随着笑声，顷刻舒展开了。

韩信顺水推舟，既满足了刘邦的好胜之心，减缓了刘邦的猜忌之念，也借以自我安慰刚刚受到剧烈冲击的心灵创伤。不过韩信心中自然有好多感慨，俗话说，"伴君如伴虎"。这话一点也不假，跟皇帝在一起，需要格外小心，稍有疏忽，就会飞来横祸。

从此之后，刘邦再也不召韩信入宫单独面谈了，对于韩信的遭遇，他觉得心安理得了，而防范之心却并未衰减。

 **陈豨叛乱**

从兵权被夺遭捕被贬的事上，韩信看到了前途的危险，心里想着应该好好提防刘邦了，不然，哪天命归黄泉了还不知道为什么呢。

他又想，这样俯首帖耳地下去同样会吃大亏的。听蒯通的话，反叛吧，倒真的是一条生路。然而，他又下不了决心，拿不定主意。于是，他陷入极度的彷徨苦闷之中。

后来，刘邦又采取了一系列措施，继续千方百计地削弱限制异姓诸侯王的势力，借以巩固自己的统治，这就进一步加剧了朝廷与诸侯王的矛盾。韩信看清了这种形势，最后拿定主意，走反叛的道路。

可是谁是可信的领头人呢？韩信在选择人才方面陷入了困境，一时无从下手。其实，韩信这一年的遭遇得到了不少人的同情。陈豨就是其中的一个。

早在陈豨受命担任代国相国、监领北部军队之时，他就赶往韩信府上，向韩信辞行。韩信拉着陈豨的手，在庭院中往返散步，几次欲言又止，但是碍于有侍从在场，而且又不知陈豨是否可信，一直没将心里的想法说出来，只是不住地叹气。

陈豨见到韩信如此，想到他定有什么难言之隐。就问道："淮阴侯，好像有什么心事？不妨直说。"

韩信见陈豨已经知道自己有话要说，就对身边的人说："你们都下去吧，我和陈郡守要叙叙旧。"侍从得到韩信的命令，都退了下去。韩信见状，就握着陈豨的手，一起来到了院子中。他们在院子里散着步。韩信见左右无人，就对陈豨说："皇上封你为巨鹿郡守，那里可是一个兵精将广之地啊！当年我就是从赵地征召士兵，东进攻齐的。赵地的士兵英勇善战，是天底下难得的精兵啊！"

陈豨见韩信说到精兵良将，立刻说道："大将军所指何事？"

韩信问道："你难道想久居人之下吗？我想和你说一些秘密的事情，请你保密！"

陈豨说道："请大将军放心，陈某虽死不会透露你我之间的秘密。我也不愿久居人下啊！况且皇上已经取得了天下，他一个一个地削弱开国功臣的权力，是担心他们会威胁到自己的帝位啊！大将军用兵如神，攻无不克，战无不胜，为大汉王朝打下了半壁江山，到头来还是一个淮阴侯。假若当年我也为皇上立下战功，他也会这样对待我的啊！"

韩信叹道："我韩信对皇上忠心耿耿，最终还落个谋反的罪名。如今既然有了谋反的罪名，我就要把这件事情做到底。"

陈豨急问道："大将军打算如何做？"韩信说："你即将去上任的代地，集中了天下所有的精兵，而你本人，又是深受刘邦信任的人。这些条件，对于你起兵夺取天下，是极为有利的。而且因为你是皇帝陛下十分宠信的臣子，所以在你起事之初，如果有人告发你反叛，高祖一定不会相信。不过，据我的经验，要是此人再次告发，皇帝对你就会产生怀疑，第三次告发，高祖刘邦就会痛恨你，当刘邦得知你确已起兵，必定会勃然大怒，然后就会亲自领兵去征伐你。在他犹豫不定之时，你就可以乘机扩充势力，广占地盘，足以和他周旋。等他率兵亲征之后，我就乘京城兵力空虚之机，从中起事，配合你的行动。如此一来，你就可以战胜刘邦，夺取天下。"

陈豨认真地听着，他觉得韩信这番话是有道理的。陈豨跟随高祖好多年了，据陈豨对高祖这些年的了解，高祖确实是这样的人。

韩信继续说："高祖陛下有始无终，薄情寡恩。咱们在他手下不会有好结果的!"

陈豨素来敬服韩信的才干,对他的这一谋略和话语深信不疑,而且韩信现在的境遇正在验证一切。所以陈豨当即说:"请您放心,我必定按照您的计划行事。"

二人秘密订约之后,陈豨就走马上任了。

送走了陈豨,韩信把自己的聪明才智掩藏得更深了,他几乎不愿出门了。不久,韩信还暗中派人去陈豨军中,互通信息,准备里应外合,相互照应。由于韩信多年在京城过着软禁生活,军权早被解除,无法直接策动军队哗变,那到底怎样响应呢?韩信和家臣们秘密商量。最后决定:趁黑夜假造高祖皇帝的诏书,赦免在官府服役的那些罪犯和奴隶,恢复他们的民众身份,借以赢得他们的支持,依靠他们的力量,起事诛杀留守京城的吕后和皇太子刘盈。

公元前197年,陈豨经过三年多的准备已经积蓄了足够的力量,于是在巨鹿起兵反抗刘邦。有人向刘邦报告说:"皇上,大事不好了!陈豨在巨鹿谋反了。"刘邦笑了笑说:"你一定搞错了,陈豨是我亲信,他怎么会起兵反抗我呢?"

过了几天,又有一个人从北方风尘仆仆地来到长安宫中,对刘邦说:"皇上,大事不好了。陈豨真的在巨鹿起兵,反抗皇上的统治了。"刘邦闻听,心下狐疑不定。他想:"陈豨是我的亲信,他应该不会起兵反抗我才对啊!不过仅仅几天时间就已经有两个人向我报告陈豨起兵了。看来这件事情不是空穴来风啊!"

刘邦正想派人去调查清楚这件事情,又有一个人匆匆忙忙地闯进宫中,上气不接下气地对刘邦说:"皇上,大事不好了!"

刘邦见他匆匆忙忙闯进宫中,又上气不接下气的样子,就问道:"什么大事不好了,你这么慌慌张张的?"

那人急忙对刘邦说:"皇上,陈豨在巨鹿聚集了数万军队,准备反抗皇上您呢!"

刘邦听了第三个人的汇报,勃然大怒道:"立刻集合国中的部队,

兔死狗烹,将星陨落

我要御驾亲征，去平定陈豨这个贼人。"

不少将领随高祖出征，唯有韩信推说有病，拒绝了刘邦的邀约，没有随军出征，而留居京城。刘邦的亲信将领周缲竟哭着说："陛下还要亲征，难道是无人可以出力了吗？"

是的，韩信赋闲长安，彭越和英布也借故不领兵助战。刘邦心想：如果韩信趁自己出兵逃离长安，在刘邦看来，后果将是十分严重的。一个对付韩信的阴谋，正在酝酿之中。

彭越被杀

汉十年 (公元前 197 年) 秋刘邦征讨陈豨，觉得兵力不足，派人向梁王彭越征兵。

刘邦显然是为防止彭越趁机反叛而对他严密监护。彭越称病不从，因为怕遭到刘邦的暗算，他只派了一个将军率两千兵马赶赴邯郸讨伐陈豨。刘邦本来心气不顺，见彭越只派两千人马来，大怒，问彭越部将："彭越为什么不来？"

部将看皇上发怒，吓得浑身发抖，答道："梁王身染重病，不能前来，要我向皇上谢罪。"

刘邦大骂道："只要他还有一口气，用筐抬，也得抬来。"

实际上，刘邦对彭越的气愤不是从这儿开始的。当初，和项羽作战时曾约彭越会战固陵，他就没有来，使刘邦险些死在乱军之中。后来听从张良的计策。答应封彭越为梁王，他才出兵。为此，刘邦非常痛恨彭越，那口气至今没出。今天用他的时候又软拖硬抗，刘邦气上加气，完全忘记了彭越昔日的功劳，当着部将的面大骂彭越。

听说刘邦恼怒自己未能亲自带兵前来会战，并且派人去责备自己。彭越非常害怕，打算亲自到邯郸谢罪。彭越手下的将军扈辄建议说："君王刚开始不去会战，受到责备以后才去谢罪，去了必是大祸临头，不如发兵反叛。"然而梁王彭越并没有采纳扈辄的建议，而是继续称病。

梁国的太仆犯罪激怒了彭越，彭越想杀了他。梁太仆就从梁逃到邯郸，向刘邦密报说梁王彭越与将军扈辄合谋反叛。刘邦抓住这个把柄，派使者在彭越毫无察觉的情况下，将他擒获，押送洛阳加以囚禁。司法官审讯彭越后，结论是："反叛已经形成事实，请按有关法律处死罪。"刘邦削去梁王封号，将其贬为庶人，给他留了条命，流放到蜀地的青衣 (今四川临邛)。

彭越被贬为庶人以后，路上满腹冤屈，进入关中不久，正好遇到了吕后的车马向洛阳来。彭越拦住吕后的銮驾，向她陈述了冤情。说话时非常伤心，泪流满面。

吕后看彭越很伤心，说："既然你没有造反，就跟我回洛阳吧。我会在皇上面前给你说情的。"

彭越很高兴，跟着吕后又回到洛阳。

吕后回洛阳后迅速对刘邦说："彭越是行伍出身，善于带兵打仗。当初和项王争天下时，他时楚时汉，会战固陵时，他按兵不动，趁机向你索要王位。如今他若带着怨恨去蜀郡，永远是个祸害。不如斩草除根，以绝后患，所以，我又把他带回来了。"

刘邦沉默良久，没有回答。

于是，吕后重新审理彭越案件，指使家臣告发彭越谋反，给彭越定下谋反罪名，杀了彭越，夷灭三族。

吕后杀了彭越以后，为震慑别人，割彭越的肉做成肉酱，分给诸

兔死狗烹，将星陨落

侯王每人一份。天下诸侯收到彭越的肉酱，无不大惊失色。淮南王英布接到梁王彭越的肉酱以后，面如死灰，兔死狐悲之心油然而生。

韩信在长安也收到了一份肉酱，他知道吕后的用意，不觉潸然泪下，说："吕后心肠，蛇蝎不及。天下重臣，人人自危，不知大难明天落在谁的头上？"

梁王彭越的大夫栾布出使齐国，回来后，在彭越的头颅下奏报，祭祀后痛哭一场。官吏将他逮捕，报告给高帝。高祖召来栾布，痛骂一番，想煮死他。侍卫正提起他要投入滚水中，栾布回头说："请让我说句话再死。"高祖便问："你还有什么话？"栾布说："当年皇上受困于彭城，战败于荥阳、成皋之间，而项羽之所以不能西进，是因为彭越守住梁地，与汉联合而使楚为难。当时，只要彭越有所偏向，联楚则汉败，联汉则楚亡。况且垓下会战，没有彭越，项羽就不会灭亡。如今天下已经平定，彭越接受符节被封为王，也想传给子孙后代。但陛下向梁国征一次兵，就因彭越有病不能前来疑心他造反；未见到反叛迹象，便以苛细小事诛杀了他，我担心功臣们会人人自危。现在彭越已经死了，我活着也没多大意义，请煮死我吧！"高祖认为栾布之言有理，便赦免了他的罪，封他为都尉。

在汉军系统中，独立指挥军队同项羽作战，并立下巨功的，首推韩信，次属彭越。不过，彭越同韩信一样，是抱着追求富贵功名利禄，特别是兴宗耀祖、裂地为王的思想参加到秦末战争和楚汉战争中去的。随着其力量的发展和功劳的增加，其政治野心和要求不断膨胀，同他们的最高首领的矛盾也逐日加大。刘邦遭围困时彭越不去助战，刘邦因此而心中大为不满。后来刘邦率汉军主力追击楚军时，又因彭越按兵不动而吃了败仗。虽然后来刘邦封彭越为梁王，但除掉彭越的决定已经深植刘邦心中，而彭越当时毫无察觉。

自始至终，彭越虽并没有反叛，甚至还没有反叛的想法，但他拥有的庞大封地和权力以及他的军事才能和军事力量，都严重威胁着君主专制的中央集权，这些人一日不除，天下就一日不宁。从这点看，梁王彭越和楚王韩信的悲剧都是必然的。

决心谋反

刘邦一直不放心韩信，这一点陈平一直看在眼里。一天下朝后，众大臣都走了，但是陈平却没有离开。他找到皇上，说道："皇上，朝中真正有把握一举攻下陈豨的恐怕只有淮阴侯韩信了。"

刘邦叹了口气说："我也是这样想的啊！不过这个韩信，我对他始终不放心。他用兵如神，攻无不克，战无不胜，号称'兵仙'。万一他临阵倒戈，我哪里是他的对手啊！到时候，恐怕连我的帝位都不保了啊！"

陈平见刘邦始终担心韩信谋反，就说道："大王多虑了！韩信为人多情重诺，对皇上十分忠心。只要皇上不怀疑他，他肯定不会谋反的。如果要谋反，韩信早在您和项羽对阵的时候就谋反了；如果要谋反，韩信早在您游历云梦泽的时候就谋反了。"

刘邦摇了摇头说："此一时，彼一时啊！你不了解韩信的为人！当时韩信自然不会谋反，不过现在形势不同了。我最宠信的郡守陈豨在赵地的巨鹿谋反，韩信和他有故交，怎么会帮助我呢！而且韩信在赵地的威望特别高，只要他振臂一呼，赵地的百姓都会投靠他的啊！"

陈平见刘邦顾虑重重，就问道："那皇上想一想，还有谁可以带兵一举攻破巨鹿，平定陈豨的谋反呢？"

刘邦听了陈平的话，情绪十分低落，他摇了摇头，说道："除了韩信，恐怕再也没有人有把握一举平定陈豨的谋反了！"

陈平想了想，说道："皇上，臣倒有一个两全其美的办法。皇上御驾亲征，攻打陈豨，要韩信在帐下做一名参谋，不要给他兵权。韩信的计策一出，皇上另派将领去执行便是了。"

刘邦听了陈平的建议，大喜道："这倒是一个好办法。你立刻去韩信的府上，传我的旨意，要韩信随我御驾亲征！"

陈平领命往韩信的家里去。此时，韩信已得知陈豨在巨鹿起兵，他正在考虑如何配合陈豨，一举消灭刘邦及其党羽，家人忽然来报，说："陈平来访！"

韩信心里大惊，他想："陈平是皇上的心腹，他突然来访，莫非是皇上要我领兵出征陈豨！"想着，韩信整理衣衫，出去会见陈平。

陈平见了韩信，两人寒暄一番。陈平对韩信说道："淮阴侯领兵打仗，攻无不克，战无不胜，号称'当世兵仙'。陈豨在巨鹿谋反，皇上旨在一举消灭他的叛军。满朝上下，唯有淮阴侯随皇上御驾亲征，出谋划策，才有这个把握啊！皇上派我来告知淮阴侯，请准备出征的事情。"

韩信见刘邦要御驾亲征，让自己在帐下出谋划策，就知道刘邦还是信不过自己，心里很不高兴。但是他又想道："皇上要御驾亲征还是想到了我啊！他对我的军事才能还是十分看重的！但是这个陈平口口声声称我为淮阴侯，难道不知我曾为楚王？简直欺人太甚啊！"想到这里，韩信对陈平说道："皇上还想着我韩信啊！请向皇上汇报，我韩信一定随皇上出征，一举平叛陈豨的叛军。"

陈平离开以后，韩信的心里复杂极了。他静静地坐在房间内，想："陈豨和我是好朋友啊！如果我带兵出征他，那是对朋友不义啊！当初我杀钟离昧向皇上献媚，不但没有得到皇上的信赖，还被剥夺了楚王的封号，我也落了个不义的骂名。陈豨临行的时候，我也曾暗示过他起兵，这件事情我也有份啊！如果我现在又带兵去平定他，岂不是不仁不义！不过皇上对我有知遇之恩。虽然他对我有种种猜忌，但在关键时候还是想到了我啊！"想了很久，韩信决定随刘邦出征，去说服陈豨，归顺刘邦，再向刘邦求情，饶恕陈豨的罪过。主意已定，韩信如释重负地休息去了。

然而自打派陈平去告诉韩信随自己出征以后，刘邦在宫中坐立不安，他始终认为韩信对自己是一个极大的威胁。他想："开国三位功臣中，萧何为相国，他可以制定法律，舞文弄墨，安抚百姓，但是他不能带兵打仗啊。所以他对我的帝位不存在威胁。张良运筹帷幄，决胜千里，但也不能领兵，所以他对我也构不成威胁。况且，张良现在已经称病在家，不问政事了。韩信啊，韩信！韩信指挥百万之师，攻城略地，从没有失败过。而且他帮我打下了黄河以北的广大地区。可以说，大汉王朝的半壁江山都是韩信的功劳啊！不久前，我又借口他要谋反，取消了他楚王的封号，他一定会对我怀恨在心的。此次御驾亲征，有韩信在身边。我始终觉得不安全啊！"

汉印

想到这里，刘邦又决定不要韩信跟随自己出征了。刘邦马上把韩信召进宫中，对他说："我听说你近来身体欠安。陈豨在巨鹿起兵造反，我本来要你随我出征的。但是巨鹿远在北方，天寒地冻，军旅困苦，我怕你身体承受不住啊！"

韩信是何等聪明的人啊！他听刘邦这样说，顿时明白了刘邦是担心自己会在远征的路上起兵啊！他立刻对刘邦说："多谢皇上对臣的关爱，臣不胜感激。不过臣的身体多病，不适合远征，恐怕难以担当大

兔死狗烹，将星陨落

任。请皇上另选有才能的人，让臣在家养病吧!"

刘邦见韩信主动请求在家养病，解除了自己心中的一大患，十分开心。他对韩信说："你就在家里安心养病，等着我取胜的好消息吧!"

韩信怅然若失地退了出去。他本来以为刘邦还记得自己的功劳和军事能力，现在看来，刘邦还是忌恨自己的能力啊! 韩信想到这里，心里十分痛苦。他回到家里，立刻改变了原来的想法，决定派人去和陈豨联系，自己在长安配合陈豨，趁刘邦御驾亲征的时机杀掉吕后和太子，自己登基称帝。

韩信把几个心腹家臣叫来，在密室里商量起兵配合陈豨的事情。韩信对他们说："诸位，我韩信战功累累，替皇上打下了半壁江山，到头来不过官封淮阴侯。而且皇上屡次怀疑我要谋反，害我落下了不忠不义的骂名。与其平白无故地落个骂名，不如起兵。现在陈豨在巨鹿起兵，皇上决定御驾亲征，我们何不在长安趁此机会杀掉吕后和太子，另立皇帝呢!"

众人向来同情韩信的遭遇，他们见韩信要起兵，纷纷表示愿意以死相报。韩信见状，十分感动。随后，他吩咐道："皇上一旦出了洛阳，我们就假称受了皇上密诏，释放长安城里各位王公贵族的家奴，再把这些家奴武装起来，借机冲进王宫，杀掉吕后和太子。吕后和太子一死，陈豨必定和皇上死战，到时候天下就是我们的了。"

众人见韩信布置得十分严密，都很佩服他的智慧。他们得了命令，纷纷准备去了。韩信则派人去和陈豨联系。使者到了巨鹿，对陈豨说："郡守，大将军韩信派我来拜见您。"说着，使者把韩信的密信呈了上去。

陈豨见韩信的使者到了，大喜道："有大将军助我，何愁不取天下啊!"他接过使者递来的密信，拆开一看，只见上面略略数行，写道："老弟在巨鹿起兵，我在长安配合。"

陈豨十分高兴，仿佛起兵已经成功一样。他相信只要韩信在洛阳配合自己，吕后和太子一定会命丧黄泉。吕后和太子一死，刘邦又岂会恋战。那么，取得天下只是朝夕之间。

　　韩信派出使者后，一边在家里等着陈豨的消息，一边暗暗谋划起兵的事情。就在这时，出了一个变故。突如其来的变故不但毁了韩信一生的英明，也要了韩信的性命。

　　栾说是韩信手下的一个小臣，他是一个贪婪的小人。他见韩信不受刘邦和吕后的重用，想到自己在他的门下没有出头之日，就打算趁机多搜刮一些财富！栾说想到这些，就假冒韩信之名，到韩信的旧部中勒索了很多金银财宝，据为己有。韩信得知这件事情，十分生气，立刻把栾说囚禁了起来，准备杀了他以儆效尤。栾说的弟弟栾和也是一个狡诈的小人。他想起哥哥悄悄告诉过他一个秘密，这个秘密就是：韩信要配合陈豨起兵造反。

　　于是在一天夜里，栾和看街上没人，悄悄来到长乐宫，向吕后报告了韩信和陈豨合谋"谋反"的事。

　　吕后听了栾和的汇报，心里十分高兴。因为她和刘邦一直想找借口把韩信杀了。现在她见有人来告韩信谋反，心想终于可以名正言顺地把韩信杀掉了。她暗想："韩信啊，韩信，你号称'兵仙'，攻无不克，战无不胜。你一旦起兵，我们都不是你的对手啊！况且现在你已经替我刘家打下了半壁江山，留着你也没有什么作用了。你一天不死，我就一天不得安宁啊！"

　　吕后下决心这次一定要把韩信置之死地，因为吕后也想谋反，她想独揽大权。满朝之中，能对她构成威胁的只有张良和韩信。张良已经称病在家，不问政事了。现在她最大的威胁就是这个号称'兵仙'的韩信了。韩信一死，满朝之中就再也没有能对她构成威胁的人了。到时候，只要刘邦一死，太子就会完全落入她的掌控之中了。

兔死狗烹，将星陨落

中计被杀

　　吕后派人把相国萧何叫到了宫中。她对萧何说："萧相国，韩信企图配合陈豨在长安谋反，杀掉我和太子，自己登基称帝。你看我们该怎么办呢？"

　　萧何听吕后说韩信要谋反，顿时吓了一跳。他十分了解韩信的为人，不相信韩信会谋反，但是他也了解吕后和刘邦的为人，一定是他们把韩信逼到了绝路。想到这里，萧何立刻说："皇后，淮阴侯韩信对大汉王朝一向忠心耿耿，为皇上打下了半壁江山，怎么会谋反呢？请皇后不要误听小人的谗言啊！"

　　吕后气急败坏地说道："天下王侯都嫌官小，他们心怀鬼胎，拧成绳和皇上对着干。夜里我刚刚接到韩信家臣的举报，不会有错的。"

　　萧何说："韩信谋反，哪里有兵呢？"

　　吕后斥道："人们都说韩信胸中有百万雄兵，说韩信抓一把豆子也能化出兵来。兵从哪里来，是你我能估测的吗？"

　　萧何问道："怎么办好？"

　　吕后答道："擒贼先擒王。只要把韩信调入王宫，逮捕归案，天下就能安定。"

　　萧何说："擒不来怎么办？"

　　吕后接着说道："我知道你与韩信私交不错，当年就是因为你的力荐，皇上才封他为大将军的。韩信对你的知遇之恩一直心怀感激，你也一直对他钦佩有加！但是，现在事关我朝安危，我一定要诛韩信满门。不过韩信用兵如神，攻无不克，战无不胜，如果给他机会起兵，我和太子就要成为他的剑下亡魂了。所以，我们一定要趁韩信还没有准备好的时候，就置他于死地。"

萧何见吕后已经决定置韩信于死地，虽然心里难过，但是也没有其他办法。因为萧何为人一向懦弱，他只会顺着刘邦的旨意行事，以便明哲保身。他想到如今刘邦御驾亲征，吕后在朝中独掌大权。一旦得罪吕后，自己的性命恐怕也保不住了。于是，他对吕后说："一切听从皇后的安排！"

吕后见萧何惧怕自己的权势，答应帮忙杀了韩信，就笑道："萧相国一向对皇上和我忠心耿耿，劳苦功高。只要杀了韩信，你就又立了一件大功啊！"

萧何听了吕后的话，吓得直哆嗦，不敢说一句话。吕后见萧何的样子，心里暗笑，接着说道："你对韩信有知遇之恩，你去把他骗到宫中，我趁机叫人杀了他。你就对他说：'皇上已经派人从前线传回消息，陈豨的叛军已经被平定了，陈豨兵败自杀。群臣都在宫中祝贺这件事情呢！你也去到宫中向皇后表示祝贺吧！'我想，就凭你对韩信的知遇之恩，他虽然有所怀疑，也不会推辞的。"

萧何听了吕后的毒计，心中一阵颤抖："所谓'最毒妇人心'，现在看来一点也没有错啊！韩信啊，韩信，你不要怪我啊！如果我不去骗你，恐怕我和家人的性命也保不住了啊！"

萧何听从吕后的命令，来到了韩信的家里。韩信闻听萧何来访，忙起身迎接。韩信对萧何说道："恩公来访，不知有何赐教啊？"

萧何勉强笑了笑，说道："我是来告诉您一个好消息的啊！皇上已经派人从前线传回消息，陈豨的叛军已经被平定了，陈豨兵败自杀。群臣都在宫中祝贺这件事情呢！你也去到宫中向皇后表示祝贺吧！"

韩信听到陈豨兵败自杀，顿时起了疑心。他想："陈豨拥有代、赵之地的士兵。他英勇善战，怎么会被皇上一举平定呢？这件事情恐

兔死狗烹，将星陨落

怕另有蹊跷啊！皇上御驾亲征，吕后独揽大权，恩公萧何生性懦弱，恐怕是吕后逼着恩公来骗我到宫中要杀了我啊！"

想到这里，韩信顿时慌乱了起来。他对萧何说："恩公，我也想到宫中向皇后祝贺，无奈我的身体多病，行动不便，恐怕去不成啊！"

萧何见韩信起了疑心，就说道："淮阴侯不必多虑！虽然你身体多病，但这是朝中的一件大喜事啊！您还是亲自走一趟，到宫中去祝贺吧！"

韩信见萧何坚持要自己到宫中走一趟，心里明白其中可能有诈。但是萧何对韩信有知遇之恩啊！如果不是萧何当年的力荐，韩信怎么会官封楚王呢！虽然后来刘邦借口韩信谋反，取消了韩信的王位，但是这些和萧何无关啊！如今恩公被吕后逼迫，如果不去，恐怕恩公和他的家人都要遭殃了。想到这里，韩信决定用自己的性命换取萧何和萧何家人的平安。他对萧何说："请恩公先行，韩信随后就到。"

萧何本希望韩信拒绝自己。他已经做好为韩信牺牲的准备，看到韩信突然答应了自己，他就知道韩信是为了报答自己的知遇之恩啊！

萧何怅然若失地走了，先行到了宫中，向吕后报告了一切。吕后已经在长乐宫中埋伏下了几十个勇士，就等着韩信了。

韩信和往日上朝一样，衣冠整整齐齐，坐着自己的车子，走在大街上。外面没有任何异常迹象。春天来了，乍暖乍寒。这天格外清冷，太阳毫无表情地在云缝中钻来钻去。一阵风过后，街上卷起浮尘，迷漫在空中，让人睁不开眼。路上静悄悄的，一切都和平常一样。

韩信的车子走完冷冷清清的街道，来到皇宫门前，仍没有任何异样。当他跨进王宫大门后，宫内士兵严阵以待。

皇宫里静悄悄的，丝毫不见大臣的影子，宫内侍卫来去匆匆，一点没有朝贺的样子。皇宫院中，丹墀上下，只有侍卫，不见重臣。韩信进宫后，朱红大门马上严严实实地关上了。

韩信觉得不对，问身边的人："皇上回来了吗？"没有人回答。

韩信在大殿前下了车，早已等在那里的太监上前给韩信施礼，然后引他到后宫。韩信看宫廷气氛紧张，问太监："皇上在哪里？"

太监阴阳怪气地说："一会儿你就知道了。"

韩信看宫中气氛，便明白了八九分，但已经无法脱身了。

韩信随太监来到长乐宫门前，太监一哈腰，把韩信让进去，自己退在门外。门后有两个武士，随手就把宫门关上了。

这个时候，韩信不禁一惊，想起了陈县被捉的情景。大殿里，吕后端坐在那里，盛气凌人，怒气冲天。身边除几个武士外，没有任何人。根本没有萧何的影子，更不见皇上。

韩信知道全是骗局，心里怅然，暗中叹道：大难临头了。

吕后见韩信只身入宫，知道他已是瓮中之鳖，大怒道："大胆韩信，竟敢谋反。你虽然有千功万功，今天也难弥补你的罪行。"骂完就喝令武士，"还不快快拿下!"

几个武士不由分说，上前把韩信按倒在地，用绳索捆得结结实实。

韩信大声叫道："谁说我谋反？这是枉加之罪。"他奋力挣脱着，但已无济于事。

韩信看着吕后阴沉沉的脸，骂道："吕后之心，毒于蛇蝎，黑如炭墨，你用妄加罪名谋害国家重臣，这是乱国篡政……你得不到好死！萧何，你出来！当初你举荐我为大将，今天为何又设计害我？"

韩信被捆得无法动弹，还有武士在一边押着他，无力反抗。

吕后怒气问道："韩信，今日谋反，你知罪吗？"

韩信申辩道："我没有谋反，从没想过谋反！这是枉加之罪，你有什么证据？"

吕后向身边人一使眼色，不一会儿，栾和被叫了进来。吕后问韩信："你认识他吗？"

韩信这时一切都明白了，原来祸起萧墙。韩信看栾和在一边瑟瑟发抖，怒骂道："你这个背主求荣的小人，只恨我瞎了眼，没有看穿你，留下祸根。"韩信向吕后求情道："皇后，我是被冤枉的，你怎么能凭一个小人的诬告给我定罪？"

吕后冷笑几声，说道："诬告？人证尚在，你还敢狡辩？"又恶狠狠地说："你不是要反叛吗？现在还能反吗？你现在是笼中之虎，不要再狡辩了。"

韩信大怒道："你想用杀害彭越的办法来杀我，你将不得好死！"

吕后大怒："死到临头，还敢狡辩！此等逆臣，还怕他不反吗？"

几个武士如狼似虎，押着韩信就走。

即将要出宫门的时候，韩信突然扭过来头叫道："我是大汉功臣，皇上还没有杀我呢，你有什么权力杀我？你背着皇上，妄杀功臣，你这是祸乱天下的行为!"

吕后气得面如白布，吼叫道："杀！杀！杀了他！"

此时，韩信无论怎样喊叫，都无济于事了。韩信被押到钟室，准备斩首。

这时，韩信已经万念俱灰。心想：自带兵打仗以来，杀人太多，不也是罪过吗？代国一城百姓，无辜死在街上，尸首相藉，不计其数，不是罪过吗？项羽天下枭雄，应放他一条生路，然而却被我逼死乌江，不是太无情吗？在齐国，蒯通苦口婆心、披肝沥胆劝说我三分自立，谁知真有今日呀！这时，他想起李左车的忠告，可惜没有按他说的去做。不，也想过那样做，但身不由己呀。大半生追逐功名利禄，可是追逐到手又怎样？落个身死妇人手，为天下人所耻笑，实在没有项王死得壮烈！

在死之前，韩信痛心疾首地回答："我后悔没有及早地采用蒯通的计策，那么就不会遭你们的暗算，最毒妇人心啊。"

韩信被人称为"兵仙"，他一生惯战，攻无不取，战无不胜，是为汉王朝建立奇功的大将军，没有战死在沙场上，却被一个妇人用毒计害死了。也正是因为韩信是"兵仙"，百战百胜，注定不会死在战场上。但是谁又能预料，他竟然死在一个妇人的手上呢？

韩信死后，吕后担心韩信的家人会报复自己，立刻下令把他的三族全部诛灭了。萧何见吕后不但杀了韩信，还灭了他的三族，心里十分愧疚。

自此，萧何十分忌恨吕后。若干年后，刘邦去世了，萧何想到韩信，想到害死韩信的吕后还在独揽大权，就联合陈平等人把吕后赶下台去，囚禁起来了。

第八章

是非功过，后人评说

韩信被杀，究竟是谁的错呢？是韩信拥兵自重吗？可是他的兵权早已被夺。是功高震主吗？可是他一向很低调，也很忠心。是刘邦的错吗？但是刘邦密谋杀死韩信，只是为了巩固刘家的王朝。这样看来，大家都好像没有错。其实是是非非，对对错错，又有谁能分得清，辨得明。功过是非，都留给后人评说吧！

 **谁人之功**

刘邦称帝，谁人之功？这恐怕众说纷纭，莫衷一是吧！自西汉王朝建立后，新的矛盾代替了刘邦、项羽之间的旧矛盾。在这新旧矛盾的转化过程中，等待着韩信的，将是一场悲剧。

其实，刘邦能够登上皇帝宝座，他手下的诸位大臣着实起到了至关重要的作用。比如韩信精通兵法而为将，张良精通谋略而为帝王师，萧何长于理政而为丞相，他们都是不可多得的绝世人才。张良辅韩王而落魄，韩信随项羽而无功，萧何仕秦仅得为刀笔吏，此三杰得遇刘邦而成就一番功业，不遇刘邦可能只是一个平平凡凡的普通人。刘邦虽然没有什么杰出的才能，但他却有容人之度，他能合众智，集众力，识人而用人，因此他才能所向无敌，成就帝业。

当张良给别人说《太公兵法》的时候，众人都不理解，而只有刘邦称"善"。韩信拜大将，别人都认为这是儿戏，也只有刘邦能做这些事，并恨相见之晚。刘邦看似无能而有人能，这似乎有悖常理。但是需要明确的是，常理所说的能，仅仅指的是具体的才能，非常的才能是指能够运筹帷幄，君临天下。

刘邦登上了皇帝宝座，他多年的愿望终于实现了，诸侯王前来如礼朝拜，刘邦摆设酒宴，宴请随他打天下的文臣武将，酒酣耳热之际，他提出一个问题："我为什么能够夺取天下，项羽为什么会失掉天下？

希望大家毫无隐饰地回答。"

这个时候为人质朴的将领王陵等人回答说："陛下您为人虽然傲慢，常常侮辱人们，项羽为人仁爱，与陛下相反。但是，陛下派人攻占城池，所攻占的地方就封赏给我们，这是与天下同利。项羽妒贤嫉能，有功的杀害，有才的怀疑，打了胜仗不给赏赐，占领地方不予利益，因此无法得到大家的拥戴，这是项羽失败的原因。"

王陵等人的上述说法，反映了当时的一种社会共识：刘邦是以"分封"为诱饵，笼络天下英雄为他效力，才得以消灭了不愿推行分封的项羽。而这种共识的形成，是有其现实依据的，即以垓下之战来说，如果刘邦不以大分封来鼓励韩信和彭越，就很难出现几路雄兵会师共灭项羽的局面。然而，刘邦的大分封，其实是出于形势所迫，而不是出于自己的本意。

以前就有过这样的事情，他曾对韩信请求假立为齐王一事而破口大骂，也对韩信和彭越不按时领兵会师而导致他惨败于固陵，又在得到明确封地界之后才会战垓下一事耿耿于怀。很显然，利用分封笼络豪杰，让他们贪图富贵，才能够控制他们，保全自己的实力。这只是在楚汉之争特殊条件下的权宜之计而已。

但是现在，早已时过境迁，别人把他舍得划地分封看作为战胜项羽的原因，尽管是出于歌颂他的英明果断，但刘邦仍心中大感不快。对于王陵等人，是不敢直说韩信等人在刘邦夺取天下当中所建立的大功，只好搬弄老调，敷衍塞责，并把功劳都归在刘邦一个人身上。

刘邦以补充的口气，在实际上否定了王陵等人的观点："你们只知其一，不知其二。"接着说道："在帷帐之中出谋划策，可以决胜于千里之外，这一点，我不如张良。镇抚后方，体恤百姓，保证前线的军粮及时、充足的供应，在这一点上，我不如萧何。对于统率百万大军，战必胜，攻必取，这一点，我就更不如韩信了。"

突然他的话头一转，刘邦又把功劳归在自己身上，说道："这三个人，都是世上所罕见的豪杰，我能得到他们的辅佐，充分发挥他们各自的特长而建大业，这是我得天下的原因。而项羽他只有一个范增，也不能任用，这就是为我所擒获的原因了。"

刘邦有图天下之大才，因此他得人不失，用人不疑。与刘邦相比，项羽虽然力能扛鼎，但他奋其私智，有一范增而不能用，他总是逞个人之力以抗天下之士，怎能不败？人才小难得而难容。古往今来，只喊"尊重人才"的口号，而无虚心求教的态度，只是叶公好龙罢了，怎么能成大事呢？黄氏评说刘邦，"图天下者，岂能人人耳而目之哉，得数人可信者足矣。"说得非常对。三豪杰归汉，是因刘邦有"良"而促成的。

刘邦话的意思是，作为王者应该会用将，也就是会使用人才。纵观天下为王者，就如一块磁铁，哪个身边不聚集着无数英雄豪杰，为他冲锋陷阵而无怨无悔。究其原因不外乎有三点：

首先，他能够礼贤下士，不以王者自居而高高在上。当初郦食其见刘邦时，刘邦正在床上让两名女子给他洗脚。郦食其就大声说，想要推翻暴秦，哪能这个样子见长者，这实在是大不敬。刘邦见郦食其义正词严，就急忙整衣下床向郦食其道歉，并请到上座商讨国家大事。刘邦的做法立即在军中传开，市井里的百姓也有所耳闻。这样，一大批仰慕刘邦的仁人志士就投奔刘邦而来，助长了刘邦的气势。

其次，他善于给他人以恩惠，笼络人心。几乎很多为王者都精于此道。刘邦对韩信也是如此。当初蒯通曾劝韩信静观其变，互不相帮，而三分天下，成鼎足之势，伺机取得天下。韩信却因为刘邦的知遇之恩，说汉王待我甚厚，载我以其车，衣我以其衣，食我以其食，我又岂能见利忘义。韩信以此回绝了蒯通的劝说，最终也为自己招来了杀身之祸。

最后，江湖上人人遵守的忠义两字。古代人认为：一女不嫁二夫，一将不保二主。所以一旦保了谁为王，就忠心耿耿，心无旁骛，皆是一个"忠"字当先。再者，将领与王者多是结拜兄弟，虽不是同母亲生，但讲究兄弟之谊。既是兄弟，就要肝脑涂地为之卖命了，这似乎已经成为固定的模式。

刘邦的这一解释，表面看来是强调了张良、萧何、韩信这"三杰"的作用，而实际上是在标榜自己有控制他们为自己效力的能力，关键的问题归结为他有用人之明。而"分封"的诱饵作用，则被他故意淡化了。刘邦的这番话，有一点是很明确的，就是对韩信的军事天才给以全面肯定，韩信是十分高兴的。

孰是孰非

韩信被杀，在异姓诸侯王中引起了很大震动。楚汉战争中，刘邦为了消灭项羽，分封了七个异姓诸侯王，以楚王韩信为首的这些诸侯，他们所占有的封地，几乎相当于战国时东方六国的全部疆土。

谨防他们谋反，当年夏天，刘邦、吕后合谋诬陷梁王彭越谋反，将其剁为肉泥，遍赐诸侯，并诛灭三族。秋季七月，淮南王英布恐惧不安，畏惧即将降临的灾难，举兵造反，刘邦再次亲征，击败英布。不久，英布被汉军斩获。这样，曾经为刘邦立下汗马功劳的大将都惨死在刘邦的刀下。

刘邦在开国之初所封立的异姓诸侯王，除了长沙王吴芮以微弱势力尚存之外，不过几年的时间，燕王臧荼、韩王信、楚王韩信、梁王彭越、淮南王英布，都以谋反的罪名被杀，赵王张敖（张耳之子）被贬为侯爵，另一位燕王卢绾被迫流亡进入匈奴。想当年，刘邦在册封之时，与诸位功臣信誓旦旦，表示皇室子孙将与功臣之后，世代共享江山，并以丹书铁券为证。曾几何时，皆化作过眼烟云。

刘邦密谋杀死韩信，对他个人来说，是为了巩固刘家的王朝，但是，他剪除异姓诸侯王，对于维护封建国家的统一，加强专制主义中央集权制度，却有重大的历史意义。从此，一个强大的西汉帝国出现在历史上。

韩信的悲剧不仅是个人的悲剧，也是时代的悲剧，韩信作为刘邦的三驾马车之一，直接指挥参与了逐鹿天下的战争，在背水一战等著名战例中，表现出其惊人的军事指挥才能，韩信并没有高人指点，却在战争中屡屡获胜，其运用之妙，完全存乎一心。可谓是个军事天才。正是韩信的战无不胜、攻城略地，又多次解刘邦之围，才最终取得了全局的胜利。

韩信的战争实践可以看到他是熟谙军法的，不仅熟谙而且多创新。"示形于东，击之以西"，是《孙子兵法》的一项策略，韩信灵活的运用此策，明修栈道，暗度陈仓，创造了有名的战例。经过这一战而俘虏魏王豹平定魏地。"陷之死地而后生，置之亡地而后存"，是《孙子兵法》中的又一策略，韩信破赵就用的是这策略。背水列阵，是兵家所忌，但是他能灵活运用，最终取得了战斗的胜利。

"先声而后实"，是他运用李左车之谋，以灭魏胜赵之威，传檄而定燕地，不战而屈人之兵。"囊沙壅水，半渡而击"——在与楚将龙且所率二十万人的决战中，他充分利用天时、地利，巧妙地利用河水，一举歼灭龙且的军队。"十面埋伏，垓下会兵"，使项羽虽强而无计可施，四面楚歌瓦解军心。一战逼项羽乌江自刎。以上五战例足以说明韩信熟读兵书，善于知己知彼，灵活运用。这样的军事家实在是旷世奇才，世间少有。

司马迁在史记最后评点道：假令韩信学道谦让，不伐己功，不矜其能，则庶几哉。意思是韩信如果能谦虚谨慎，不炫其能，不以功自居，则可世代承袭王侯。

是非功过，后人评说

然而，韩信虽有居功望候之心，但那时的将领谁没有封妻荫子的愿望，趁着汉王重用时，请王封侯也不为过，更何况还是个代理王。秦朝王翦出兵征伐时，就曾两次向秦始皇为子孙请求田地、城池。秦始皇一笑纳之，相比之下，刘邦就有些心胸狭隘。不能说韩信渴求封妻荫子，只能说刘邦刚愎自用，不能容人。

权我所欲也，人格我所欲也，两者取其一，对于每个人来说，这都是难以取舍的问题。韩信最后选择了高尚的人格，他没有听从蒯通的建议而三分天下，而是以忠心耿耿，为之效命，报答了刘邦的知遇之恩。这原本就是值得宣扬和提倡的事情，不能因为将士对权力的崇拜和向往，而抹杀了他原本的高尚品质。

然而，自古以来，伴君如伴虎，君王对给自己的统治权造成威胁的大臣总是分外忌讳。武将相比文臣更为君王所患，因为武将能带兵打仗，即使手下无兵，也能轻易组建一支队伍，不得不让君王担心，这是客观存在的现象。可如果做武将的不以功自居，做君王的心胸宽广，不以皇帝自傲，能做到皇帝和大将各取其长、和平相处，韩信的悲剧就能避免了。

现在，不论怎样理论，也都是后话。"当局者迷，旁观者清"，可能换了任何一个人，在那样的情境之下，都无法审时度势地收敛并严格要求自己。"飞鸟尽，良弓藏，狡兔死，走狗烹，敌国灭，谋臣亡。"韩信只能在这样的寓言中随风飘逝。"生死两妇人，存亡一知己。"这是韩信生平的最真实写照。可能，稍许有些凄凉。但是，世事本就如此，莫以成败论英雄。

 **后人评说**

韩信是秦汉时期的军事家，在秦亡汉兴的过程中，他为刘邦夺取天下，可谓是立下了汗马功劳，被称为汉初"三杰"之一。但韩信在功成名就之后，却没能够寿终正寝，而在汉高祖十一年（前196年）被吕后、萧何诱杀于长乐宫钟室。韩信为什么会落得如此下场呢？史学界历来说法不一。

有人认为他谋反，所以罪有应得；但是也有人认为他忠义不二，被诛杀真是千古奇冤。那么，韩信是否真的是被屈杀了呢？

有人认为，韩信向来居功自傲，素有野心。兵权被夺，心生不满，必然会有恨忌刘邦之心。受到打击压制，很容易产生反叛念头。陈豨拥重兵，韩信有韬略，如果谋反，有成功的可能。到那个时候，韩信可重分天下，安享尊荣。所以，吕后及时捕杀韩信，清除这个分裂反叛因素，制止了一次叛乱，避免了二次楚汉战争，还是很英明的，照这样说，韩信被杀不冤。

但也有人认为，这其实就是一场阴谋。首先，告发之人的消息来源就不可靠。告发人是韩信欲处死的罪徒的弟弟，是韩信的仇人，韩信怎会让他知道机密大事？再者，韩信拥兵据齐时，有实力三分天下，却没有背叛刘邦。他被夺了兵权之后，闲居在京城却想谋乱，这可能吗？说他与陈豨勾结，高祖头年就平定陈豨，说他第二年春天谋反，前后互相矛盾，显然是陷害了韩信。韩信死后，看刘邦的态度我们就可以窥出其中端倪。《汉书》中说，刘邦平定陈豨叛乱归来，听说韩信已死，"亦喜且怜之"。什么意思呢？

原来，刘邦一直视这些打天下的武将为眼中钉，肉中刺。这些人威信高，有军功，一旦有二心，很容易威胁到刘家天下的稳定。韩信是刘邦最害怕的人。战争刚一结束就夺了他的兵权，云梦泽巡游，没抓住实据，无法以谋反罪杀他。刘邦已经很不开心了，早晚要寻借口除掉他。刘邦给韩信封个闲职淮阴侯，对韩信这样的功臣，不断压制，他是对不起韩信的。越是害怕韩信，也就想尽快除掉韩信。所以，听说吕后捏造罪名杀掉韩信，心中高兴，一块石头总算落了地。他心里明白这是谋杀，韩信根本没谋反。因此，心中有愧，从心底涌出一丝同情：韩信虽是无辜的，但只能是这种下场，挺可怜的！所以说，韩信是被屈杀的。

我们回过头来分析，韩信有没有谋反的念头呢？楚汉战争期间，他攻城略地，无人能敌，是不可替代的，刘邦要利用他，待他如兄弟，他没有谋反的念头。汉朝建立后，文官治理天下，武官倒有些碍事了。韩信这样的功臣，异姓封王，严重威胁着刘氏天下的安全。不管韩信是否忠心，只要武力谋反的假设存在，他就逃不掉被剪除的下场。韩信也许明白了这个道理，产生过不谋反是死，谋反也是死，不如反了的念头。但是兵权已失，还不是空想？他已经不能左右自己的命运了，只能落进刘邦和吕后的陷阱，任其谋杀了，韩信真的与陈豨串通举事，也是刘邦逼的，也是可以理解的，对忘恩负义，阴险狡诈之人，有何忠心可讲？

通常人们把韩信是否与陈豨图谋叛乱，作为认定他是否被屈杀的标准。事实上，没有叛乱这件事儿，他也一定被杀。

韩信，一代名将，旷世功臣。他在困境中挣扎，在草莽中崛起，在战斗中奋进，在胜利中沉沦。韩信到底是否谋反，为何而反，至今还有争论，但这也许并不重要。重要的是，韩信这个英雄人物，他的忍辱负重，他的自强不息，他的叱咤风云，甚至他的犹豫狐疑、患得患失，都给人们留下了深刻的印象和永久的记忆。他的功过，自有后人评说。但是，有一点是毋庸置疑的，那就是这个用兵如神的军事天才，永远值得后人缅怀。

第八章

是非功过，后人评说

附 录

韩信生平大事年表

韩信生平大事年表

公元前 230 年前后 韩信出生在楚国一个贵族之家。

公元前 223 年 秦王嬴政灭楚国，俘虏了楚王，韩信一家被贬为平民。

公元前 209 年 陈胜、吴广在大泽乡起义，项梁与项羽在江东起兵响应。韩信准备投靠项梁。

公元前 208 年二月 项梁与项羽带兵渡过淮河。同年三月，韩信投靠项梁。同年九月，项梁兵败定陶，被乱军杀死，韩信转归项羽帐下，任郎中。

公元前 206 年四月 韩信脱离项羽，投奔刘邦，任连敖。同年八月，韩信因没有得到刘邦的重用，逃离汉营。丞相萧何认为韩信是旷古奇才，月下追韩信。韩信向刘邦献上"北定关中，东争天下"的策略。同月，韩信向刘邦献上"明修栈道，暗度陈仓"之计。韩信辅佐刘邦打败章邯，并把章邯围困在废丘城里。

公元前 205 年五月 刘邦兵败彭城，带兵退守到荥阳。韩信从关中带兵来到荥阳，在京、索之间打败项羽的追兵，救了刘邦。刘邦与项羽在荥阳对峙。同年，韩信平定西魏，俘虏了魏王豹。

公元前 204 年六月 刘邦在荥阳、成皋一线败给项羽，逃至赵国修武韩信的军中，夺了韩信的兵权。同月，刘邦封韩信为相国，命令韩信在赵地征召士兵，准备攻打齐国。

公元前 204 年闰九月　韩信请求刘邦进攻代、赵两个诸侯国。刘邦派张耳辅佐韩信。韩信带兵打败代国的军队，俘虏了代国丞相夏说。同年十月，韩信带兵从太行山井陉口出兵，背水列阵，大败赵国的军队，杀死了陈余，俘虏了赵王歇。同月，韩信采用广武君李左车的建议，招降了燕国。

公元前 203 年二月　刘邦派张良为使者封韩信为齐王。蒯通劝韩信背汉独立，和刘邦、项羽三分天下，韩信不听。同年八月，刘邦和项羽达成中分天下的协议。九月，刘邦背约，率兵从背后偷袭项羽。刘邦与韩信、彭越约定共同攻打项羽。同年十一月，韩信用水淹的办法在潍水大败龙且，大破项羽派出的二十万大军，斩杀龙且，追击齐王田广，随后平定齐国。同年十二月，韩信请求刘邦立张耳为赵王，刘邦听从了韩信的建议。同月，韩信又请求刘邦立自己为齐国的代理王。

公元前 202 年一月　韩信与韩王信、淮南王黥布等拥立刘邦为皇帝。汉高祖刘邦改封韩信为楚王，定都下邳。同年五月，韩信回到楚国，报答曾经帮助过自己的老婆婆，赐给她千金；赐给南昌亭长百钱，封侮辱过自己的杀猪少年为中尉。同年十二月，韩信用"十面埋伏、四面楚歌"的计策，在垓下大败项羽。项羽在乌江边上自杀身亡。刘邦突然解除韩信的兵权。

公元前 201 年四月　刘邦撤销韩信楚王封号、被贬为淮阴侯。同年十月，有人告发韩信谋反，刘邦用陈平的计策，假装游历云梦，准备捉拿韩信。同年十二月，刘邦在陈大会诸侯，韩信被擒，押送至洛阳。

公元前 197 年八月　陈豨在赵地起兵反抗刘邦。韩信准备在长安响应。

公元前 196 年十月　刘邦御驾亲征，攻打陈豨。韩信在长安准备起兵。同年十二月，吕后和萧何用计把韩信骗到长乐宫杀害。